무안·무안사람들

무안·무안사람들

강일국·고두갑·박찬표·양승주·이석인
이종화·이진형·진혜경·하상복 지음

景仁文化社

차 례

서문 7

총론

'물안의 땅', 무안의 문화와 삶 그리고 공간변화 13
  ㅣ 이종화(도시 및 지역개발학과)

제 1 부

무안지역 산업연관모형에 의한 산업구조 분석 41
 - 양파류와 고구마 및 양돈산업을 중심으로 -
  ㅣ 고두갑(경제학과)

무안의 관광동향과 관광발전전략 59
  ㅣ 이진형(관광경영학과)

무안국제공항과 서남권의 미래 80
  ㅣ 양승주(행정학과)

제 2 부

무안군 마을사업 현황과 사례 분석을 통한 발전 방향 모색 103
  ㅣ 이석인(전자상거래학과)

무안사람들, 행복한 삶을 위한 여정 135
　　│ 진혜경(사회복지학과)

무안군의 문화예술정책 163
　- 인프라, 프로그램, 정책적 비전의 고찰 -
　　│ 하상복(정치언론홍보학과)

제 3 부

무안 교육이 흘러온 길, 그리고 가야할 길 195
　　│ 강일국(교육학과)

무안 지역사회의 구조와 특징 222
　- 여론형성, 시민참여, 결사체 구조를 중심으로 -
　　│ 박찬표(정치언론홍보학과)

〈부록 1〉 무안군민 의식조사 설문지 247

〈부록 2〉 무안군민 의식조사 결과표 259

찾아보기　261

서 문

이 책은 목포대학교 지방자치연구소가 중심이 되어 해당 분야 전문 연구자들이 개별적으로 분석하고 집단적으로 토론하면서 만들어낸 연구 성과물이다. 목포대학교 지방자치연구소는 지역과 대학의 협력이라는 틀 안에서 무안군에 관한 포괄적이면서도 체계적인 조사와 연구의 필요성을 인식하고 지난 해 봄부터 무안군에 대한 예비 조사를 진행해왔다. 이 단행본은 그러한 사전 작업의 바탕 위에서 무안군청의 재정 지원을 받아 지난해 10월부터 수행한 개별적·집단적 연구의 결과라고 할 수 있다.

지금 우리는 지방 혹은 지역을 재발견하려는 노력들을 여기저기서 관찰하고 있다. 고유의 브랜드를 내세워 지역을 홍보하고, 특산물을 만들어 지역 경제의 발전을 도모하고, 특성화된 축제를 개최함으로써 지역의 역사, 문화, 경제, 관광 자원들을 활성화하려는 노력들이다. 우리나라에서 이러한 현상들은 1990년대 중반 지방자치제도가 본격적인 궤도에 오르게 되면서 가시화된 것으로 보이지만, 이는 비단 우리의 경험만은 아니다. 외국에서는 우리나라보다 앞서서 지역과 지방의 사회적 잠재력을 키움으로써 그곳을 삶의 새로운 영역으로 창출하려는 노력을 기울이고 있다.

이러한 움직임들은 결코 우연이 아니다. 1980년대 중반부터 범세계적으로 불어 닥치고 있는 몇몇 변화들이 이른바 '지방화(regionalization)'와 '지역화(localization)' 현상을 촉진하는 요인으로 작용하고 있다. 무역의 자유화를 중심으로 전개된 세계화(globalization)는 궁극적으로 개별국가의 자율적 결정권을 약화시킴으로써 국가의 위기를 가져오고 있는데, 그 동안 국가 속에서 망각되고 있던 지역과 지방을 새롭게 찾고자 하는 노력은 그러한 위기에 대한 대응이라고 할 수 있다. 그리고 세계화와 맞물려 진행되고 있는 정보화(informatization) 또한 지역과 지방의 발견을 자극하고 있다. 한 연구자가 주장하고 있듯이 정보화의 성장과 확대는 전통적인 물질적 공간 관념과 대비되어 가상공간(cyber-space)과 가상현실(cyber-reality)의 관념을 창출하고 있는데, 그러한 새로운 공간과 현실의 증대에 대한 반작용으로 구체적이고 실제적인 공간과 현실에 대한 사람들의 욕구 또한 상승하고 있다. 그러한 욕구의 반영이 바로 지방과 지역에 대한 관심으로 표출되고 있는 것이다. 물론, 그렇다고 해서 지역과 지방이 우리 삶의 새로운 공간으로 온전히 정착했다고 말할 수 있는 것은 아니다. 어쩌면 앞서 언급한 여러 변화들에 의해 초래되고 있는 위기를 해결할 잠재적 공간으로서의 위상을 지니고 있는 단계라는 진단이 정확할 것 같다.

우리의 연구 또한 이러한 현실적인 문제의식 위에 놓여 있다. 즉, 우리 삶의 새로운 토대가 될 수 있는 대안적 공간으로서 지방과 지역의 가능성을 모색하고자 하는 것이다. 우리는 이 책을 통해 무안군을 다층적 차원에서 접근하고 관찰하고 분석하고자 했다. 무안군에 대한 포괄적 이해를 도모하기 위한 역사지리학적 접근을 필두로 무안군의 경제, 교육, 사회의식, 네트워크, 문화, 복지, 교통, 관광 등의 영역을 다루고자 했다. 우리는 무안군에 관한 연구들을 총 9편의 논문들로 구체화했으며, 무안군에 관한 포괄적 지식을 전달하는 이종화의 논문을 제외하고 8편의 논문을 3부로 나누어 구성했다. 이러한 구성 방식은 독자들에게 무안군을 둘러싸고 있는 제반의 문제 영역들을 명확하게 이해할 수 있는 범주적 틀을 전달하기 위해서이다.

먼저 제1부는 무안군의 전통적 지역경제를 다루고 있는 고두갑의 논문을 포함, 미래 지역산업의 발전을 지향하는 대표적인 두 영역인 관광과 공항을 분석하고 있는 이진형과 양승주의 논문을 통해 무안군 지역경제의 현황과 앞날을 살펴보고자 한다. 그리고 제2부에서는 무안군의 복지를 다루고 있는 진혜경의 논문, 무안군의 마을 공동체 건립활동에 관한 이석인의 논문, 그리고 무안군의 문화예술 정책을 다루고 있는 하상복의 논문으로 구성해 무안군 주민들의 삶의 질 향상을 위한 정책적 현황과 비전을 다루고자 한다. 제3부에서는 무안군의 교육에 접근하고 있는 강일국의 논문, 무안군 주민들 간 사회적 네트워크의 특성을 다루고 있는 박찬표의 논문을 묶어 무안군 주민들의 교육과 사회의식 형성에 관련된 논의들을 다루고자 한다.

  이 책은 무안군청의 재정적 지원에 힘입어 발간될 수 있었음을 다시 한번 밝혀둔다. 이 책이 무안군의 발전을 위한 정책적 지침서로서만이 아니라 무안군에 관한 여러 정보들을 전달하는 지역 안내서로 활용될 수 있길 바라 마지 않는다. 이 책의 출판을 맡아준 경인문화사에도 감사를 전한다.

2010년 10월
저자들을 대표해서, 하상복

총론

'물안의 땅', 무안의 문화와 삶 그리고 공간변화

이 종 화*

1. 들어가는 말

무안반도는 전남 서남해와 영산강의 물길이 에워싸고 있는 형세를 이루고 있다. 지도상으로 보면 마치 한반도내 축소된 형태의 또 하나의 한반도 모습이다. 백제시대 지명인 '물아혜군(勿阿兮郡)'은 '물 안에 있는 큰 고을'이라는 의미로 풀이될 수 있는데, 바로 무안군이 3면이 바다와 영산강으로 둘러싸인 형상을 토대로 한 것으로 보인다. 그러던 것이 통일시대 때 이를 음차하여 한자로 표기한 것이 '무안군'으로 오늘에 이르고 있다(강봉룡, 2007: 45).

통일신라시대 무안군은 오늘의 목포와 무안은 물론이고 함평과 신안, 진도의 일부지역을 관할하는 큰 고을이었다. 그러나 고려시대에 이르러 나주 중심체제로 개편됨에 따라 무안군은 나주의 속현으로서 무안, 목포, 신안지역을 포함한 공간 범역을 지닌 무안현이 되었고 이후 각 지역이 분리되면서 현재에 이르고 있다. 그런 점에서 무안은 목포와 신안의 본가인 셈이다.

그간 무안지역은 조국 근대화과정에서 변방에 놓여있었다. 경부축을 따라 근대화가 시작되면서 호남권이 소외되고 그 중에서도 무안지역을 중심으로 한 전남 서남권은 낙후지역의 상징지역이 되었다. 현재 산업구조로 보

---

* 도시 및 지역개발학과 교수

아도, 제조업은 내세울 만한 것이 없고, 농가수가 총가구수의 40%에 달하는 전형적인 농업지역이다. 당연히 재정자립도도 10%수준으로, 의존재원에 대한 군비부담이 가중되고 있어 자체사업에 충당할 수 있는 가용재원은 극히 빈약한 열악한 재정구조를 가지고 있다. 농업소득으로는 쌀 등 식량작물을 제외하면, 주로 양파, 마늘에 의존하고 있다. 한편 수산업도 특별할 것이 없다. 간석지가 발달한 관계로 고소득을 올릴 수 있는 해상 가두리 양식은 거의 없는 형편이며 축제식 양식 위주로 운영되고 있어 열악한 상황이다. 굴을 포함하여 꼬막, 새꼬막, 바지락 양식이 조금 이루어지고 있으며 낙지를 채취하여 생계를 꾸리는 가구가 많을 정도이다.

그렇지만 미래 무안지역의 잠재력 또한 매우 크다. 우선 국제공항이 있다. 세계가 하나의 경제권처럼 움직이는 시대에 세계로 열린 관문인 국제공항을 가지고 있다는 것은 지역발전을 위한 가장 기본적인 사회간접자본이기 때문이다. 두 번째 잠재력은 행정중추기관인 전남 신도청이 무안 남악에 터를 잡고 대학기관이 입지하고 있다는 점이다. 사람이 지역발전을 주도해 간다고 볼 때, 도청과 대학을 중심으로 입지하는 다양한 혁신주체 및 혁신기관들이 지역발전의 토대가 될 것이기 때문이다. 그 밖에도 무안을 중심으로 광주-무안간 고속도로, 목포-광양간 고속도로, 서해안고속도로가 연결되는 등 광역 인프라가 갖추어져 있어 교역, 물류기지로서의 필요조건을 충족시키고 있다.

이 글에서는 무안지역이 어떤 문화적 토대위에서 성장 지속하여 왔으며, 무엇을 먹고 살아왔고, 물리적으로는 어떤 과정을 거쳐 지금의 모습을 하고 있는지, 그리고 미래 무안지역이 나아가고자 하는 방향이 무엇인지 살펴보고자 한다.

2. 무안의 문화뿌리

　무안지역에 인간이 터 잡고 산 것은 구석기시대부터다. 영산강 유역일대와 지금 무안공항 일대인 피서리의 낮은 구릉지대를 중심으로 구석기유적이 발견되고 있다. 피서리를 중심으로 한 주변지역과 해안가의 낮은 구릉에서 확인되는 구석기 유적은 그 규모가 크지 않다. 반면 영산강 유역 일대의 구석기시대 유적은 최근 다수 출토되고 있는바, 몽탄면 양장리 일대는 청동기시대부터 통일신라시대까지 일정한 규모의 생활유적이 지속적으로 이루어진 유적이다. 특히 기원후 4~5세기 대에 만들어진 주거지·수로·농경관련시설 등은 영산강 유역 대형옹관묘 축조집단이 농경문화를 배경으로 성장하였다는 것을 밝혀주고 있다(최성락, 2007: 42).

　영산강을 중심으로 한 고대문화는 영산강에 즐비한 강상 포구를 통해서도 알 수 있다. 무안에 있어 영산강은 격리의 공간이 아니라 무안주민의 삶을 연결해주는 기능을 하였고 강상 포구는 그 결절지였다. 3~5세기 무렵 영산강 유역을 중심으로 전용옹관문화가 나타나는데 이들 유적이 광범위한 지역에서 발견되는 것이 아니라 거점포구 역할을 담당했던 몽탄면 양장리와 사창리 등에서 한정적으로 나타나고 있다(변남주, 2007: 212). 이것은 옹관문화가 고대 영산강 뱃길과 밀접한 관계가 있다는 사실을 반증한 것이라 할 수 있다.

　영산강변에 발달한 강나루들은 무안에서 나주나 영암을 왕래하는 나루터 구실도 하였지만 목포와 영산포를 오가는 고대의 뱃길에서 중요한 중간 기착지나 징검다리 역할을 하였다. 바람이나 조수의 움직임에 따라 이동해야 했던 고대시기에 순풍을 기다리거나 조수의 흐름이 양호하기를 기다리거나 물, 식량 등 보급품을 조달하는 장소로도 활용된 것이다. 이렇듯 뱃길이 열려있을 당시에 영산강변 포구를 중심으로 물류가 이루어져 포구민의 삶은 다른 지역보다 풍부했고 문화선진지 구실을 하였다. 그런 연유로 이산진의 경우 뱃사람의 무사항해를 기원하는 당제가 형성되었고, 몽탄면 영산강변에 있는 식영정은 독특한 풍류문화를 보여주는 유적이라 하겠다.

무안지역의 문화를 이야기함에 있어 빼놓을 수 없는 것은 해상을 통한 불교문화의 유입설이다. 무안에는 불교의 해로 전파와 관련된 기록이 있는데, 무안 승달산의 법천사(목우암)에 대한 것이다. 법천사의 '법천(法泉)'이란 용어도 불갑사나 법성포의 그것처럼 '불법의 샘'이란 뜻이니, 이는 승달산의 '승달(僧達)'과 함께 이들 사찰과 산의 이름이 불교와 깊은 연관을 지니고 있다. 이 법천사와 승달산에 얽힌 사실은 「동국여지승람」법천사 부분과 「동국여지지」승달산 부분에 나오는데 이를 간추려보면,

> "당나라 현종대인 開元(713~741)년간에 서역 금지국의 중 정명(淨明)이 와서 법천사를 창건하였고, 뒤에 송나라의 임천사의 중 원명(圓明)이 바다를 건너와 불법을 전할 곳을 찾아 이곳에 초막(암자)을 짓고 머물렀다. 그후 임천사 500여 제자들이 그를 찾아와 이르러 모두 도를 깨우치니 그로부터 승달산이라 이름했으며 그 거처가 바로 법천사였다"

는 내용이다(이해준, 1995: 34).

무안지역에는 도자문화도 이어져오고 있다. 무안의 도자문화 가운데 가장 알려진 것은 덤벙분청으로 대표되는 분청자이다. 무안지역의 도자사에 대한 기록은 세종실록지리지에 처음 등장하나 이후 경국대전이나 동국여지승람 등 조선 전기와 중기까지는 기록이 거의 없다 한다(한성욱, 2007: 320). 그러나 근대기 이후의 지리지에는 토산 또는 물산조에 도자기가 계속 기록되고 있으며, 도자 관련 지명이 등장하고 있어 이 시기에 도자산업이 활성화되어 현재까지 몽탄면 지역을 비롯한 여러 곳에서 그 전통을 계승하고 있다. 국립광주박물관의 조사에서, 무안에는 분청자 7개소 10기와 백자 3개소 3기, 토기 2개소 2기 등이 확인되었다.

분청자와 함께 무안지역에는 옹기도 일찍부터 제작되었다. 특히 영산강

강안을 끼고 있는 몽탄면 몽강리는 일찍부터 전통 옹기마을로 정착되어 많은 공방이 운영되었으나 산업화과정에서 대부분 폐요되고 현재는 한곳만 남아 명맥을 유지하고 있다. 전언에 의하면 이곳에서는 대략 19세기 이후 박해를 피해 도피생활을 했던 천주교인들에 의해 옹기를 제작했던 것으로 추정된다.

마지막으로 무안 일로읍을 중심으로 한 품바타령에 대한 이야기다. 품바타령은 전통적으로 유랑패들에 의해 불려진 시대풍자적 노래로 각설이타령과 동일한 뜻이라 할 수 있다. 현재 무안 일로읍 의산리 소지마을에는 '품바의 발상지'란 비가 세워져 있다. 비문에 새겨진 내용을 보면 다음과 같다.

> "이곳 천사촌은 우리 민족의 한과 울분의 역사를 마감하고 희망찬 새 시대의 도래를 염원하는 우리 모두의 소망을 담은 상황 연극의 효시인 '품바'가 탄생한 곳이다. '품바'는 1981년 당시 일로읍 공회당에서 시인이며 극작가인 이 고장 출신 김시라의 각색, 연출과 정규수 출연으로 초연한 이후 국내외 4천여회의 최장기 공연으로 최다 관객을 동원하는 기록을 수립하였다"

일로의 천사촌 사람들이 전통적으로 품바 타령을 하던 집단으로 이어져 온 것이라는 증거는 없는 듯하다. 다만 일로 천사촌은 해방이후 일부 유랑인들이 정착하였고 때때로 장을 찾아다니며 품바타령을 했을 것으로 추정된다(이윤선, 2007: 410-412). 대신 이곳 출신 김시라가 품바를 연극무대에 올리면서 품바타령이 새롭게 조명된 것은 분명하다. 품바는 민초들의 마음 깊숙한 곳에 쌓였던 울분과 억울함 등이 한숨으로 뿜어 나오는 한이 깃든 소리다. 이 지역의 고달픈 삶에 대한 원풀이라도 하듯이 품바타령은 울려 퍼진다.

> "얼-씨구씨구씨구씨구 들어간다. 절-씨구씨구씨구씨구 들어간다. 작년에 왔던 각설이가 죽지도 않고 또 왔네. 어허 품바가 잘도 헌다. 어허 품바가 잘도 헌다. 일자나 한 장을 들고나 보니 일편단심 먹은 마음 죽으면 죽었지 못잊겠네 … "

3. 무안, 뭘 먹고 살아왔나

　무안지역은 전통적으로 농업과 수산업에 의존하여 삶을 꾸려왔다. 농가인구는 2009년 말 현재 총인구의 42%에 달한 만큼 농업중심지역이다. 작목별 재배면적으로 볼 때 식량작물이 56.9%, 채소류가 40.3%로 과실류나 특용작물 등의 재배면적은 매우 낮다. 벼, 콩 등의 식량작목을 제외하면 양파, 마늘재배가 단연 우세하다. '무안'하면 떠오르는 대표적 이미지가 양파일 정도다. 양파는 무안읍과 청계면을 중심으로 전남 전체생산량의 45%를 차지할 정도로 많이 생산한다.

　무안의 땅은 생명토라 불리는 황토로 이루어져 있다. 흙중의 흙으로 여겨져온 황토에는 다량의 광물질(탄산칼슘, 시릴카, 철, 마그네슘, 나트륨, 칼리 등)이 들어있다고 한다. 또한 황토는 표면이 넓은 벌집구조로 되어 있으며 스펀지 같은 구멍에는 원적외선이 다량 흡수·저장되어 있다고 한다. 특히 무안의 황토는 게르마늄성분이 풍부해 이곳에서 생산되는 양파와 마늘의 품질이 우수해 상품성을 인정받고 있다. 게르마늄은 흔히 먹는 산소라고 하는데, 약용식물 연구가들에 따르면 유기성 게르마늄 토양에서 자라는 모든 동식물은 인간에게 약이 된다고 한다. 실제로 이곳에서 재배되는 고구마, 마늘, 시금치, 양파 등의 작목은 일반토양 재배작물에 비해 당도와 감칠맛, 육질, 외관 등이 좋고 저장성이 앞서며 생산량도 많아 인기다.

　덧붙여 무안지역에 특기할 농작목으로 연, 그중에서도 백련이 있다. 타 작목에 비해 재배면적이 많지는 않으나 그간 재배면적이 꾸준히 증가하여 왔고 연산업 기반도 갖춰지고 있다. 동양최대의 백련지인 일로읍 회산백련지가 그 중심이다. 원래 저수지였던 복룡지가 1981년 영산강 하구둑이 건설되면서 저수지기능이 상실되면서 백련이 자라기 시작하여 지금의 회산백련지가 된 것이다. 이곳에 백련이 만개하면서 관광지로 개발되고 연꽃축제도 개최되었다. 또 연꽃, 연잎을 이용하여 차를 만들고 연쌈밥을 만드는 등 백련을 이용한 산업이 이곳을 중심으로 전개되기 시작하였다. 백련은 벼농사 대체작목으로 주목을 받고 있는데, 대략 벼농사의 2~3배 수익을 가져오는 것으로 분석되고 있다. 지난 6년 전부터 중앙정부의 신활력사업 지원하에 명실상부한 한국 연산업의 중심으로 도약하려는 노력을 경주하고 있다.

다음은, 무안군의 수산업 실태이다. 수산업이 차지하는 비중은 그간 지속적으로 감소해 2009년 말 현재 전체 가구중 어가는 대략 5%정도로 그 비중이 매우 낮다. 또한 어가의 90%이상이 겸업을 통해 소득을 보전하는 매우 취약한 구조를 보이고 있는 실정이다. 어획고로 보면 낙지와 같은 연체동물의 비중이 36%정도로 가장 높고 어류가 30% 기타 수산물 18%, 해조류 13% 등이다(무안군, 2008: 124). 수산물 가공품은 모두 해조류 가공품인데 해조류의 생산이 극히 미미해 별다른 의미가 없는 실정이다.

1980년대까지만 해도 무안 어촌경제를 끌어갔던 것은 해태양식이었다. 완도를 제외하고 서남해에서 해태양식이 일찍부터 시작되었던 곳은 압해면 송공리인데 이곳에 일본인들이 들어와서 김양식을 시도했었다. 압해도와 마주하고 있는 무안 청계면 복길마을은 이 영향으로 일찍부터 김양식을 시작할 수 있었다. 본격적으로 양식이 시작된 것은 30여 년 전으로, 완도의 기술자들이 와서 양식을 하기 시작하면서 큰 재미를 보았다. 복길김은 과거 다른 지역에 비해 톳당 더 많은 돈을 받을 정도로 품질이 좋았고 20년 전까지 대부분의 복길 사람들은 김양식을 할 정도였다고 한다(김준, 2007: 587).

이렇듯 1970년대와 1980년대에는 김양식을 중심으로 해조류양식이 활발했지만 지금은 바지락 등 패류와 낙지잡이 등 맨손어업이 활발하다. 맨손어업이 발달할 수 있는 조건은 곧 무안지역의 청정갯벌이다. 무안은 전국에서 세 번째로 큰 갯벌을 가지고 있다. 갯벌도 성분에 따라 급을 달리 하는데 무안 갯벌은 생명의 토양으로 불러지고 있는 황토로 된 지질과 여기에 신비의 광물로 각광받고 있는 게르마늄이 함유된 토질로 되어 있어 그 가치가 매우 크다. 무안갯벌은 우리나라 제1호 연안습지보호구역으로 지정되었다.

갯벌습지보호구역으로 지정될 때 해양 전문가들은 무안갯벌이 지닌 가치로서 먼저 생물종이 다양하고 청정환경을 갖춘 곳이며 갯벌의 생성·소멸과정을 관찰할 수 있다는 점을 주목하였다.

무안 갯벌

또한 무안지역 바다에서는 적조가 발생하지 않는다. 해안에는 평균 3m이상의 큰 조차로 해수를 수직적으로 섞고, 빠른 조류흐름은 해수를 수평적으로 섞어 버리는 활발한 해수순환운동으로 적조발생의 틈을 주지 않기 때문이다. 이렇게 활발한 수직적 해수순환은 저층의 풍부한 영양염류공급을 활발하게 하여 냉수에 적합한어종의 생태환경을 제공해주고 있고, 조류가 활발한 지면과 접하는 해역은 먹이사슬의 기본적인 요소를 구비하게 하여 건전한 생태계를 갖게 하고 있다. 이러한 환경탓에 무안은 기름진 뻘에 있는 먹이를 먹고 사는 맛좋은 생선과 갯것들이 유명하다. 낙지를 비롯해, 운저리, 굴, 고막, 해태와 감태, 서렁게, 농게 등이 그것이다.

여기서 중요한 것은 갯벌과 바다에서 행해지는 낙지잡이다. 갯벌에서 잡을 때에는 삽처럼 생긴 낙지가래나 낙지호미로 갯벌을 파서 잡을 수 도 있고, 맨손으로 구멍을 파서 잡을 수도 있다. 바다에서의 낙지잡이는 낚시를 이용한 주낙법이 있다(나승만, 2007: 97). 주낙줄에 미끼를 달아 낙지를 유인해서 잡는 방법이다. 주로 저녁에 작업을 하는데 이는 낙지가 낮에는 갯벌에 있다가 저녁에는 바다로 나가기 때문이다. 저녁무렵 빠졌던 물이 들어와 발목까지 차오를 때면 낙지들이 따라 들어오는데, 이때 횃불을 비춰가며 낙지를 잡는다. 횃불을 켜고 잡는다는 뜻으로 이곳에서 '홰낙지'라고도 부른다.

무안 낙지잡이

무안사람들은 무안낙지맛을 가지고도 '열아홉 새색시 속살맹키로 야들야들한 맛'이라 표현하는가 하면, 또한 낙지 구분법도 감칠맛이 돈다.

"요 다라이가 모두 똑같은 놈이 아니여. 낙지가 다 달러. 인자 알집에서 나온 놈은 약낙지여. 글고 쪼금 더 큰 놈이 꽃낙지. 요라고 한입에 들으가게 생긴 놈이 세발낙지고 백그람은 되야사 소작지 소리를 듣제. 땔싹 큰 놈은 대낙지. 소낙지하고 대낙지 가운디 놈이 중낙지여"(김준, 2007: 589).

낙지를 먹는 방식도 다양하다. 뭐니 뭐니해도 통째로 먹는 세발낙지가 제격이다. 나무젓가락 사이에 낙지의 입을 끼운 다음 낙지발을 젓가락에 둘둘 감아 소주 한잔과 함께 통째로 입에 넣는다. 통째로 먹기 힘들면 '탕탕이'이도 좋다. 낙지를 잘게 토막쳐 먹는 방식이다. 또 기절낙지도 있다. 낙지를 소금으로 문질러 깨끗하게 씻어 식초에 찍어 먹는 방식이다. 삶은 낙지처럼 먹기 편하면서도 맛은 산 것처럼 연하고 꼬들꼬들해 색다른 느낌이다. 상에 나올 때에는 죽은 것처럼 있다가 식초가 든 양념을 찍으련 산것처럼 오르라 지면서 살아난 것처럼 꿈틀거린다하여 기절낙지라 불린다고 한다. 그리고 연포탕, 낙지초무침, 낙지볶음, 낙지비빔밥, 낙지죽 등 다양하다.

4. 어떤 과정을 거쳐 지금의 무안이 됐는가

무안지역을 비롯한 서남해안지방은 바닷길의 요지였다. 서해와 남해를 연결하는 위치에 있어 국내 연안항로의 관절과 같은 역할을 하였을 뿐 만 아니라, 중국대륙과 한반도 그리고 일본을 바다로 잇는 국제항로의 연결고리 역할을 하기도 하였다. 이러한 지정학적 위치 때문에 조선시대에 2개의 수군진인 임치진과 다경포진이 설치되었다. 임치진은 신안군 지도의 대안(對岸)에 설치된 것으로서 고대이래 연안항로의 요충지인 신안군 지도의 기능을 조선전기에 이르러 무안 임치진으로 옮긴 것이라 해석할 수 있다(강봉룡, 2007: 294). 이런 맥락에서 임치진은 연안항로의 주요 길목에 해당하는 지도와 해제반도 사이의 좁은 해협은 물론이고 널리 서남해 연안항로를 방호하는 일을 주 임무로 한 것이다.

한편 다경포진은 남북으로 길게 이어진 고이도와 압해도의 대안에 위치한 무안군 운남면 성내리에 설치된 수군진이다. 조선전기에 새로운 해방체제(海防體制)를 마련하면서 그 이전부터 해상교통로의 요지로 중시되던 압해도와 고이도의 대안(對岸) 육지부에 다경포진을 설치한 것이다. 여기서 고이도는 일본 승려 엔닌이 중국에서 일본으로 귀국시 택했던 항로상에 있는 길목이고 왕건이 영산강을 거쳐 나주에 입성하기 위해 미리 제압하여 거점으로 삼은 곳이기도 하다(강봉룡, 2007: 296). 또한 압해도는 왕건에 대항했던 능창이라는 적사(賊師)를 중심으로 독립적인 해상세력의 근거지 역할을 하였던 곳이다.

그렇다면 근대이전의 무안지역의 모습을 어떠했으며 이후 어떤 변화를 겪어왔을까? 조선시대 무안지도를 통해 당시의 무안지역 경관을 살펴보면, 영산강과 주요 지천 등이 확인되고, 바닷물이 육지 안쪽으로 깊숙이 들어온 모습은 확인할 수 있다. 또한 승달산을 비롯한 높고 낮은 산지가 연속되어 있는 자연경관임을 알 수 있을 것이다.

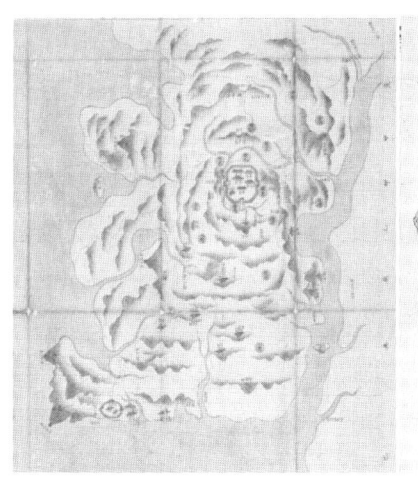
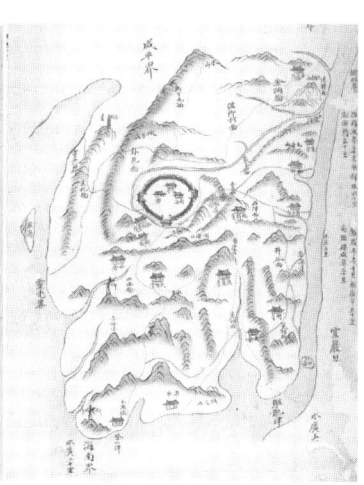

비변사방안지도 1700년대 중반   해동지도 1750년대 초

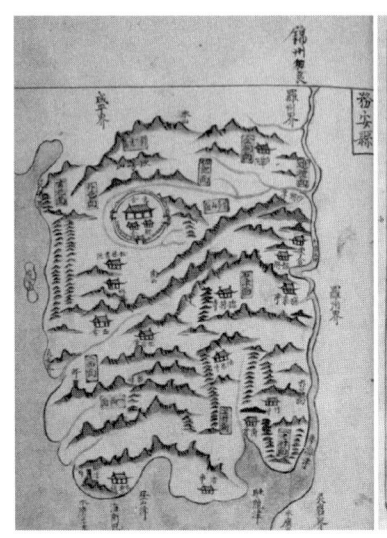 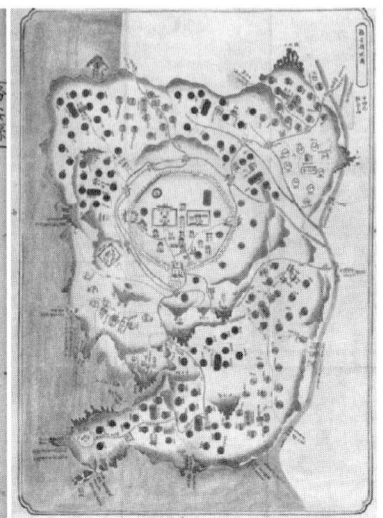

여지도 1700년대 중반   1872년 무안(1872년 지방도)

  정주공간으로는 무안읍이 중심을 이루고 있으며 옛 도로들이 무안읍으로 이어지고 있음을 알 수 있다. 또한 무안읍을 휘돌아 나가는 물길도 선명하며 영산강과 해안변을 따라 형성되어 있던 몇 개의 포구도 확인할 수 있다.
  무안지역은 그 지형적 특성 때문에 여러 군데에 포구가 형성 발달하였다. 포구는 물길을 따라 형성되는데, 무안지역의 물길은 해상수계와 강상수계로 나뉜다. 첫째, 해상수계에 해당하는 지역은 무안지역의 서쪽으로 해제면, 현경면, 망운면, 운남면, 청계면, 삼향면이 해당된다. 이들 지역은 북쪽의 함해만과 칠산해를 마주보고 신안군의 지도, 임자도, 압해도 등의 여러 섬들과 연결된다. 이곳은 전형적인 리아스식 해안으로 돌출부와 만입부가 발달하여 해안선의 만곡부가 극심하여 복잡하며, 수심이 0~3m를 벗어나지 않은 낮은 곳은 썰물시 간석지 안의 물길인 갯고랑이 매우 복잡하게 얽혀있다. 따라서 대형선박은 운항이 어렵고 1~5톤 정도의 소형어선들이 밀물시에만 운항가능하며, 간조시는 수심이 깊은 갯고랑을 뱃길로 이용한다.

둘째는 강상수계인데 전라도 서부의 젓줄인 영산강 수계에는 무안읍, 몽탄면 일로읍, 삼향면 일부가 해당된다. 일찍이 영산강은 해상과 내륙을 연결하는 문화이동로 역할을 하였는데 무안지역 동쪽에 해당하는 이들 지역은 고대 영산강 문화의 관문역할을 담당하였다.

그러면 여기서 영산강변 무안사람들은 어떤 뱃길을 이용하며 살았을까? 무안군 동쪽의 옛 뱃길을 이해하기 위해서는 먼저 이곳이 바닷물과 민물이 만나는 기수역으로서 소위 '남해만'이라는 바다의 일부로 이해해야 한다(변남주, 2007: 173). 그 북단은 영산강의 상류인 영산포는 말할 것도 없고 더 북동진하여 나주시 남평면까지 영향을 미치고 있으며, 무안군의 북쪽에 있는 함평군 함평읍 기각리까지 조수의 영향을 받는 기수역이었음을 간과해서는 안 된다.

지금은 사라진 옛 뱃길을 찾아본다면 일로읍과 연결되는 남창천과 무안읍의 무안천이 그것이다. 먼저 남창천은 현 신도청인 삼향면 남악리~일로읍 서쪽 감돈 저수지로 연결된 천이다. 지명에 보이는 옛 포구들은 해창, 장항포, 용포, 극배(극포), 맥포, 남창 등이다. 호남선 철뚝(일로읍~닭머리~용포마을), 장항포둑 건설(1910년 중반), 1980년대 영산강 하구둑 건설로 막히기 전까지 여러 전언과 해발고도 측정 등의 방법으로 추정해보건대, 남창천 뱃길은 해창~남창까지는 세공선이 들락거렸을 것이고 일제초기 이전에는 소위 중선배가 들어올 수 있었을 것이다. 다음 무안천 뱃길도 역시 전언과 해발고도 분석에 의해 추정해보건대, 조선후기에 배가 들어갈 수 있는 곳은 사포나루~무안읍 한다리교(大橋) 근처까지로 보인다(변남주, 2007: 174).

그러나 영산강 뱃길을 중심으로 한 무안사람의 삶은 1980년 영산강 하구둑의 완공과 영산강 하천변에 제방이 막아지면서 크게 바뀌었다. 기수역에 살았던 지역민들은 그들의 의지와는 상관없이 어촌에서 농촌으로 180도 탈바꿈되어 하상을 이용한 뱃길의 요지에서 육로의 오지로 바뀐 것이다.

1970년대 영산강변(자료: 정철수)

다음으로 무안지역은 어떤 공간변형이 있었는지 살펴보고자 한다. 1911년과 1925년의 무안지역 지형도를 보면, 방조제 축조를 통한 간척사업이 진행되기 이전의 넓은 갯벌의 모습을 잘 확인할 수 있다. 해제반도 깊숙이까지 분포한 갯벌을 위시하여, 청계만·운남반도 등에도 폭넓게 분포한 갯벌이 확인된다. 또한 영상강 하구둑이 형성되기 이전의 영산강 하구 모습도 보인다.

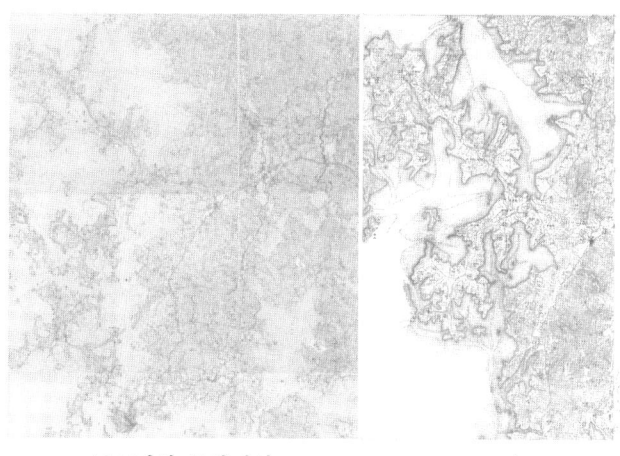

1911년의 무안지역   1925년
                                무안지역(조선총독부)

　무안지역은 서해바다 쪽보다 영산강이라는 큰 강의 본류가 흐르고 많은 지류를 형성시키고 있는 동남부쪽에서 많은 변화를 가져왔다(문병채, 2007: 139). 대개 16세기부터 조금씩 개간되어 일제강점기 이후 본격적으로 논으로 조성되어 왔다. 조금씩 둑을 막아 경작지를 일궈나가면서 새로운 인구가 유입되었고 마을도 생겨났던 것이다.

　먼저 일로읍 지역에 가장 급격한 변화를 가져오게 한 것은 한말에 축조된 노루목 방조제(장항포간척지)다. 일로 용포리 후정마을 앞 갯벌에서 죽산리 당월촌 간을 막은 이 방조제는 연장이 무려 442m에 달하는 것으로 한말 왕실이 주관하여 이뤄진 대표적인 대규모 토목사업이었다(문병채, 2007: 141). 이 간척사업으로 남창천 지류에 주머니모양의 방대한 간척지인 '장항포들'이 생겨난 것이다.

　또한 일로읍 동편에도 장항포들과 비슷한 규모의 간석지가 1920년대 간척되었다. 용산리와 복룡리 앞바다를 대상으로 한 간척사업이다. 매립면적이 무려 448ha이고 방조제 연장이 1.8Km에 달해 간이철도를 놓고 복룡리와 돈도리마을의 토석을 운반해 축조했다고 한다. 간척사업후 영화1, 2, 3농장이 만들어졌다. 그 후 1980년 영산강 하구언둑이 만들어지면서 다시 방대한 간척지가 만들어져 지금의 모습을 하고 있다.

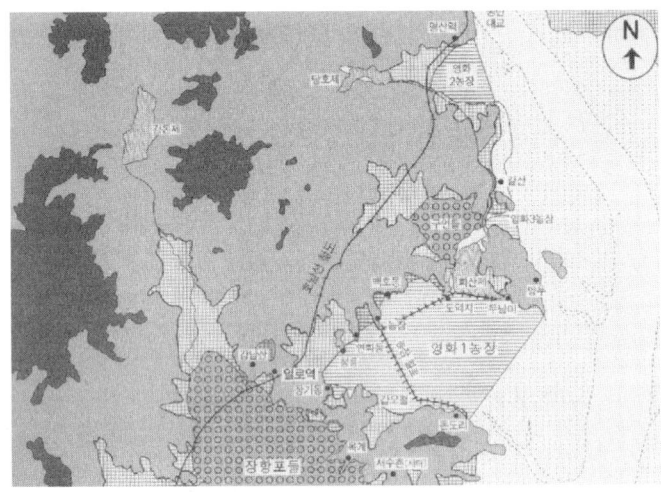

1920년대의 장항포 제방

무안 영산강 유역의 간척과정 (①→⑤ 간척순서임)
(자료: 문병채, 2007)

일로읍 지역뿐 아니라 해제면 양월리와 신안군 지도읍 사이, 망운면 피서리와 청계면 서호리 일대의 방대한 습지가 해방이후 간척사업을 통해 농경지화 되었다. 이렇듯 무안군의 삶의 터전은 간척사업과 같은 인위적인 변화노력을 통해 만들어져 왔는데, 이에 따라 무안군의 거주공간인 마을은 대체로 조선초기에는 산곡간에 입지하다가 점차 평야부 저지대에 새로운 마을이 생겨난 것으로 보인다. 해안가에서의 많은 간척사업은 무안군의 환경변화를 크게 가져왔으며 그 결과 주민들의 생활도 크게 바뀌는 계기가 되었다고 본다. 즉 경지확장에 따른 거주공간의 변화, 해양환경변화에 따른 어장변화, 해로를 중심으로 한 교통로가 육로로의 변화 등이다(문병채, 2007: 146).

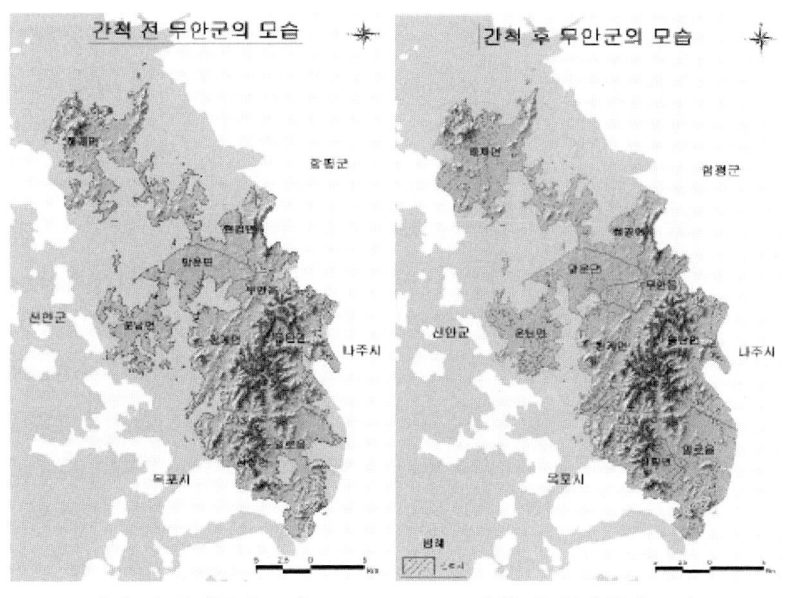

간척 전 무안군의 모습   간척 후 무안군의 모습
(자료: 문병채, 2007)

무안읍의 원형으로서 무안읍성이 있었다. 무안읍성은 조선 초기에 쌓은 성으로 「세종실록지리지」 무안현조(務安縣條)에 의하면 둘레가 473보였다고 기록하고 있고, 그 후 「동국여지승람」에는 둘레가 2,700척, 높이 15척으로 성안에 6개의 우물이 있다고 기록하고 있다(고석규, 2007: 51). 무안읍성은 완전 평지에 자리잡고 있으며 둥근 원형을 이루고 있는 게 특징이고 비록 부분이기는 해도 자연스럽게 흐르는 개천을 활용하여 해자를 이루고 있는 모습이 독특하다. 무안읍성은 일제강점기에 들어서면서 폐성되었고 현재 무안읍 성남리에 석축의 일부가 변형된 채 남아있다(고석규, 2007: 52).

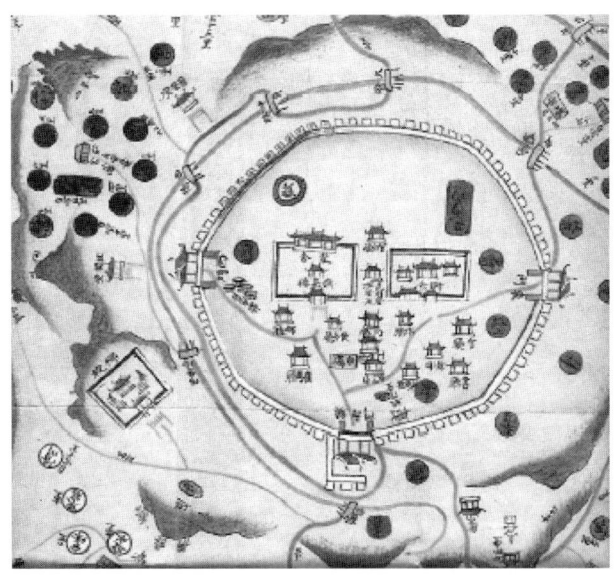

무안군 고지도 중 무안읍성 부분(1872년 경)

5. 무안이 꿈꾸는 것은?

무안지역에는 전남 신도청이 자리잡았고 국제공항이 개항했으며, 서해안 고속도로·무안-광주간 고속도로·목포-광양간 고속도로 등 3개의 고속도로가 교차하여 광역접근성이 개선됨에 따라 지역발전에 대한 기대감이 어느 때보다 높아졌다. 이런 상황에서 무안지역은 현재 여러 가지 측면에서 새로운 변화를 시도하고 있다. 무안기업도시 육성, 향토자원을 활용한 1·2·3차 융복합화, 무안국제공항 활성화 등이 대표적인 변화노력이며, 그중에서 무엇보다 무안 기업도시 육성문제는 이 지역을 농업중심에서 제조업중심으로 산업구조를 바꾸는 일로서 시급하고도 중차대한 과제라 할 것이다.

1) 무안 기업도시 활성화

무안군은 지난 2005년 7월 산업교역형 기업도시 시범지역으로 선정되었다. 여기서 기업도시란 2004년 12월 제정된 기업도시개발특별법에 따라 추진되는 것이며, 기업이 생산시설을 중심으로 연구개발센터, 유통시설 등 인관 산업시설과 주거, 교육, 의료, 문화 등 정주시설을 종합적으로 건설하는 도시를 말한다.

무안기업도시는 처음 「국내단지 개발사업」과 「한중 국제산업단지 개발사업」으로 나누어 추진하는 것으로 계획했다. 여기서 국내단지는 무안군 현경면과 망운면 일원의 461만평에 물류운송, 금속기계, IT, 의료정밀, 통합의학단지 등을 유치한다는 계획이었으나 여러 사정으로 현재 무산된 상태이다.

두 번째, 한중국제산업단지 개발사업은 무안읍, 청계면, 현경면 일원 526만평에 대규모 중국자본과 한국의 기술을 융합하여 고부가가치 제품을 생산하는 '대중국 및 세계시장 수출기지'를 지향하면서 중국관련 기업들을 집중적으로 유치하겠다는 계획이다. 주요 도입기능으로는 한중산업단지 이외에도 차이나시티, 국제대학단지, 도매유통단지 등이 계획되어 있다.

그런데 이런 한중국제산업단지에 대한 시각이 중국정부와 한국정부간 차이가 크다. 먼저 중국정부의 경우, 2000년 이후 본격화하고 있는 중국기업의 해외진출전략과 궤를 같이 하고 있다. 즉 중국정부는 그간 자국 시장개방을 통해 선진기술을 받아들이는 전략에서 해외 직접투자를 통한 기술획득 전략으로 전환하면서 해외에 다양한 형태의 '해외경제협력단지'를 건설하고 있다. 해외경제협력단지란 중국정부(상무부)가 허가·지원하고 기업이 설립·운영하는 해외단지로 생산·물류·서비스의 전체나 일부기능을 포함하는 형태이다. 무안의 한중국제산업단지는 중국 중앙정부(국가발전기획위원회, 상무부)가 지원하고, 지방정부(중경시)가 투자에 참여하는 최초의 민관협력 해외 투자프로젝트로서 중국 상무부는 해외 경제무역협력구로 지정하였다. 중국이 기대하는 효과는 한국내 완제품 생산으로 'Made in Korea'효과를 누리겠다는 것이며, 생산제품 물류비 절감효과, 선진기술 습득, 미래 성장시장중 하나인 한국 내수시장 진출 등이다. 한편 한국정부의 경우, 제일 큰 문제는 중국의 직접투자 수용여부에 대한 국가정책이 아직 제대로 수립되지 않았다는 점이다(이종화, 2010: 65). 사실 중국자본이기에 꺼리는 것은 곧 투자자본에 국적을 고려한다는 것인데, 이렇게 되면 투자유치활동은 소극적일 수밖에 없다.

어쨌든 이상과 같은 원대한 계획을 가지고 출발한 무안기업도시 개발사업은 현재 별다른 진전을 보지 못한 채 답보상태에 있다. 여러 가지 원인이 있겠지만 정부차원의 적극적인 지원과 관심이 부족한 것이 제일 큰 원인이라 하겠다. 정부가 무안 기업도시에 특별한 관심과 지원을 해야 하는 이유는 다음과 같다.

다른 기업도시와 달리 무안 기업도시는 중국투자의 거점으로서 환황해경제권 형성을 위한 시범사업의 의미를 지닌다. 세계의 경제중심축이 아시아로 이동하고 있는 현 시점에서 역내 다자간 협력체제에 대한 탐색이 활발해지고 있다. 이런 상황에서 환황해경제권의 한중일 3국도 경제주도권을 잡기 위한 미묘한 경쟁이 전개되고 있으며 역내 경제협력을 위한 접근방법과 전략도 약간 상이하다. 중국은 환황해지역 협력을 중국 내부의 지역발전의 관점에서 보는 경향이 강하고 한국은 한반도 평화와 동북아 안정에 미칠 영향에 주목하면서 국가주도의 경제협력을 강조하는 경향이 있다. 한편 일본은 정부간 협력보다는 역내 지자체나 도시, 그리고 민간이 주도하는 경제협력을 선호하고 있다. 여러 상황을 종합적으로 보건데, 중앙정부가 주도하는 정부간 협력은 이 지역이 안고 있는 여러 민감한 장애요인과 수시로 분출하는 민족주의적 정서로 위협받기 때문에 당분간 포괄적 성과를 기대하기는 곤란할 것이다. 따라서 국가가 지원하고 민간이 주도하는 새로운 형태의 지역협력체제모델을 추구하는 전략이 필요하며, 무안 한중국제산업단지를 이러한 지역협력의 실험모델로 추진해야 할 것이다(이종화, 2010: 67). 비록 기업도시가 민간 기업이 중심이 되어 만드는 도시라 하더라도, 중국정부가 해외 경제무역개방구로 지성하여 큰 관심을 보이고 있는 만큼 우리 정부도 향후 중국과의 새로운 협력관계를 고려할 때 그에 상응하는 관심과 지원이 요청된다.

2) 향토자원을 활용한 1·2·3차 융복합화

무안에는 다양한 농산물이 생산되고 있지만 지방정부가 관심을 갖고 1·2·3차 융복합화를 위해 육성·지원해야 할 '전략농산업 품목'으로 양파, 백련, 고구마, 마늘, 콩 등 5개를 선정한바 있다(무안군, 2009: 66-67, 91). 중요한 선정기준으로 삼은 것은 이들 품목들을 6차 융복합산업으로 발전시켜 나감에 있어 시장지배력, 가공산업수준, 구축된 인프라수준, 마케팅능력 및 향후 확장가능성 측면이 어떤지이다. 이들 전략농산업을 한 단계 업그레이드시키기 위한 전략들은 다음과 같다.

첫째, 관련 주체들의 자체적 역량을 강화하는 일이다. 농업생산자-가공업체-유통업체 3자간 네트워킹을 강화하면서 스스로 기획하고 사업을 추진하여 성과를 공유할 수 있는 시스템을 구축하는 일이 중요하다.

둘째, 이해당사자(동일품목 작목반 및 기업인)-전문가-공무원-코디네이터 등이 함께 기술애로사항을 공동체 형태로 해결해 나가는 클러스터형 R&D관리시스템을 구축해야 한다. 품목별로 장비를 공동으로 활용할 수 있는 공동시설을 구축하여 기술사업화, 창업지원, 기업육성프로그램 등이 포괄적으로 작동되게 해야 할 것이다.

셋째, 기업성장프로그램을 통한 경쟁력 있는 농어촌기업 육성이다. 영농조합법인에서 중견기업으로 성장할 수 있도록 생산현장 애로사항 지도 및 경영자문 등의 기업성장프로그램을 착근시켜 가야 한다. 또한 지금과 같이 다양한 업체가 혼재된 농공단지보다는 가능한 한 동일 품목의 특화단지를 조성하여 기업하기 좋은 여건을 개선하는 일도 중요하다.

마지막으로, 전략농산업 육성을 통해 생산 개발된 제품들을 그린투어리즘 또는 애그리투어리즘으로 연계시켜 1·2·3차 융복합화로 나아가게 해야 할 것이다. 전략농산업별 특화마을 중심의 음식서비스, 숙박서비스, 문화 및 지역향토자원 콘텐츠서비스를 고도화하는 방향으로 지혜를 모아가는 일도 중요하다고 본다.

3) 무안 국제공항 활성화

무안 국제공항은 목포공항 국내선과 광주공항 국제선의 대체공항으로 10년의 공사끝에 2007년 말 개항했다. 지금은 제주중심의 국내선운항과 중국·대만 중심의 국제선 운항, 그리고 간헐적인 전세기 운항에 그치고 있어 여러 가지 우려를 낳고 있다. 하지만 분명한 것은 무안 기업도시나 해남영암의 서남해안관광레저도시, 그리고 대불산업단지 등 전남 서남권이 관광, 물류, 산업기지로 발돋음하는데 있어 무안 국제공항의 역할은 매우 클 것이다.

현 단계에서 무안 국제공항 활성화 여부는 직접적으로 무안 기업도시 성공여부와 맞물려있다. 기업도시가 한중 국제산업단지로 조성될 경우, 인력 교류나 원자재·부품 등을 교역하기 위한 관문으로서 공항활성화가 기대된다. 어쨌든 공항활성화는 곧 주변지역의 개발과 밀접한 관련이 있는바, 다음과 같은 측면에서 활성화 전략이 강구되어야 할 것이다(이종화, 1997: 57-69).

첫째, 공항주변을 무안 국제공항-목포 신항만 통합형 물류 중심지로 조성해가야 한다. 무안 국제공항은 인천 국제공항의 기능을 보완하면서 서남권의 여객수요 및 중국·동북아 지역의 항공화물의 중계기지로 보관, 유통, 가공, 환적을 위한 종합화물터미널이 되도록 개발해야 할 것이다.

둘째, 공항을 활용한 산업기능을 강화하는 일이다. 일반적으로 공항 주변지역에 입지하기 적합한 산업업종은 다음 세가지로 분류된다. 첫째가 항공기 운항 지원산업으로서 항공기 정비공장, 기내식 공장, 항공시설 서비스업(기내 청소 및 시트청소 등) 등이다. 둘째, 항공 수출지향산업으로 원재료나 부품 및 완제품의 수송에 항공기를 주로 활용하는 산업으로 경박단소형 첨단기술산업(반도체 관련제품, 전자 기계류 부품 등), 의약품, 냉장 등의 산업이 그 대상이 될 수 있다. 셋째는 임항지역 산업으로서 공항을 이용권으로(공항과 1시간 이상 거리까지) 하는 공간범위에서 입지할 수 있는 항공부품 및 항공기 제조업, 반도체, 정밀화학 등 첨단기술산업과 관광레저산업 등이 여기에 해당한다.

무안에서 추진하고 있는 기업도시는 곧 이상에서 언급한 공항인접권 및 공항도시권에서 이뤄지는 산업기능 강화전략으로서 이 사업의 성공이 공항 활성화를 위한 필요조건이라 생각한다.

참고문헌

강봉룡(2007), "무안군의 역사환경", 「무안군의 문화원형」(목포대 도서문화연구소·무안군)
강봉룡(2007), "수군진과 봉수", 「무안군의 문화원형」(목포대 도서문화연구소·무안군)
고석규(2007), "무안읍의 원형, 무안읍성", 「무안군의 문화원형」(목포대 도서문화연구소·무안군)
김경옥(2007), "무안을 본관으로 하는 성씨, 무안박씨", 「무안군의 문화원형」(목포대 도서문화연구소·무안군)
김 준(2007), "어촌사회의 특징과 갯살림", 「무안군의 문화원형」(목포대 도서문화연구소·무안군)
나승만(2007), "갯벌어로활동과 낙지잡이", 「무안군의 문화원형」(목포대 도서문화연구소·무안군)
무안군(2010), 「군정백서(2006-2010)」
무안군(2009), 「전략농산업중심 농촌산업발전 마스터플랜」
무안군(2005), 「무안관광종합개발계획」
무안군(2008), 「무안장기종합발전계획(2007-2016)」
목포시(2002), 「무안국제공항 개항에 따른 주변지역 활성화방안」
이종화(2010), "무안 한·중 국제산업단지의 추진 필요성과 추진전략", 「호남광역경제권의 발전방향」심포지엄 발표자료(호남권광역경제발전위원회, 전남대학교 지역개발연구소 주최)
이종화(1997), "무안 국제공항 주변지역 개발방향", 「무안국제공항건설관련 세미나 발표자료(전라남도, 무안군 주최)」
이헌종(2007), "무안 문화의 원류", 「무안군의 문화원형」(목포대 도서문화연구소·무안군)
이해준(1995), 다시 쓰는 전라도 역사, 금호문화
문병채(2007), "간척활동과 자연환경자원", 「무안군의 문화원형」(목포대 도서문화연구소·무안군)
변남주(2007), "옛 포구의 역사와 문화", 「무안군의 문화원형」(목포대 도서문화연구소·무안군)

한성욱(2007), "무안지역의 도자문화", 「무안군의 문화원형」(목포대 도서문화연구소·무안군)

홍순일(2007), "무안사람들의 소리문화장치, 들노래", 「무안군의 문화원형」(목포대 도서문화연구소·무안군)

제 1 부

무안지역 산업연관모형에 의한 산업구조 분석
― 양파류와 고구마 및 양돈산업을 중심으로 ―

고 두 갑*

Ⅰ. 서론

　무안군은 한반도 서남부 가장자리에 위치하여 지리·문화적으로 큰 의미를 지닌 곳이며, 또한 서남단으로 서해도서와 내륙 해안지역의 관문이며 서해와 남해의 교차지역으로 문화 접변성의 측면에서 그 의미가 깊다. 서쪽으로는 서해를 사이를 두고 여러 도서들과, 서북쪽으로는 함평만을 사이에 두고 함평·영광군과 경계를 이루고 있으며 서부지형은 반도형 해안지형으로 지역적 특색을 보여주고 있다.
　한편 동부 혹은 동남쪽으로 호남의 젖줄인 영산강이 굽이쳐 흘러 이를 사이에 두고 나주·영암군과 경계를 이룬다. 결국 남쪽으로는 목포시와 연접되는 일부와 북쪽으로 함평과 연결되는 일부지역을 제외하면 3면이 바다 또는 강으로 둘러싸인 특수한 자연 지리적 환경을 지닌 곳으로 이러한 자연환경은 무안군의 산업구조 형성에 커다란 영향을 주고 있다.
　무안군을 지형적 조건 및 특성에 따라 3개 지역으로 구분할 때 서해에 연접한 반도지형으로 복잡한 해안과 낮은 구릉으로 이루어진 해제·현경·망운 운남면과 청계의 일부지역에 양파, 마늘, 고구마, 밭농사가 주를 이루고 있으며, 군의 동남부에 해당하는 일로읍, 몽탄·삼향면의 일부지역은 영산강

---
* 경제학과 교수

을 따라 연안에 위치한 평야 지대로서 영산강은 일찍이 내륙과 해로를 연결하는 중요한 이동로와 보급로로서 역할을 해왔으며 연안의 충적평야들은 이 지역의 문화를 발달케 한 경제적 배경이 되었다.

1990년 대 중반 민선 지방자치제가 실시된 이후 무안군은 지역의 입지적 잠재력을 극대화하여 국토의 균형발전과 동북아의 교류를 선도하는 새로운 성장거점을 선도하기 위하여, 기업도시유치, 전남도청의 이전, 무안국제공항의 완공 등 성장 동력을 구축 하는데 노력해 왔다.

그러나 무안군은 지형적 조건에 특성에 의존한 농업중심의 경제로 농업의 쇠퇴와 생산인구는 고령화로 매우 취약한 경제구조를 가지고 있다.

그런데 최근 들어 무안지역의 산업구조가 다소 다양해지면서 부분적으로 개선되고 있는 긍정적인 측면도 보이기 시작하고 있다. 지방자치제의 본격적인 실시에 따라 지역 산업정책에 대한 관심이 크게 높아졌고, 지역에 맞는 특화된 시책이 부분적으로 추진되어 나름대로의 성과를 나타내고 있는 것이다. 따라서 무안지역이 지속적인 발전을 위해서는 지역 전략산업을 세밀하게 선정하여 발전 육성시켜 나가야 할 것이다. 왜냐하면 지역 전략산업은 지역의 자원과 인력 및 기술력을 바탕으로 성장하므로 지역의 내발적인 발전 가능성이 높아 지역경제에 미치는 파급효과가 매우 크기 때문이다.

본 연구에서는 지역경제 및 산업구조를 종합적으로 파악하고 분석하여 정책을 수립 할 수 있도록 무안군의 지역산업연관표를 작성하여 산업 정책적 시사점을 도출하고자 한다.

본고의 구성은 다음과 같다. 먼저 Ⅱ장에서 무안지역의 경제 산업현황을 분석한 다음, 무안지역의 양파류와 고구마 및 양돈 산업의 구조적 특성을 살펴본다. Ⅲ장에서는 무안지역의 산업연관모형을 작성하고, Ⅳ장에서는 지역산업연관분석을 이용하여 양파류와 고구마 및 양돈 산업을 중심으로 무안지역산업의 발전전략을 모색하고자 한다.

Ⅱ. 무안지역 산업의 현황과 특성

1. 지역경제 및 산업의 현황과 특성

　무안지역의 경제 및 산업현황을 요약하면, 먼저 2008년 무안지역의 지역내총생산(GRDP)은 1,249십억원으로 2008년 전남 총생산액 52,387십억원의 2.4%를 차지하고 있으며, 1인당 지역내총생산은 18,75만원으로 전국 평균 21,22만원의 87%의 수준이다. 이와 같이 지역의 GRDP가 낮은 이유는 지역의 생산력이 약한데다 생산인구의 고령화로 매우 취약한 경제구조를 가지고 있다.
　2008년 현재 무안지역의 지역총생산(GRDP) 기준 산업구조를 보면 농림어업이 203,732백만원, 건설업 144,971백만원, 제조업 93,431백만원, 도매업 30,275백만원 숙박 및 음식점업 12,249백만원으로 나타나 농림어업의 생산이 크게 높은 것을 알 수 있다.
　무안지역 산업대분류 총사업체수는 2008년 기준 3,512개 업체인데 이중에서 이 중에서 도·소매업이 전체의 25.7%인 903개 업체로 가장 많고, 그 다음 숙박 및 음식점업이 17.7%인 619개 업체, 기타 공공, 수리 및 기타 개인 서비스업이 14.2%인 498개 업체, 제조업이 12.1%인 427개 업체 등의 순으로 나타났다. <표 1>을 살펴보면 사업체수 기준으로 도매 및 소매업, 숙박 및 음식점업, 운수업이 전 사업체의 53%로 서비스업이 상대적으로 많은 분포를 보이고 있으며, 종사자수 기준으로 공공 및 사회보장행정이 14.2%로 가장 높게 나타났고, 도·소매업(12.3%), 제조업 (13.3%) 등이 상대적으로 많이 분포하고 있음을 알 수 있다. 또한 산업체의 구성비를 보면 3차 산업에 집중하고 있으며, 규모별로 1-4인 이하의 종사자가 근무하는 사업체수는 3,007개소로 전체의 84.2%를 차지하는 영세한 수준이다

〈표 1〉 주요 산업별 사업체 활동 현황

(단위 : 개소, 명, %)

구 분	사업체		종사자	
	사업체수	구성비	종사자수	구성비
합 계	3,512	100	15,742	100
제 조 업	427	12.1	2,094	13.3
건 설 업	135	3.8	1,046	6.6
도매 및 소매업	903	25.7	1,935	12.3
숙박 및 음식점업	619	17.7	1,410	9.1
운 수 업	327	9.3	744	4.7
공공 및 사회보장행정	37	1.1	1,958	12.5
교육서비스업	130	3.7	1,305	8.3
기 타	934	26.6	5,250	33.4

자료: 무안군통계연보, 2009.

무안지역 제조업(Manufacturing)은 2003년 사업체수 115개 업체에서 2005년 119업체로 증가하였으나 2007년부터 감소한 후, 2008년 현재 45개 업체로 월평균 종사자수는 1,009명이며 출하액은 166,565백만 원이다. 2008년 급격하게 산업체수가 줄어든 것은 조사대상 기준이 바뀌어 나타난 현상이다.

2008년 무안지역 제조업의 산업 중분류별 사업체수 비중은 음 식료품 26.6%, 비금속 광물제품 26.6%, 섬유제품 8.8%, 조립 금속제품 6.6%, 고무 및 플라스틱 제품 8.8%의 순이다. 무안지역의 제조업은 구조적인 측면에서 단순 가공형태로 부가가치가 매우 낮은 분야에 집중되어 있으며, 종사자수도 10인 이상 50명 미만 업체가 92.9%로 전형적인 중소기업이 대부분이다.

농·축산업의 현황을 살펴보자, 농가인구는 2008년 현재 26,254명(총인구의 38.7%)으로 이중 남자 12,254명, 여자 13,736명이다. 1997년 농가인구가 38.413명 이였던 것과 비교해 농업 인력이 급감하는 추세이며, 가구당 경지면적은 2.04ha로 전국 및 전남에 비해 높아 규모의 경제효과를 극대화 할 수 있는 여건이 조성되고 있다. 무안군의 답 면적은 10.9ha로 이중 수리답 면적은 7.7ha이며 수리 답율은 70.7%로 나타났으나, 이는 전국 및 전남 평균인 77.4%, 74.2%와 비교하여도 상대적으로 떨어진다. 일반 경지정리율은 91.5%로 전국 및 전남의 비율 90.0%, 88.8%와 비교해 우위에 있으나, 대구획경지정리 비율 8.3%로 전국 및 전남 평균인 39.2%, 45.4%와 비교해 볼 때 대단히 열악한 것으로 나타났다.

2008년도 무안군의 작목별 생산 현황을 보면 식량작물의 비율이 상대적으로 매우 높게 나타나고 있다. 작목별 재배면적 현황을 살펴보면 식량작물 53.8%(12,1120), 채소류 43.4%(9,775), 특용작물 1.7%(392), 과실류 1.1%(242)로 식량작물의 재배면적이 매우 높았고, 채소류의 비중이 지속적으로 증가하고 있으나 과실류, 특용작물의 재배면적 비율은 매우 낮다.

〈표 2〉 주요 작목별 재배면적 현황(2008년 기준)

(단위: ha, %)

구 분		작 목 별				
		합계	식량작물	채소류	특용작물	과실류
1997	면 적	17,390	14,477	1,007	1,325	581
	비 율	100.0	83.2	5.8	7.6	3.4
2003	면 적	22,508	12,863	8,884	472	289
	비 율	100.0	57.1	39.4	2.0	1.2
2008	면 적	22,529	12,120	9,775	392	242
	비 율	100.0	53.8	43.4	1.7	1.1

자료: 무안군 통계연보, 2009.

1997년도와 비교해 보면 특용작물의 비율이 7.6%에서 1.7%로 감소하였고, 과실류도 3.4%에서 1.1%로 극감하였으나, 채소류는 5.8%에서 43.4%로 급증하였다. 이는 농산물 수입개방으로 농가의 채산성이 악화되면서 그래도 안정적인 소득을 올릴 수 있는 식량작물(미곡류)과 채소류로 생산 전환이 이루어졌기 때문으로 파악된다.

한편 농산물의 특화계수를 분석해 보면, 식량작물의 경우 전국과 비교하여 특화된 작물은 콩, 논벼, 녹두, 고구마이며, 채소류의 경우 양파, 마늘, 시금치가 높게 나타나고 있다. 특히 마늘, 양파는 전국적으로 특화된 작물로 특화계수 분석결과 양파 15, 마늘 4.62로 높게 나타나고 있으며, 전국 점유율 또한 각각 17.8%, 7.4%로 매우 높다.

무안군의 축산물은 한우 및 돼지, 닭의 경우 어느 정도 규모화가 이루어진 것으로 추정된다. 한우의 경우 1,902호 로서 전남대비 5.3%를 점유하고 있으며, 호당 사육규모는 18.3두로서 전국 및 전남 평균 13.4두, 11.30두에 비해 규모가 크다.

젖소의 경우 농가수는 11호로 전남대비 2.5%를 점유하고 있으나, 호당 사육규모는 77.9두로 전국 및 전남평균에 비해 높다. 돼지의 경우 호당 사육규모는 1,381두로 규모화 되어 있다. 닭의 경우 사육농가는 140호로 전남대비 54.3%를 차지하고 있으나 호당사육규모는 30,149두로 전국 및 전남에 비해서 매우 낮다.

〈표 3〉 무안군 축산물 생산현황

(단위 : 호, 두)

구 분		전국(A)	전남(B)	전남비중 (B/A)	무안(C)	무안비중 (C/A)	무안비중 (C/B)
한우	농가수	181,196	35,807	19.0	1,902	1.1	5.3
	사육두수	2,430,389	404,882	16.7	34,851	1.4	8.6
	호당사육두수	13.4	11.30	-	18.3	-	-
젖소	농가수	7,000	433	6.2	11	0.1	2.5
	사육두수	445,754	31,619	6.9	857	0.2	2.7

돼지	호당사육두수	63.7	73.0	-	77.9	-	-
	농가수	7,681	1,190	15.5	100	1.3	8.4
	사육두수	9,087,434	778,966	8.6	138,193	1.5	10.7
	호당사육두수	1,183	656	-	1,381	-	-
닭	농가수	3,196	258	8.1	140	4.4	54.3
	사육두수	119,783,943	12,043,000	10.1	4,220,944	3.5	35.0
	호당사육두수	37,479	46,678	-	30,149	-	-

자료: 농림통계연보, 전남통계연보, 무안군통계연보, 2009.

Ⅲ. 무안군 산업연관표를 이용한 산업분석

1. 지역산업연관표의 작성

1) 지역산업연관표의 작성모형

무안군의 산업연관표는 <그림 1>에서 보는 바와 같이 한국은행의 403 부문 전국연관산업표를 이용하여 무안군의 실정에 맞게 31개 부문으로 재분류 및 통합을 하였다. 무안군의 산업별 종사자수 및 생산량(양파류와 고구마 및 양돈업)을 이용하여 무안군의 산업별 입지계수를 도출하여 입지상계수법을 이용한 2008년 무안군 지역 투입계수표를 작성하였다.

2) 입지계수법에 의한 무안군 입지계수 도출

입지계수(Location Quotient)는 어떤 지역의 특정산업 구성비를 전국의 동일산업 구성비와 비교하여 지역 내에서의 특정산업이 전국 평균에 비해 어느 정도 상대적으로 특화되어 있는가를 나타내는 지수이다. 여기서 입지계수가 1보다 크면 특정지역의 i산업은 전국의 i산업에 비해 특화되어 있어 이출산업이 되고, i보다 작으면 이입산업이 된다. 입지계수가 1이면 이입·

이출이 없고 전국평균 수준과 같다는 것을 나타낸다. 이렇게 추정된 지역투입계수는 Hawkins-Simon의 조건을 반드시 만족해야 한다.

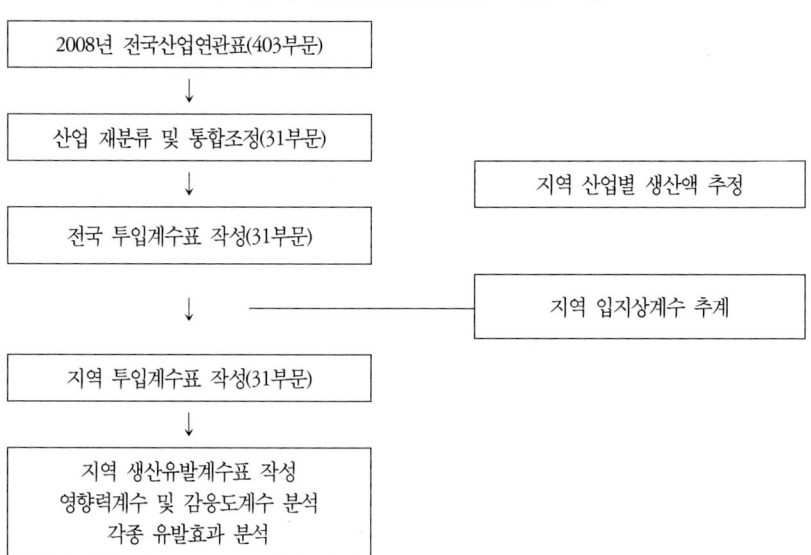

〈그림 1〉 무안군 산업연관표 작성 모형

무안군의 경우 양파류와 고구마 및 양돈업이 타 부문에 비해 특화되어 있기에, 이 세 부문을 농림수산품에서 분리하여 분석하였다. 그러나, 양파류와 고구마는 부문이 작기 때문에 한국은행에서 작성하는 403부문의 산업연관표에 없고, 「부문별 품목별 공급액표[1]」에서 생산자가격표만 제시되어 있기 때문에 전국산업연관표 작성시 동일부문간 비례배분법을 이용하려 중간투입과 중간수요를 추정하여 31개부문으로 통합하였다.

---

1) 2008년 산업연관표 부속표

〈표 4〉 농림수산품의 분류

부 문	대분류(28부문)	중분류(78부문)	소분류(168부문)	기초부문(403부문)	
양파류2)	농림수산품	농산물	채소 및 과실	채소	조미채소
고구마3)					감자류
양돈업		축산물	기타축산	양돈	

입지계수를 추정할 때는 지역의 생산비나 고용자 수를 파악하는 것이 일반적이나, 무안군의 양파류와 고구마 및 양돈업의 경우에 한국은행 분류기준에 맞는 생산액을 파악하는 것이 곤란하여, 양파류와 고구마는 2008년 생산량을 전국의 생산량과 비교하였으며, 양돈업은 2008년 12월 1일 기준 사육마리 수를 이용하여 전국에서 차지하는 무안군의 비중을 추정하였다. 타 부문은 통계청의 전국사업체조사의 종사자 수를 이용하였다. 그러나 기타부문은 종사자 수를 파악할 수 없어서 전국과 무안군이 동일한 투입 구조를 갖는다고 가정하였다.4)

〈표 5〉 양파류, 고구마, 양돈업의 생산량 비교

(단위 : 톤, 마리)

	전국(A)5)	전라남도	무안군(B)	비중(B/A)
파	505,056	178,559	3,611	0.0071
양파	1,035,076	535,704	208,950	0.2019
고구마	329,351	66,865	9,180	0.0279
돼지	9,087,434	778,966	138,193	0.0152

2) 양파류는 조미채소(고추, 마늘, 파, 양파, 생강, 기타)에서 양파와 파를 통합하고 타 조미채소와 분리하여 추정하였다.
3) 고구마는 감자류(감자, 고구마, 기타)에서 고구마 부문만 분리하였다.
4) 기타부문은 사무용품, 가계외소비지출, 분류불명으로 특정 산업부문이 아니기 때문에 이후 파급효과 분석에서는 제외한다.

무안군의 31개 산업의 입지계수를 도출한 결과, 양파류(142.80), 고구마(28.84), 양돈업(15.73), 농림수산품(5.22), 공공행정 및 국방(4.53)으로 높게 나타났다. 석유 및 석탄제품(0.00), 전기 및 전자기기(0.03), 제1차 금속제품(0.05), 일반기계(0.11) 등이 낮게 나타났다. 무안군의 산업구조가 상대적으로 1차 산업에 비중이 높고 2차 산업이 낮다는 것을 알 수 있다.

<표 6> 무안군 산업의 입지계수

	부문	입지계수	순위		부문	입지계수	순위
1	농림수산품	5.2197	4	17	정밀기기	0.3423	25
2	양파류	142.8042	1	18	수송장비	0.3467	24
3	고구마	28.8402	2	19	기타제조업제품	0.4855	22
4	양돈업	15.7348	3	20	전력,가스및수도	1.2320	10
5	광산품	2.7484	8	21	건설	1.0290	11
6	음식료품	2.8265	7	22	도소매	0.7867	18
7	섬유 및 가죽제품	0.3408	26	23	음식점 및 숙박	0.8443	15
8	목재 및 종이제품	0.8042	17	24	운수 및 보관	0.8237	16
9	인쇄 및 복제	0.4974	21	25	통신 및 방송	0.6056	20
10	석유 및 석탄제품	0.0000	31	26	금융 및 보험	0.9610	13
11	화학제품	0.6299	19	27	부동산 및 사업서비스	0.2311	27
12	비금속광물제품	4.4903	6	28	공공행정 및 국방	4.5335	5
13	제1차 금속제품	0.0542	29	29	교육 및 보건	1.6265	9
14	금속제품	0.4666	23	30	사회 및 기타서비스	0.9406	14
15	일반기계	0.1098	28	31	기타	1.0000	12
16	전기 및 전자기기	0.0274	30	32			

3) 추정된 지역투입계수표의 검정

앞에서 언급한 입지계수를 이용하여 추정된 무안군 지역투입계수표가 올바른 가를 확인하기 위해 Hawkins-Simon의 조건을 검정한 결과 <표 7>에 나타난 바와 같이 적절한 것으로 판명되었다.

---

5) 통계청, 한국통계연감, 2009.

⟨표 7⟩ Hawkins-Simon의 조건[6] 검정

	부문	투입계수행렬주 대각성분	레온티에프역행렬주 대각성분
1	농림수산품	0.062749	1.129023
2	양파류	0.000006	1.000023
3	고구마	0.045019	1.047208
4	양돈업	0.000551	1.041721
5	광산품	0.000000	1.017297
6	음식료품	0.164583	1.317548
7	섬유 및 가죽제품	0.095173	1.106193
8	목재 및 종이제품	0.323898	1.485014
9	인쇄 및 복제	0.058963	1.064540
10	석유 및 석탄제품	0.000000	1.000000
11	화학제품	0.287608	1.410503
12	비금속광물제품	0.181143	1.222586
13	제1차 금속제품	0.032742	1.034001
14	금속제품	0.067087	1.072772
15	일반기계	0.026719	1.027694
16	전기 및 전자기기	0.011314	1.011512
17	정밀기기	0.045657	1.048023
18	수송장비	0.102406	1.114665
19	기타제조업제품	0.047948	1.051031
20	전력,가스및수도	0.184855	1.249033
21	건설	0.000169	1.001092
22	도소매	0.016761	1.025911
23	음식점 및 숙박	0.000000	1.011597
24	운수 및 보관	0.186679	1.233601
25	통신 및 방송	0.097425	1.113700
26	금융 및 보험	0.229749	1.304031

---

[6] 첫째, 투입계수행렬의 모든 주대각성분이 0이상 1이하이어야 한다.
  둘째, 레온티에프역행렬의 모든 주대각성분이 1이상이어야 한다.

27	부동산 및 사업서비스	0.017464	1.022921
28	공공행정 및 국방	0.000000	1.000804
29	교육 및 보건	0.017431	1.019053
30	사회 및 기타서비스	0.038972	1.051622
31	기타	0.007616	1.036801

2. 산업연관효과 분석

1) 생산유발과 부가가치유발

각 산업의 최종수요에 의한 생산유발효과의 크기를 나타내는 산업별 생산유발계수[7]를 <표 8>에서 살펴보면 무안군의 2008년 전산업평균 생산유발계수는 1.4578로 전국 전산업평균인 1.9327에 크게 낮은 것으로 나타났다. 이는 생산유발효과가 큰 건설업이나 제조업 분야가 취약한 영향으로 보여진다.

산업별로는 살펴보면 양돈업(2.6106)이 가장 높게 나타났고 다음으로 음식료품(2.2266), 목재 및 종이제품(2.1149) 등의 순이었다. 그리고 일반기계(1.2941), 전기 및 전자기기(1.3030), 제1차금속제품(1.3363) 등이 낮게 나타났다. 특히 양파류는 높은 입지계수에 비해 생산유발계수는 1.3744로 저조하였다.

<표 8> 생산유발계수와 부가가치유발계수

	부문	생산유발계수	순위	부가가치유발계수	순위
1	농림수산품	1.651897	12	0.923470	17
2	양파류	1.374393	27	0.939630	14

---

7) 산업별 생산유발계수는 한 산업에 대한 최종수요 1단위가 발생한 경우에 해당 산업에서 이를 충족하기 위해 유발된 생산효과의 크기를 나타낸다.

3	고구마	1.540761	15	0.965840	3
4	양돈업	2.610558	1	0.837299	24
5	광산품	1.422285	21	0.951997	8
6	음식료품	2.226565	3	0.788008	28
7	섬유 및 가죽제품	1.638408	13	0.870981	21
8	목재 및 종이제품	2.114880	4	0.732336	29
9	인쇄 및 복제	2.044331	7	0.878177	20
10	석유 및 석탄제품	2.083644	6	0.278202	31
11	화학제품	1.685000	10	0.853777	23
12	비금속광물제품	1.880747	9	0.799188	27
13	제1차 금속제품	1.319572	29	0.895460	18
14	금속제품	1.336298	28	0.964030	4
15	일반기계	1.294132	31	0.966661	2
16	전기 및 전자기기	1.303033	30	0.939185	15
17	정밀기기	1.426801	20	0.929173	16
18	수송장비	1.385759	25	0.944874	13
19	기타제조업제품	1.673274	11	0.887741	19
20	전력, 가스및수도	2.090071	5	0.456848	30
21	건설	1.442834	19	0.952469	7
22	도소매	1.404385	23	0.948553	11
23	음식점 및 숙박	2.022491	8	0.862243	22
24	운수 및 보관	1.464062	18	0.813017	26
25	통신 및 방송	1.495413	17	0.950966	10
26	금융 및 보험	1.539502	16	0.961047	5
27	부동산 및 사업서비스	1.376257	26	0.968148	1
28	공공행정 및 국방	1.409778	22	0.952814	6
29	교육 및 보건	1.404300	24	0.951973	9
30	사회 및 기타서비스	1.573735	14	0.945448	12
31	기타	2.561108	2	0.826307	25
32	전산업평균	1.457787		0.868899	
	전국 전산업평균	1.932679		0.681392	

한편, 각 산업의 최종수요에 의한 부가가치 창출효과의 크기를 나타내는 산업별 부가가치유발계수[8]를 살펴보면 무안군의 2008년 전산업평균 부가가치유발계수는 0.8689로 전국의 전산업평균 0.6814에 비해서 매우 높게

나타났다. 이는 최종수요 1000원이 발생시 869원이 국내 부가가치로 창출되고 나머지 131원이 중간재 수입 등에 사용되어 타 지역으로 유출됨을 의미한다.

산업별로 살펴보면 부동산 및 사업서비스(0.9681)이 가장 높고 다음으로 일반기계(0.9667), 고구마(0.9658) 등의 순으로 나타났다. 석탄 및 석유제품(0.2782), 전력, 가스 및 수도(0.4568), 목재 및 종이제품(0.7323) 등이 낮게 나타났는데 이는 수입의존도가 높은 산업이기 때문이다.

4.5.1 영향력계수와 감응도계수

경제를 구성하는 각 산업은 생산 활동을 하기 위해 타 산업의 생산물을 중간재로 구입하기도 하고 생산 활동의 결과인 산출물을 타 산업의 생산 활동을 위한 중간재로 판매하기도 한다. 이와 같이 특정 산업이 생산을 위해 타 산업의 생산물을 필요로 한다면 그 산업의 생산증가는 타 산업들의 생산물 증가로 이어지게 되는데 이를 후방연쇄효과라 하고, 반대로 특정 산업의 생산물이 타 산업의 생산에 중간재로 사용된다면 타 산업들의 생산이 늘어날 때 동 산업의 생산도 함께 늘어나는 효과가 발생하는데 이를 전방연쇄효과라고 한다.[9]

이러한 전후방연쇄효과의 크기를 나타내는 자료로 생산유발계수행렬을 통해 계산되는 영향력 계수와 감응도계수이다.

무안지역의 산업별 영향력 계수는 <표 9>에서 보는 바와 같이, 양돈업이 1.8540으로 가장 높고, 그 다음 기타 1.533, 음식료품 1.2548, 인쇄 및 복제

---

[8] 산업별 부가가치유발계수는 한 산업에 대한 최종수요가 1단위 발생시 해당산업 및 타 산업에서 창출된 부가가치의 크기를 나타낸다. 이는 각 산업의 부가가치계수에 생산유발계수를 곱하여 계산한다.

[9] 한국은행, 2008 산업연관표, p.68

1.2482, 음식점 및 숙박 1.2070, 목재 및 종이제품 1.1056 등의 순으로 나타났다. 감응도 계수는 음식료품업이 1.9868으로 가장 높고 화학제품 1.710, 기타 1.4241, 농림수산품 1.4196, 금융 및 보험 1.4046 등의 순으로 나타났다. 영향력 계수와 감응도 계수가 모두 1보다 큰 산업은 농림수산품, 음식료품, 목재 및 종이제품, 음식점 및 숙박, 금융 및 보험, 기타 등이었다. 이들 산업은 타산업과의 연관효과가 높으므로 성장잠력이 높은 산업이라 할 수 있다.

〈표 9〉 영향력계수와 감응도계수

	부문	후방연관효과 (영향력계수)	순위	전방연관효과 (감응도계수)	순위
1	농림수산품	1.041566	8	1.419604	4
2	양파류	0.872849	26	0.688312	30
3	고구마	1.015640	10	0.721858	25
4	양돈업	1.584092	1	0.782548	19
5	광산품	0.924863	17	0.765750	20
6	음식료품	1.254879	3	1.986843	1
7	섬유 및 가죽제품	0.972421	15	0.784640	18
8	목재 및 종이제품	1.105668	6	1.242399	9
9	인쇄 및 복제	1.248219	4	0.765208	21
10	석유 및 석탄제품	0.724248	31	0.685971	31
11	화학제품	0.989270	13	1.710914	2
12	비금속광물제품	1.058679	7	0.916162	14
13	제1차 금속제품	0.802088	30	0.738163	24
14	금속제품	0.878764	25	0.902467	15
15	일반기계	0.853332	27	0.721729	26
16	전기 및 전자기기	0.827648	28	0.697757	29
17	정밀기기	0.903200	22	0.714477	27
18	수송장비	0.894193	24	0.817990	16
19	기타제조업제품	1.008512	12	0.749565	23
20	전력,가스및수도	0.902769	23	1.331483	7
21	건설	0.934717	16	0.758584	22
22	도소매	0.909412	19	1.386376	6

23	음식점 및 숙박	1.207026	5	1.321240	8
24	운수 및 보관	0.815626	29	1.222614	10
25	통신 및 방송	0.973393	14	0.918785	13
26	금융 및 보험	1.013665	11	1.404613	5
27	부동산 및 사업서비스	0.909064	20	0.977929	11
28	공공행정 및 국방	0.915352	18	0.702010	28
29	교육 및 보건	0.908965	21	0.803521	17
30	사회 및 기타서비스	1.016501	9	0.936328	12
31	기타	1.533179	2	1.424159	3
32	전산업평균	1.000000		1.000000	

Ⅳ. 무안산업에 대한 정책적 시사점

　본 연구는 무안지역의 경제 활성화를 위하여 무안군 산업연관표를 작성하고 지역내의 산업구조 및 각산업의 각종파급효과를 분석 하였다. 각종 파급효과의 결과를 살펴보면 다음과 같다.

　첫째, 지역산업연관표의 작성에 있어 투입계수행렬과 레온티에프행렬은 H-S조건을 반드시 만족하여야 한다. 본 연구에서는 H-S 조건을 만족함으로써 무안지역의 산업연관분석을 실행함에 있어 문제가 없음을 알 수 있다.

　둘째, 무안지역의 생산유발, 효과를 살펴보면, 양돈업, 음식료품, 목재 및 종이제품이 높게 나타났으나, 양파류는 높은 입지계수에 비해 생산유발계수는 1.3744로 저조하였다. 부가가치 유발계수는 부동산 및 사업서비스업이 가장 높고 다음으로 일반기계(0.9667), 고구마(0.9658) 등의 순으로 나타났다.

　셋째, 무안지역의 감응도 계수를 살펴보면, 음식료품이 가장 높게 분석되었으며, 그 뒤를 화학제품, 기타 사업의 순이다. 영향력계수는 양돈업, 기타, 음식료품의 순으로 분석되었다.

결국 무안지역에서는 1차산업이 전반적인 무안경제를 이끈다고 볼 수 있으며, 이러한 산업구조가 변경되지 않는 한 무안지역의 경제 활성화를 위해서는 이 산업부문에 투자의 우선순위를 두는 것이 합리적이라 생각된다.

본 연구가 지역경제활성화에 대한 완벽한 연구라고는 할 수 없다. 하지만 지역경제활성화를 위한 산업투자를 할 경우 하나의 참고자료로 활용될 수 있을 것이다. 또한 산업연관분석에서는 고용계수와 취업계수 및 고용유발계수와 취업유발계수를 구하여야하나, 한국은행 분류기준에 맞는 자료를 구할 수 없어서 부득이 생략하였다. 고용계수와 취업계수는 무안군의 31개 부문에 대한 생산액과 고용자 및 취업자수를 파악할 수 없었다. 고용 및 취업유발계수는 고용 및 취업계수에 생산유발계수를 곱하여 도출하기 때문에 이 역시 구할 수 없었다. 원자료가 없는 상태에서 기준과 성격이 다른 자료들을 무리하게 가공하여 도출하는 경우에 왜곡된 결과를 얻을 수 있기 때문이다.

참고문헌

[1] 김현철·이돈재·고성보, "제주지역 산업연관모형 개발(2000년기준)", 정책연구 제주발전연구원, p.19. 2005.
[2] 윤갑식, "충청권지역의 산업간·지역간 연관구조 분석: 충청권 MRIO를 중심으로", 한국지역개발학회지, 제20권 제 2호, pp.107~126. 2008.
[3] 윤영선·김영수, "세 지역 MRIO 모형을 이용한 지역경제 연관 분석", 경제학연구 제48집 제 2호, pp.175~207. 2000.
[4] 한국은행, "2008년 산업연관표", 2010.
[5] 무안군, "2010년 무안통계연보", 2010.
[6] 무안군, "2007-2016 무안장기종합 발전계획", 2008.
[7] 무안군, "2006-2010년 군정백서", 2010.
[8] Ghosh,A, "Input-Output Approach to an Allocative System", Econamica, 25(1), pp.58~64. 1958.
[9] Hawkims. D. and H.A.Simon, "Note: Some Conditions of Macroeconomic Stability", Econometrica, 17(2), pp.245~248. 1949.

무안의 관광동향과 관광발전전략

이 진 형*

I. 머리말

  1995년 지방자치제도가 실시되면서 광역 지자체뿐만 아니라 시·군과 같은 기초지자체에서도 지역 경제 활성화를 시군정의 최우선 정책과제로 삼아 다양한 정책을 추진해 오고 있다. 무안군도 예외는 아니어서 지난 1995년 1기 민선자치장이 선출된 이래 작년 제 5기 민선자치장이 선출되기 까지 약 15년여 동안 지역발전과 지역경제 활성화를 위한 다양한 정책들이 수립·집행되어 왔다.
  이 중 관광분야는 민선1기 때부터 지역의 주력산업인 농·수·산업분야와 함께 무안군 경제 활성화에 있어 중요한 역할을 할 수 있는 분야로 인식되어, 관광자원개발, 관광산업육성, 관광마케팅 등의 측면에서 다양한 정책이 추진되어 왔다[1]. 그러나 도청소재지이자 국제공항을 보유하는 있는 무안군의 관광은 여러 면에서 여수, 목포 등 전라남도의 전통적인 관광지역에 뒤쳐져 있을 뿐만 아니라, 인근의 함평이나 신안과 같은 지역에 비해서도 큰 성과를 내지 못하고 있는 것으로 보인다.

---

* 관광경영학과 교수
1) 무안군은 다시 찾고 싶은 "매력있는 문화관광도시" 구현을 동북아 경제중심도시 약동하는 무안이라는 비전을 이루기 위한 4대 전략 중 두 번째 전략으로 정하고 있다(무안군(2010). 2006-2010 군정백서).

본고는 먼저 무안관광의 침체원인을 진단하기 위해서 먼저 무안군의 관광자원 및 관광특산품의 특성을 살펴본 후, 무안의 관광자원개발 과정을 역사적인 관점에서 분석하였다. 다음으로 무안군의 관광마케팅과 관광산업현황, 관광객 현황을 실증적으로 파악하였다. 마지막으로 이러한 분석에 기반하여, 무안의 관광발전을 위한 네 가지 전략을 제시하여 보았다. 본고에서는 이러한 연구목적을 달성하기 위하여 문화체육관광부, 전라남도, 무안군에서 발간한 각종 통계자료 및 보고서에 대한 문헌연구를 실시하였고, 관광업계와 관광행정기관의 관계자들에 대한 면접조사도 병행하였다.

Ⅱ. 무안군의 관광 동향

1. 관광 자원 및 특산품

1) 자연·생태 관광자원

무안은 서해안과 접해 있고, 독특한 형태의 만(청계만, 탄도만)과 반도(망운반도)가 발달하여 해양형(휴양 및 레저) 관광자원이 풍부하다. 해제반도 주변의 도리포, 홀통, 톱머리, 조금나루 해변과 갯벌은 여름철 휴양지로서의 기능뿐 만 아니라 봄·가을철 자연생태 체험장으로도 활용 될 수 있는 가치 있는 무안의 관광자원이라고 할 수 있다.

무안에는 또한 內水形 자연생태관광자원으로 영산강변과 국내 최대 연꽃자생지인 일로 회산연꽃방죽이 위치해 있을 뿐만 아니라 산악형 자연관광자원으로 다도해를 한 눈에 내려다 볼 수 있는 승달산과 주변의 크고 작은 산들이 있다. 이외에 천연기념물인 읍내의 팽나무와 개서어나무 군락지, 현경과 망운의 명품 소나무 '곰솔' 군락지, 용월의 백로·왜가리 번식지 또한 무안이 내 놓을 만한 자연생태관광자원이다.

2) 역사·문화 관광자원

무안군은 역사적으로 볼 때 영산강 고대문화권에 속하는 지역으로, 무안군에는 사찰이나 암자, 유적지 등 다양한 역사·문화 자원이 산재해 있다 <표 1 참조>. 茶聖으로 불리고 있는 삼향의 '초의선사 탄생지'이외에도 승달산 계곡의 법천사 목우암과 같은 古寺刹과 몽탄 식영정, 나상렬 전통가옥, 무안향교, 성남리의 석장승, 분청사기와 백자의 생산지였던 무안요 역시 무안의 역사문화자원이다.

3) 지역특산품

전국적인 지명도를 가지고 있는 무안의 지역특산품에는 웰빙(well-being) 건강식품으로 알려진 양파와 뻘낙지가 있다. 황토골 무안에서는 우리나라에서 생산되는 전체 양파의 20%를 생산하는데, 무안읍내를 중심으로 바닷가 쪽인 망운, 운남, 청계, 현경, 해제의 야트막한 황토 구릉지는 온통 양파밭이다. 관내 4천2백여 농가에서 2천985ha 양파 농사를 지어 약 17만t가량 양파를 생산해 510억원의 매출을 올리고 있어, 벼농사를 제외한다면 양파가 지역에서 가장 큰 비중을 차지하는 작물이다.

뻘낙지 또한 우리나라에서 인지도가 있는 무안의 대표적인 건강식품이라고 할 수 있다. 무안군 현경면과 해제면 일원의 무안갯벌 36.5km^{2}에서 10월-11월에 잡히는 세발낙지는 대표적인 무안의 특산품이다.

〈표 1〉 무안군 주요 관광자원 현황

구 분	관광자원명
자연·생태형 관광자원	-무안해변과 갯벌(도리포, 홀통, 톱머리, 조금나루) -회산백련지 -승달산과 주변 크고 작은 산 -팽나무와 개서어나무 군락지 -'곰솔' 군락지

	-백로·왜가리 번식지
역사·문화형 관광자원	-초의선사탄생지 -법천사, 목우암 등 고사찰 -식영정, 나상열 가옥, 무안향교 등 전통건축 -석장승 -무안요
특산품	-무안양파 -무안뻘낙지

자료: 무안군(2010). 2006-2010년 군정백서

    요컨대 무안에는 자연생태관광자원으로 청계만, 탄도만과 망운반도에 발달한 갯벌과 해수욕장, 국내 최대 연꽃자생지인 회산연꽃방죽이 있고, 역사문화형 관광자원으로 초의선사탄생지 등이 있으며, 주요특산품으로 양파와 낙지가 있다고 할 수 있다. 하지만, 이러한 관광자원들은 제주도의 자연생태관광자원이나 경주의 불국사와 석굴암과 같이 있는 그대로 두어도 대규모 관광객을 유치할 수 있는 관광자원이라기보다는 별도의 개발이 이루어져야 하는 자원이라 할 수 있다.

2. 관광자원개발

    무안군에서는 1995년 지방자치단체가 처음 실시된 이후 전남의 다른 지방자치단체와 마찬가지로 관광개발을 통한 지역경제 활성화를 군정의 중요한 목표로 삼아왔다.
    1995년부터 2002년까지 제1·2기 민선 군수시절은 지방화시대 무안관광의 밑그림이 그려진 시기라고 할 수 있다. 1995년 무안군관광종합개발이 최초로 수립되었고, 제1회 무안 연꽃 대축제가 개최되었다. 1997년에는 민간자본인 남화산업에 의해 무안컨트리클럽이 개장되었는가 하면, 현재까지

무안관광자원 개발의 양대 축이라고 할 수 있는 '회산백련지 연꽃방죽 관광지조성'과 '초의선사 현창사업'이 시작되었다.

1997년 당시 군에서는 2003년까지 약 440억 정도의 예산을 들여 무안 연꽃방죽 관광지를 조성할 계획을 가지고 있었으며, 2000년까지 약 33억의 예산으로 초의선사 현창사업을 추진할 예정이었다. 그러나 무안연꽃방죽 관광지 조성사업의 경우 민선 1·2기 기간 동안 기본계획이 수립되어 제3차 관광개발계획에 반영되는 정도의 진척만이 이루어졌다. 초의선사현창사업의 경우도 다성사, 생가, 기념전시관, 다문화관 건립 등 전체 사업의 일부만이 2002년경까지 완료되었다. 한편 1998년에는 지역출신 전 공군 참모총장 옥만호씨의 사재출연으로 무안의 또 하나의 관광자원인 무안호담항공우주전시관이 개장되었다.

2002년 민선3기의 출발과 더불어 무안군의 관광자원개발은 본격화되고 다각화 되었다. 민선 1·2기 시절 시작된 회산백련지 관광지조성 사업이 2004년 '관광지 지정', 2006년 관광지조성계획 승인 및 지방재정투융자 심사가 완료되면서 본격적인 개발에 들어가 최근까지 지속적인 개발이 이루어지고 있다. 또 회산백련지 관광지 사업과 별도로 회산백련지 생태공원사업이 진행 중에 있고, 수상유리온실도 건립되었다. 뿐만 아니라 초의선사 현창사업 2단계가 추진되어 '차역사박물관', '용호백로정', '초의지' 등이 추가로 건립되었다.

〈표 2〉 무안의 주요관광자원개발 현황

사업명	사업기간	사업비	개발방식
회산백련지 관광지 조성	1997-현재	41,800백만원[2]	제3섹터방식
초의선사 현창사업	1997-2011	18,190백만원	공공형
무안컨트리클럽	1996-2007	-	민간형
무안호담항공우주전시관	1995-1998	1,300백만원	민간형

무안생태갯벌센터	2003-2009	20,240백만원	공공형
군립 오승우 미술관	2004-2007	5,700백만원	공공형
송계어촌체험마을	2004-2005	1,760백만원	공공형

자료: 무안군 관광문화과 내부자료 재구성

　민선3기 이후에는 송계어촌체험마을 조성, 무안생태갯벌센터 조성, 군립 미술관 건립과 같은 관광자원개발이 새롭게 추진되어 각각 2005년, 2009년, 2011년 완료되었다. 또한 연꽃대축제 이외에 무안 황토 마늘양파축제, 무안 갯벌 낙지잔치, 초의선사 탄생문화제, 승달국악대제전 등 새로운 지역축제가 추진되기도 하였다. 그러나 이 중 황토 마늘양파축제와 갯벌 낙지잔치 등은 명맥을 유지하지 못하고 현재는 개최되고 있지 않은 상황이다.

　한편 1995년 무안관광종합개발계획이 수립 된지 10년만인 2005년에는 2020년도를 목표연도로 하여 무안관광종합개발계획이 두 번째로 수립되었다. 호남고속철의 개통, 2005년 도청의 무안 이전, 2007년 무안국제공항의 개항 등 무안관광환경의 변화에 대응하기 위해 수립된 이 계획에서는 무안관광의 비전을 "국제적인 건강/휴양관광의 중심"으로 정하고, 무안을 4개 관광권역으로 (해제반도권, 무안국제공항권, 청계만권, 영상강권) 나누어 각 권역별 관광개발계획을 수립한 바 있다<표 3참조>.

〈표 3〉 무안 관광종합개발계획의 권역별 주요계획

무안관광권역	주요 계획
무안·국제공항권	-창포지구 생태습지조성, 컨벤션/비즈니스센터 조성, 호텔숙박시설 조성, -조금나루 건강보양단지 조성 -항공우주전시장 플라워 가든 및 어린이 천국 조성 -운남 황토타운 조성

---

2) 2009년 현재까지 국비와 지방비 합쳐 145억이 투자될 예정이었으나 실제로는 75억이 투자되어 계획대비 40.7%의 공공투자율을 보임. 반면 민간투자는 전혀 이루어지지 않음.

청계만권	-백로 왜가리 서식지 방문객 센터 및 조류 관찰소 조성 -해변드라이브코스 및 펜션단지 조성 -군산동 3, 4수원지 인근 자연체험센터 조성 -승달산 달산저수지 자연휴양림 조성
영상강권	-몽탄 식영정 인근 왕건테마파크 조성 -분청옹기마을 조성 -영산강 생태문화관광도로 조성(남악신도시-식영정) -청호리조트 개발
해제반도권	-홀통해양레포츠센터 건립 및 야영장 조성 -해제반도 조망공원 조성 -도리포 해양생태공원 조성(머드체험장)

자료: 무안군(2005). 무한관광종합개발계획

요컨대 무안군에서는 지방자치제가 실시된 지난 1995년 이후 2차례에 거쳐 관광개발계획을 수립하고 다각적인 관광자원개발을 추진해 왔다. 1995년 이후 무안군이 주력한 관광자원 개발은 크게 4가지로 요약될 수 있는데, 공공이 주도한 회산 연꽃방죽의 관광지화, 초의선사 탄생지 역사문화관 관광지화, 무안생태갯벌센터 조성사업과 민간이 주도한 무안 컨트리클럽 조성이 그것이다. 한편 2005년 무안관광개발계획에서 무안의 4대 관광권역이 설정되었고, 각 권역별로 다양한 관광개발계획이 제시되었지만, 현재까지 이렇다 할 진척이 없는 상황이고 체류형 관광객을 유치할 만한 거점관광지가 부족하다고 할 수 있다.

3. 관광마케팅 및 관광산업

1) 관광마케팅

무안군에서는 지방자치제 실시 이후 관광자원개발 뿐만 아니라 관광장소(Tourism Destination)로서 무안을 마케팅하기 위하여 다양한 노력을 기울여

왔다. 민선 1·2기 시절 '황토랑 TV-CF'를 방영하여 무안연꽃축제와 무안의 특산물을 홍보하였는가하면 관광홍보용 CD를 제작하기도 했다.

하지만 2005년 무안군 관광종합개발계획이 수립되기 이전만 해도 무안군에서는 관광지로서 무안의 이미지를 어떻게 브랜딩(branding)할 것인가에 대한 장기적인 비전과 목표 전략 등이 부족했다고 할 수 있다. 민선 3기 군정이 시작된 2003년 이후 관광홈페이지구축, 관광홍보물의 다각화(지도, 브로슈어, 가이드북, 기념품)가 이루어지고, 언론사 기자와 여행사 등을 대상으로 한 팸투어(famtour)가 새롭게 시도되었지만, 관광지로서 무안의 비전과 목표를 수립하고, 무안을 어떻게 포지셔닝(Positioning)하고 브랜딩할 것인가가 처음으로 구체화 된 것은 2005 무안군 관광종합개발계획에서라고 할 수 있다.

무안군 관광종합개발계획에서는 무안관광의 비전을 "국제적인 건강·휴양 관광의 중심"으로 설정하고 주요목표로 '내륙, 해안, 강 관광자원의 연계성 강화', '지속가능한 사계절 관광기반의 구축', '지역산업과의 연계를 통한 지역경제 활성화', '건강 휴양관광지로서 관광이미지 구축'을 제시한 바 있다. 또 이 계획에서는 관광목표를 달성하기 위한 전략으로 관광테마의 설정과 특성화, 관광자원 간 연계성 강화, 체류형 관광기반의 구축. 관광을 통한 內發的 지역발전 도모, 인접시군과의 통합적 관광연계구축을 제시한 바 있다.

이러한 전략 하에 무안군에서는 2004년 이후 펜션과 민박 시설 확충을 위해 노력하고 있는가하면, 초의 다도 프로그램, 분청 도예교실과 같은 체험프로그램 개발도 추진하고 있고, 계절별, 테마별 여행 코스 개발, 회산백련지 여행상품 개발, 관광지 방문 포토 투어 랠리 등도 추진해 왔다. 뿐만 아니라 다국어 관광 브로슈어 제작, 외국인 팸투어 실시, 내나라 여행 박람회 등 국내 관광홍보전 무안홍보관 운영, 단체관광객 유치여행사 인센티브 제공 등을 통해 외국인 관광객과 수도권과 경상권의 관광객을 유치하기 위한 노력도 기울여 왔다.

하지만 이러한 노력에도 불구하고 아직까지 무안은 관광지로서의 이미지가 약한 편이며, 특히 '건강휴양 관광지'로서 무안의 관광이미지는 1차 관광시장인 '광주·전남권' 뿐만 아니라 2차 관광시장인 '수도권과 영남권'에서도 뚜렷하게 부각되지 못하고 있는 실정이다. 이는 무안의 관광이미지를 건강휴양관광지로서 부각시키는 것이 과연 경쟁력이 있는가라는 근본적인 문제제기와 더불어 무안관광마케팅 전략에 대한 종합적인 검토와 대안마련이 필요하다는 점을 보여주는 것이라고 할 수 있다.

2) 관광산업

2009년 무안군 통계연보에 따르면, 무안군에는 총 619개의 숙박 및 음식점이 영업 중이며 1,410명이 숙박 및 음식업에 종사하고 있는 것으로 나타나고 있다.

그러나 <표 4>에서 볼 수 있는 바와 같이 이 가운데 관광진흥법상의 호텔업으로 등록된 곳은 한 곳도 없는 형편이다. 다만 관광편의시설업으로 한 곳이 등록되어 있고, 공중위생법상의 숙박업체가 26개가 등록되어 있으며, 민박업체가 63개 등록되어 있을 뿐이다. 이렇듯 관광호텔이 없는 대신 일반숙박업과 민박이 상대적으로 발달한 것은 무안에는 패키지 단체 관광객보다는 가족단위 관광객이나 비즈니스 관광객이 많다는 것을 보여주는 것이라고 할 수 있다.

<표 4> 무안의 숙박시설 현황

	무안읍	일로읍	몽탄면	삼향면	청계면	현경면	해제면	운남면	망운면	총계
숙박업	11	3	-	2	6	1	4	-	7	34 (265객실)
민박	2	15	4	4	7	10	17	3	1	63 (125객실)

자료: 무안군 관광문화과 내부자료 재구성.

또한 숙박업체의 소재지를 보면 무안군 방문객의 체류 형태를 추정해 볼 수 있다. 비즈니스관광객을 주요 고객으로 하는 모텔 등 숙박업체는 행정관서와 대학, 골프장이 위치한 무안읍내와 청계면 일원에 발달되어 있다. 반면 가족 단위 관광객을 주로 수용하는 민박과 펜션의 경우 회산백련지가 위치한 일로읍과 해변경관이 우수한 해제, 현경, 청계 일원에 위치해 있다. 한편 현재 무안군에는 일반 여행사 2개, 국내 여행사 5개 등 모두 7곳이 여행업으로 등록되어 있다. 이 중 일반여행사는 무안군민들의 해외여행을 주 업무로 하고 있는 곳이며, 국내 여행사 4곳은 무안군민들의 국내여행을 주요 비즈니스로 하고 있고, 나머지 1곳은 관내 학교의 수학여행이나 통학을 위한 전세버스 비즈니스를 하는 곳이다.

이러한 점은 무안여행시장이 거의 대부분이 아웃바운드(outbound) 시장으로 구성되어 있다는 것을 보여주는 것이라 할 수 있다. 실제로 현재 전라도 여행상품의 일정은 대부분 함평과 신안, 목포, 완도를 중심으로 일정이 짜여 있고, 숙박, 음식, 관광지 방문을 위해 무안을 경유하는 상품은 거의 없다고 해도 과언이 아니다.

무안관광의 수용태세를 보여주는 또 다른 측면인 문화관광해설사 현황을 살펴보면 현재까지 무안군에서는 18명의 문화관광해설사가 양성되어, 이 중 5명이 회산백련지(한국어 1명, 영어 1명), 초의선사유적지(한국어 2명), 무안생태갯벌센터(한국어 1명)에서 해설사로 활동하고 있는 정도이다.

그러나 무안군 관광산업기반 중 가장 큰 문제는 역시 무안국제공항이라고 할 수 있다. 무안국제공항은 무안기업도시계획 서남해안관광레저기업도시 계획 등을 배경으로 문민정부시절인 1999년 공사가 시작되어 2007년 완공 후 11월부터 운항에 들어갔다. 하지만 현재 하루 1편의 무안-제주 노선과 여름 성수기 중국과 동남아시아 전세기 정도 운항되어 있어 공항 가동율이 매우 저조한 실정이다. 연간 519만명을 이용할 수 있는 공항을 10만명이 이용하고 있고, 연간 적자폭이 71억원에 달하는 것은 지역뿐만 아니라 국가

차원에서도 큰 문제가 아닐 수 없다.
　요컨대 무안군의 관광산업기반은 전반적으로 취약하다고 할 수 있는데, 이는 무안군의 관광자원개발과 관광마케팅이 충분치 않다는 것을 반증하는 것이라고 할 수 있으며, 나아가 전반적인 관광객의 규모 그 중에서도 체류형 단체 관광객의 규모가 많지 않다는 것을 실증하는 것이라고도 할 수 있다. 무안관광산업기반과 관련하여 가장 큰 난제는 어떻게 무안국제공항을 활성화 시킬 수 있을 것인가이다. 무안국제공항은 무안군이 가지고 있는 가장 훌륭한 관광산업기반이지만 현재로선 무안기업도시와 서남해안레저기업도시가 답보상태에 있어 그 기능을 발휘하지 못하고 있다. 이는 추후 무안 나아가 전라남도의 관광자원개발은 무안국제공항을 활성화시키는 것과 연관되어 추진되어야 한다는 것을 보여주는 것이라고 할 수 있다.

4. 관광객 동향

　무안군의 관광지방문객 통계는 현재 세 곳의 유료관광지와 여섯 곳의 무료관광지에서 집계되고 있다[3]. 문화체육관광부의 관광지식정보시스템에 따르면, 2010년 약 1백50만 명이 무안군의 주요 관광지를 방문한 것으로 집계되고 있고, 이중 55% 정도인 약 85만명은 회산백련지 방문객인 것으로 나타나고 있다. 그 다음이 무안컨트리클럽(약 11만 명), 홀통유원지, 톱머리유원지, 조금나루 유원지, 도리포유원지와 같은 해제반도 인근의 유원지로 나타나고 있고, 승달산, 초의선사 유적지 등이 그 뒤를 잇고 있다.

---

[3] 이 중 유료관광지의 경우 입장권을 판매하거나 이용료를 징수하는 곳이기 때문에 방문객 수가 신뢰할 만한 것이라고 할 수 있으나, 무료 관광지 특히 입구가 정해져 있지 않은 승달산과 유원지의 방문객 통계는 다소 신뢰성이 떨어진다고 할 수 있다.

〈표 5〉 2010년 무안관광지 방문객 통계

관광지명	유/무료	관광객수	
		내국인	외국인
회산백련지	유료	841,459	417
무안컨트리클럽	유료	110,902	32
항공우주전시관	유료	48,535	6
승달산	무료	78,474	-
초의선사유적지	무료	51,508	-
홀통유원지	무료	98,304	-
톱머리해수욕장	무료	94,875	-
조금나루유원지	무료	83,475	-
도리포유원지	무료	78,031	-
합계		1,486,018	

자료: 관광지식정보시스템(www.tour.go.kr)

한편 <표 6>에서 보는 바와 같이 무안의 관광지 방문객 현황을 월별로 나누어 볼 경우 여름휴가철인 7월에서 9월 사이의 방문객이 연간 무안관광객 150만명의 약 80%인 117만명인 것으로 나타나고 있다. 이는 무안관광의 현황을 극명하게 보여주는 지표의 하나로 현재로선 무안의 관광이 여름 한철에 편중된 극심한 계절성(seasonality)을 띠고 있다는 것을 의미한다. 이러한 추세는 2004년부터 2009년까지의 무안 관광지 방문객 통계에서도 유사하게 나타난 패턴으로 계절성의 극복이 무안관광의 고질적 문제점임을 의미한다 하겠다.

〈표 6〉 2010년 무안관광지 월별 방문객 통계

월	관광객수(명)	비율
1월	10,454	0.7
2월	22,125	1.5
3월	13,953	0.9
4월	31,744	2.1
5월	31,378	2.1
6월	53,928	3.6
7월	378,641	25.5
8월	491,277	33.1
9월	305,685	20.6
10월	74,255	5.0
11월	40,596	2.7
12월	32,009	2.2
합계	1,486,018	100

자료: 관광지식정보시스템(www.tour.go.kr)

III. 무안 관광발전전략

지금까지 무안의 관광자원과 특산품, 관광자원개발, 관광마케팅 및 관광산업현황에 대해 살펴보았다. 무안관광현황에 대한 분석 결과 무안은 관광자원개발이 충분히 이루어지지 않고, 통합적이고 효과적인 마케팅 전략이 추진되지 못하여, 관광객유치에 어려움을 겪고 있고, 그러다 보니 관광산업 역시 크게 발달하지 못하고 있는 실정이다. 특히 국제공항이 입지해 있지만 공항 배후의 산업기반이 취약하고 관광자원개발도 충분하게 이루어지지 않다 보니 제 기능을 발휘하지 못하고 있다.

본 장에서는 이러한 무안관광의 문제점을 극복하고 무안관광발전의 선순환구조 구축을 위하여 거점 관광지의 추가 개발, 관광객동향 조사 연구 및

'통합마케팅' 계획, 신규 문화관광축제 개발, 관광거버넌스(governance)로서 무안관광혁신협의회 운영을 제안한다.

1. 체류형 관광객의 유치를 위한 추가적인 거점 관광지의 조성

무안관광현황에서 살펴본 것처럼 현재 무안의 대표적인 거점 관광지는 회산연꽃방죽관광지와 해제와 현경의 유원지 일원, 그리고 무안컨트리클럽이라고 할 수 있다. 현재로선 이 세 거점 관광지에서 1박 2일 이상을 체류하는 대부분의 체류관광객을 유치하고 있다고 할 수 있다. 초의선사탄생지, 호담항공우주전시관 등 그 밖의 관광지의 경우 거점관광지라기 보다는 체류형 관광을 유도하는 보조관광지로서의 성격이 강하다고 할 수 있다.

그러나 앞에서도 살펴본 바와 같이 세 거점 관광지 중 회산연꽃방죽관광지의 경우 관광자원의 특성상 여름철 성수기인 7월-9월 이외에 체류형 관광객을 유치하기가 어렵다. 또한 아름다운 해변경관을 가지고 있어 펜션 민박 등의 숙박시설이 발달되어 있는 해제와 현경의 유원지 일원도 추가적인 거점관광지가 개발 되지 않을 경우 여름철이외의(가령 봄 가을철 등) 체류형 관광객을 유인하기 어려운 상황으로 보인다.

따라서 무안관광이 여름 한 철 관광의 양태를 벗어나 4계절 체류형 관광지가 되기 위해서 추가적인 볼거리 즉 거점관광지의 개발이 필요하다고 할 수 있다. 이와 관련하여 지난 2005년 수립된 무안관광종합개발계획에서는 무안국제공항권의 창포지구 개발 등 여러 가지 관광자원개발 계획을 제시한 바 있다. 특히 이 중 무안국제공항권의 창포지구와 기업도시지정 지역의 추가적인 개발은 이미 개발된 인접 해제, 현경 유원지, 무안 컨트리클럽 일원의 4계절 관광객 유인력을 강화할 수 있고 공항의 가동률도 높일 수 것이다.

이와 관련하여 현재 개발이 지연되고 있는 기업도시 부지에 아시아와 국내에 있는 명품매장의 물류기지로 조성하고 무안공항 내에 명품면세점을 운영하고, 인근에 대규모 명품아웃렛을 조성하는 방안도 검토해 볼 수 있을 것이다. 이를 위해서는 해당업체 및 항공사, 이용고객에 대한 특단의 조치 등도 병행되어야 할 것이다.

또한 무안몽탄 식영정 나루 일원에 '영산강역사문화박물관4)' 등을 조성하는 방안 등을 고려해 볼 수 도 있는데, 이는 회산연꽃방죽관광지의 여름철 무안 관광객 흡입력을 강화할 수 있을 뿐만 아니라 봄·가을철에 무안의 관광객을 유인하는 데에도 크게 기여할 수 있을 것으로 보인다.

한편 이러한 추가적인 거점 관광지의 개발과 더불어 민간차원에서 지역특성에 걸 맞는 관광숙박업에(예를 들어 황토펜션 치유센터) 투자할 수 있도록 투자유치를 활성화하는 것과 기존의 펜션과 민박 중 우수숙박업체가 한국관광공사의 'Goodstay' 업체로 등록할 수 있도록 유도하는 것 또한 무안의 관광발전을 위해 필요한 사항 중의 하나라고 할 수 있다.

2. 관광객 동향에 대한 조사연구와 '통합마케팅' 계획수립

무안을 4계절 체류형 관광지로 발전시키기 위해서는 추가적인 거점 관광지의 개발과 더불어 통합적인 마케팅 전략의 수립, 그리고 이의 치밀하고 지속적인 시행이 필요하다. 지방자치제 실시 이후 무안군에서는 관광목적지로서 무안을 마케팅하기 위하여 타지자체에서도 실시하고 있는 다양한 홍보방법을 시도하고 있지만, 무안관광의 이미지를 구축하기 위한 브랜딩 전략과 관광객 동향에 대한 조사연구에 기반한 체계적인 마케팅 전략이 부족했던 것으로 보인다.

가령 무안군에서는 "관광목적지로서 무안을 인근의 함평과 신안과 어떻

---
4) 2010년 문화체육관광부 강변관광개발 관련 대학생 대학원생 공모전에서 논자가 목포대학교 관광경영학과 학생들을 지도하여 제안하여 동상을 수상한 바 있음.

게 차별화할 것인가?", 나아가 "전체 전남서남권 관광시장(함평, 무안, 신안, 목포, 해남, 진도 등)에서 무안을 어떻게 포지셔닝(positioning)할 것인가"에 대한 구체적인 전략계획이 수립되어야 할 것이다. 이러한 계획을 통해 과연 무안을 건강휴양관광지로서 브랜딩하는 것이 전략적으로 옳은지? 국제공항, 기업도시, 도청이 입지한 지역특성을 고려해 새로운 이미지를 만들어 나가는 것이 더 전략적인지(가령 도시적 이미지), 아니면 제3의 대안적 브랜딩 전략을 찾아야 하는 것인지 등에 대한 심도 있는 논의를 할 수 있을 것이다.

말하자면 무안이 날로 경쟁이 치열해지는 지역관광시장에서 경쟁력을 확보하고 무안공항 등 지역관광산업기반을 활성화시키기 위해서는 관광소비자들에게 어필할 수 있는 경쟁력 있는 관광자원과 관광자원개발방식이 무엇인가에 대한 통합적이고 체계적인 브랜딩 계획이 먼저 수립되어야 한다는 것이다. 그 다음 이러한 관점에서 관광자원개발과 관광홍보(예를 들어 관광브로슈어제작, 관광지도제작, 관광홈페이지구축, 관광안내소 설치, 각종 국내외 관광홍보전 홍보, 관광기념품 제작 관광해설사 운영 등)가 일관되고 지속적으로 이루어져야 할 것이다.

무안관광마케팅의 발전에 있어서 간과할 수 없는 또 하나의 중요한 사항이 바로 무안관광객의 동향에 대한 체계적인 조사연구가 이루어져야 한다는 것이다. 현재 무안군에서는 무안 관광객 동향을 파악하기 위해서 매년 무안의 관광지 9곳에서 관광지 방문객 통계를 내는 정도를 하고 있는데, 이 자료의 신뢰성도 일부 문제가 있을 수 있고 이 자료만으로는 무안관광마케팅을 자료가 너무나 빈약하다고 할 수 있다.

우선 6곳의 무료관광지에서 행해지는 관광객수 통계집계를 좀 더 체계적이고 과학적으로 진행하여 좀 더 신뢰할 만한 무안 관광객 수 추정을 하여야 할 것이다. 뿐만 아니라 각 주요 관광지별로 최소한 일 년에 4차례 정도 방문객의 성별, 연령별, 거주지별 분포 등을 파악하고, 무안관광 동선과 관광지별 만족도와 불만사항에 대한 체계적인 조사연구가 이루어져야 할 것이다.

　이러한 통계자료를 수집하여야만 소비자로서 무안관광객의 욕구와 행동을 제대로 파악할 수 있고 이에 기반하여 각 관광지별 소위 STP(시장세분화 segmentation, 타케팅 targeting, 포지셔닝 positioning)전략을 수립할 수 있는 것인데, 현재로선 2005년 무안관광종합개발 수립시 실시한 무안군 관광객 동향조사가 이와 관련한 유일한 조사 자료라고 할 수 있다.

　한편 펜션 등 숙박업과 음식점 등 무안의 관광산업진흥을 위해서는 업계의 자구적인 노력도 필요하겠지만, 무안군 차원에서 단체패키지 관광객 유치를 위한 다각적인 노력을 기울이는 것도 필요해 보인다. 무엇보다 무안군의 관광홍보예산을 대폭 늘려야 할 것으로 보이지만 만일 이것이 여의치 않을 경우 효과적인 홍보매체에 예산을 집중 투자하는 방식이 필요할 것이다. 가령 무안군의 관광홍보예산을 집행하는 데 있어 동일한 규모의 예산을 브로슈어와 지도 등에 사용하는 것, 홈페이지 제작에 사용하는 것, 단체관광객유치여행사 인센티브지원 등 세 가지로 나누어 지원할 경우, 단체관광객 유치여행사 인센티브 지원 및 팸투어 등이 가장 직접적인 효과를 거둘 수 있는 방법이라면, 이 방법에 대한 과감한 투자가 이루어져야 할 것이다.

　국내여행객 송출 수에 있어 상위 10위안에 드는 국내여행 전문업체의 전라도 여행일정에 무안의 관광지와 숙박시설 음식점이 들어 갈 수 있도록 하는 것은 역으로 이 여행사들이 무안을 홍보하게 해주는 것인 만큼 관외 업체에 대한 지원이 아니라 관광홍보 차원에서 적극적인 검토가 필요하다 하겠다.

　마지막으로 무안관광홍보와 관련하여 제안하고 싶은 것 중의 하나는 소위 지나가는 손님을 잡기 위한 관광안내소의 추가 설치이다. 현재 무안군에서 1곳의 관광안내소를 운영하고 있는 데 이 1곳의 안내소로는 찾아오는 손님과 지나가는 손님을 유인하기가 어렵다고 할 수 있다. 무안읍내나 무안컨트리클럽, 회산백련지내 또는 인근에 관광안내소를 추가로 설치하는 것을 고려해 볼 수도 있다고 생각하며, 서해안고속도로 상에 무안휴게소를 유치하는 것 또한 검토해 볼 수 있을 것이다.

많은 지자체에서 고속도로 휴게소를 이용해 지자체 관광홍보를 하고 있는데 현재로선 서해안 고속도로와 광주무안고속도로 중 함평 휴게소가 설치되어 있어, 이 도로를 이용하여 지나가는 손님들에게 무안관광을 제대로 홍보하기 어려운 실정인 것 같다.

3. 계절성 극복을 위한 신규문화관광축제의 개발

앞에서도 살펴본 바와 같이 현재 무안관광이 안고 있는 고질적인 문제는 바로 계절성이다. 무안전체 관광객의 85%가 7월에서 9월 사이의 성수기에 무안을 방문하는 상황에서는 특히 관광숙박업과 음식점업 등이 활성화되기 어렵다. 이러한 계절성을 극복하기 위한 방법의 하나가 봄 가을철에도 관광객을 유치할 수 있는 거점 관광자원의 추가적인 개발이라고 한다면, 비교적 적은 예산을 들여 효과를 볼 수 있는 다른 하나의 방법은 추가적인 지역축제의 개발이다.

이와 관련하여 무안군에서 지역의 특성을 고려하여 추진해 볼 수 있는 축제로 '하늘도시 무안 열기구 축제(가칭)' 등을 검토해 볼 수 있을 것이다. 열기구 축제는 자연경관이 우수한 스위스, 터키 등에서 개최되는 각광받고 있는 축제 중의 하나로 우리나라의 경우 대전에서 추진된 바 있다. 무안의 경우 국제공항이 위치해 있어 열기구 축제를 개최할 경우 '하늘도시' '항공도시'로서 이미지를 강화할 수 있을 것으로 보이며, 신안 다도해와 영산강을 내려다 조망할 수 있는 우수한 환경을 가지고 있어 대전 열기구축제와 달리 성공가능성이 높다고 할 수 있다.

봄 가을철 축제로 고려해 볼 수 있는 또 다른 축제는 무안갯벌에 날아오는 도요물때새를 소재로 한 탐조축제인 '무안 도요물때새 기행'이다. 무안

갯벌에는 봄철과 가을철에 다양한 종류의 도요물때새들이 날아오고 있는데, 이용객 수가 저조한 '무안생태갯벌센터' 같은 곳에서 '도요물때새 기행'과 같은 것을 개최한다면 소위 관광지의 One-Source Multi Use가 가능할 수 있을 것이다[5].

한편 무안군에서는 2003년 제3기 민선체계의 출범과 더불어 양파축제와 낙지축제와 같은 특산물을 이용한 축제를 몇 차례 해오다가 현재는 이러한 축제가 여러 가지 이유로 진행되고 있지 못한 상황이다. 그러나 양파야 말로 무안을 대표할 수 있는 특산품이라고 할 수 있으며 시기적으로도 늦은 봄에 출하되는 만큼 양파를 소재로 한 축제를 읍내일원에서 다시 개최하는 것도 고려해 볼 수 있을 것이다. 실제로 전 세계적으로도 양파를 소재로 여러 개의 유명한 축제(예를 들어 미국 Texas의 Weslaco Onion Festival)가 있다. 문제는 양파라는 소재를 소비자들의 구미에 맞게 어떻게 문화적으로 구성하고 보여 주느냐에 달려있을 수 있다. 우리나라의 경우만 보더라도 보령 인삼축제 등 특산물을 소재로 해서 성공하여 지역특산품 판매에도 크게 기여 한 축제들이 있는 점 또한 이를 뒷받침해 준다고 할 수 있다.

4. 관광거버넌스로서 무안관광혁신협의회 운영

무안관광의 발전과 관련하여 가장 중요한 사항중의 하나가 바로 추진체계의 문제라고 할 수 있다. 1995년 지방자치제가 실시된 이래 무안관광이 지금의 모습으로 발전한 것은 무엇보다 군의 의지와 노력이 크게 작용했다고 할 수 있다.

그러나 최근 같이 지역 관광시장 간의 경쟁이 더욱 치열해지고 있는 상황에서 더 이상 관의 의지와 노력만 가지고는 무안 관광을 발전시키는 데

---

[5] 무안생태갯벌센터는 현경 해제 지역주민과 관광객을 위한 야간영화관으로도 사용할 수 있을 것이다.

한계가 있을 것이다. 특히 관광문화 관련 공무원들의 경우 현재로선 전문직이 아닌 일반직 공무원으로서 자주 교체되는 특성을 가지고 있어, 관만의 의지와 노력으로 지역관광을 발전시키는 것은 쉽지 않은 것이라 할 수 있다.

이와 관련하여 최근 논의되고 있는 것 중의 하나가 소위 관광거버넌스(governance)인데, 이러한 조직에서 정부뿐만 아니라 민간기업, 지역주민, 전문가 등 관광과 관련된 다양한 지역의 이해당사자들이 모여 관광과 관련된 주요현안을 주기적으로 논의함으로써 지역관광의 역량을 강화시킬 수 있을 것이다. 실제로 대부분의 광역시와도 수준에서는 아직까지 다소 형식적이긴 하지만 '관광진흥협의회'와 같은 명칭으로 관광거버넌스가 구축되어 움직이고 있다.

그러나 지역관광의 기본단위라고 할 수 있는 시군 수준에서는 아직까지 이러한 협의회가 구축된 곳이 많지 않다. 따라서 무안군에서는 관광기획, 관광개발과 관련된 주요현안들에 대해 여러 이해당사자들 및 해당분야의 전문가들이 상시적으로 협의할 수 있는 관광거버넌스 체계를 구축한다면 시군 단위의 지역관광거버넌스의 좋은 모델을 만들어 갈 수도 있을 것이다. 이 관광거버넌스에는 지역의 대표적인 관광기업(숙박, 음식, 골프장 등)의 대표 또는 마케팅 담당자, 서울경기권의 중견 국내여행사 대표, 지역의 지역개발 및 관광관련 학자, 관광개발과 관련된 지역주민 대표, 해당 공무원이 포함될 수 있을 것이며, 여기에서 지역관광의 주요현안들과 이해당사자들 간의 협력방안들이 논의 될 수 있을 것이다. 가령 이러한 거버넌스 체계에서 무안군의 신규 거점관광지개발, 브랜딩 및 통합마케팅 전략이 논의될 수 있을 것이다. 또한 무안군의 단체패키지 관광객을 유치하기 위한 각 이해 당사자 간의 협의가 이루어 질 수도 있고, 지역 대학의 해당 전공학생들이 문화관광해설 및 자연생태해설, 지역관광홍보의 자원봉사자로 참여할 수 있는 방안 등도 논의될 수 있을 것이다.

참고문헌

[1] 무안군, "2006-2010년 군정백서", 2010.
[2] 무안군, "무안관광 종합개발계획", 2005.

무안국제공항과 서남권의 미래

양 승 주*

I. 서남권의 미래와 무안국제공항

1. 서남권의 미래는?

　현재는 역사를 통해 이해할 수 있고, 미래는 현실을 통해 유추해볼 수 있다고 한다. 이 말이 맞는다면 서남권의 미래는 현실에 대한 올바른 인식을 바탕으로 그려질 수 있을 것이다. 그렇다면 우리가 살고 있는 서남권의 현실은 어떤 모습인가? 아직도 아껴만 놓은 땅인가? 아니면 활력이 넘치는 삶의 현장으로 변하고 있는 땅인가?
　서남권은 도청이 들어서고 잘 나가는 조선업이 집적되면서 지역경제가 어느 정도 활성화 되어 가고 있다. 이로 인해 지역 인구는 감소현상이라는 긴 터널을 빠져나오고 있다. 이제 대불 산업단지가 조선업종으로 특화되도록 리모델링해야 한다는 주장이 힘을 얻고 있다. 이러한 변화는 우리 지역의 미래를 분명 밝게 해주는 것이라 여겨진다. 그러나 조선업이 언제까지 (10년 아니면 20년 아니면 그 이상) 우리 지역의 경제를 견인해 갈 수 있을 것인가 생각해볼 필요가 있다. 왜냐하면 중국과 같은 후발국들이 빠른 속도로 조선업을 추격해오고 있기 때문이다. 또 다른 측면에서 조선업에 대해서 생각해보아야 하는데, 그 이유는 조선업이 친환경적인 산업이 아니기 때문

＊ 행정학과 교수

이다. 다시 말해 주민들의 소득이 높아졌을 때에도 환경오염을 감내하려고 할 것인가의 문제가 남기 때문이다. 주민들이 높은 환경수준을 요구하는 경우 환경오염을 줄이기 위해서는 그 만큼 제조단가가 높아질 텐데, 그래도 경쟁력이 있을 수 있는지가 관건이다. 조선업이 선진국에서 우리나라로 넘어온 과정을 유추해보면 답을 쉽게 얻을 수 있을 것이다.

여기서 우리는 눈을 새로운 곳으로 옮기면 어떨까 생각한다. 그 곳은 성장잠재력·부가가치·고용효과가 높고 친환경적인 미래지향적 산업이어야 한다.

2. 무안국제공항이 해답인가?

우선 우리 지역의 미래를 풍요롭게 할 수 있는 산업으로 공항산업[1]이 들어온다. 이미 미래의 중요한 성장산업으로 인식되고 있는 공항산업은 세계적인 경제 대국들이 큰 관심을 보이고 있다. 우리나라도 인천국제공항을 동북아의 허브공항으로 육성한 결과, 개항 5년 만에 세계적인 공항으로 발돋움하였으며, 특히 항공화물 수송에 있어서는 2007년부터 세계 2위를 기록하고 있다.

이러한 공항산업은 항공교통 수요의 증가와 밀접한 연관이 있다. 세계적으로 항공수요 추정에 권위 있는 국제민간항공기구(ICAO), 국제항공운송협회(IATA), 항공운송실무그룹(ATAG) 등이 1990년대 내놓은 전망에 의하면,[2] 과거 10년간 세계항공 수요는 연평균 약7%의 증가를 보인데 반해 아시아/태평양 지역은 10% 이상 늘어났으며, 이 같은 증가세는 앞으로 20년간 계속될 전망이어서, 이럴 경우 이 지역 항공여객의 세계적 비중은 1985

---

1) 항공교통 수요의 증가는 공항 수요의 증가를 가져오고, 이는 다시 공항산업으로 발전한다. 공항산업이 발전하면 공항도시가 탄생하게 된다.
2) 동아일보, 1994년 1월 4일자, 9면.

년 25.2%에서 2010년 51.1%로 커져 세계항공시장의 절반 이상을 점하게 될 것으로 추정된다. 이처럼 항공교통 수요가 지속적으로 증가하는 이유로는 WTO 및 FTA 등으로 세계시장이 하나로 단일화되면서 교역이 증가한 것과 산업재편에 의해 고부가가치 첨단산업들이 꾸준히 성장하면서 항공화물이 증가한 것, 그리고 소득이 증가하면서 국제여행과 관광이 늘어난 것 등을 들 수 있다. EC 산하의 연구기관인 항공운송실무그룹(ATAG)의 2002년 보고서에 의하면, 2000년에 세계적으로 16억 명 이상의 여객과 29M톤 이상의 화물이 항공교통으로 운송되었다고 한다. 이러한 항공교통 수요의 증가는 곧 바로 공항의 수요를 증가시키고 있으며, 이는 다시 공항산업의 발전으로 이어지고, 공항산업의 발전은 또 다시 공항도시의 탄생으로 이어지고 있다.

여기서 우리는 무안국제공항을 공항산업의 차원에서 바라볼 필요가 있지 않을까? 이명박 대통령은 대선 공약으로 무안국제공항을 중개물류공항으로 만들어 주겠다고 약속했는데,[3] 그 의미는 바로 공항산업의 차원에서 서남권을 발전시켜나가야 한다는 것으로 해석된다. 즉 2020년 세계 항공화물 시장 규모는 58조 5천억 원으로 추정되고,[4] 이 가운데 1/3 이상이 동북아경제권에서 창출될 것으로 예상[5]되기 때문에 중개화물공항으로 성공할 수 있는 가능성이 매우 높으며, 이는 공항산업의 발전으로 이어질 수 있다는 것이다. 공항이 화물 100만 톤을 처리하게 되면, 1만 명의 직접고용효과와 약 4만 명의 간접고용효과를 가져온다는 것이 관련 업계의 주장이다. 만일 우리가, 이러한 주장을 사실로 받아들이고, 무안국제공항을 300만 톤의 항공화물을 처리할 수 있도록 만든다면(참고로 인천국제공항은 2010년 현재

---

3) 제17대 대통령선거 한나라당 권역별(광주·전남·전북) 정책공약집, 42쪽.
4) 이는 보잉(Boeing)사가 예측한 시장규모인데, 김제철·예충렬(2002), 항공화물수송부문의 경쟁력 강화방안, 교통개발연구원, 26쪽에서 재인용.
5) YTN TV, 기사입력 2007-10-24 12:29

450만 톤의 화물을 처리할 수 있는 능력을 갖추고 있음), 3만 명의 직접고용효과와 약 12만 명의 간접고용효과를 가져와 무안국제공항도시가 탄생하게 될 것이다.

무안국제공항이 중개물류공항으로 성장한다면, 주변에 세계적인 항공물류회사들이 입지하여 항공물류산업의 발전을 가져오게 될 것이고, 이는 다시 수출입을 항공화물에 의존하는 고부가가치 최첨단산업과 화훼산업을 끌어들이게 될 것이다. 우리 지역의 산업구조는 이러한 과정을 거치면서 자연스럽게 고부가가치 산업으로 재편되게 될 것이고, 경쟁력을 갖춘 살기 좋은 지역으로 바뀌게 될 것이다.

II. 무안국제공항 어제와 오늘

1. 목포공항은 왜 군용비행장이 되었나?

1969년 서울-제주간 항공기의 중간 경유지로 개항하였다가 여객감소로 1972년 폐쇄되고, 이후 대불공단 등 서남해안권 발전을 열망하는 지역민의에 부응, 활주로 연장 및 항행 안전시설 보강으로 1992년 7월에 재개항하여 한때 서울 6회, 제주 2회, 부산 1회씩을 운항하기도 하였던 목포공항이 현재는 해군 비행장이 되었다.[6] 그 이유는 무엇일까?

우선 목포공항의 열악한 입지여건을 들 수 있을 것 같다. 바닷가에 인접해 있는 공항 특성상 잦은 안개와 돌풍, 그리고 주변 지역에 산들이 많고 활주로가 협소하여 항행안전시설이 제대로 작동하기가 어려워 결항률 전국 1위 공항이라는 불명예를 안고 있었다. 그러던 중 1993년 7월 26일 2시 36분 김포공항을 출발하여 목포로 가던 아시아나 항공 733편이 기상 악화로

---
6) 위키백과사전, 2010. 6. 23.

착륙하지 못하고 주변 상공을 선회하다 전남 해남군 화원면 마산리 뒷산에 추락하는 참사가 빚어졌다. 이 사고로 승객과 승무원 등 61명이 숨지고 기체는 형체를 알아볼 수 없을 정도로 대파되었다.7) 같은 해 국회 교통체신위원회에서는 목포공항이 안전에 근본적인 문제를 안고 있다고 지적하고 이를 대체할 신공항건설을 정부에 촉구했다.8)

다음으로 서해안고속도로 및 한국고속철도 개통을 들 수 있다. 목포공항은 아시아나 항공기 추락사고 이후 호남권 신공항으로 예정되어 있던 무안공항의 건설이 탄력을 받게 되고, 빈약한 공항 규모 때문에 더 이상 활성화되지 못하고 있었다. 그러한 상황 속에서 서해안고속도로(2001.12.21) 및 한국고속철도(2004.4.1) 개통으로 승객이 계속 감소하였다. 그러던 중, 2007년 11월 무안국제공항이 개항하면서 마지막으로 남아 있던 김포공항-목포공항 간 항공편이 무안국제공항으로 이전하여 민간공항으로는 더 이상 쓰이지 않게 되었다.

2. 무안국제공항은 왜 무안군 망운면에 입지하였나?

1993년 아시아나항공 733편 추락사고 이 후 목포공항 국내선 및 광주공항 국제선 대체 공항으로 1999년 착공하여 2007년 11월 8일 완공·개항한 무안국제공항은 개항 후 목포공항의 대체 국내선 공항으로 사용되다가 무안광주고속도로가 2008년 5월 28일 개통 되면서 광주국제공항의 국제선 전 노선이 무안국제공항으로 이전되었다. 그런데 호남지역의 관문이라 할 수 있는 국제공항이 전라남도 무안군 망운면 피서리에 위치하게 된 이유는 무엇일까?

그것은 공항입지에 빼어난 자연환경이라고 할 수 있다. 이 지역은 바다에 인접한 해발 10~20m의 평원지대로 비행장 건설이 용이하고 장애물이 없

---

7) 경향신문, 1993. 7. 27.
8) 매일경제, 1993. 10. 04.

으며 항공기 운항의 시계가 넓을 뿐만 아니라 연 중 안개 일 수가 17일로 거의 안개가 끼지 않으며 기상 이변도 드물어 천혜의 조건을 갖추고 있다.9) 이와 같은 좋은 조건은 일제에 의해서도 이용되었는데, 일제는 중국진출의 전진기지로 활용하기 위해 이 지역에 비행장을 건설했었다. 이 지역에는 새로운 공항이 들어서기 전까지만 해도 활주로 2개소, 비행기 격납고 4동, 통제소 1개 등의 흔적이 남아 있었다.10)

3. 무안국제공항은 어떤 과정을 거쳐 건설되었나?

　무안군 망운면 일대에 공항을 건설하려고 한 정부의 최초 생각은 1994년 4월 19일 교통부고시제1994-23호로 공표된 『공항개발중장기기본계획』에 나와 있다.11) 위 계획에서 제시되고 있는 공항개발 기본방향을 살펴보면, 첫째 2010년을 목표로 1995년부터 2000년까지 중장기계획을 수립 추진하되 장래 수요예측 및 경제성 분석을 통한 단계적 투자로 효율성을 극대화하고, 둘째 지방화·국제화에 대비하여 국제공항, 권역거점공항 및 지역공항의 위상을 체계적으로 정립하며, 셋째 국토의 균형발전을 도모할 수 있도록 제3차국토종합개발계획에 맞추어 공항권역을 설정하고, 넷째 경부고속철도 건설 등 타교통수단에 의한 영향을 사전 고려하여 기본계획을 수립한다12)고 되어 있다. 정부는 이러한 큰 틀 속에서 호남권 신공항 개발의 필요성을 두 가지 측면에서 언급하고 있다. 하나는 호남권의 항공수요는 급증하고 있으나 현 광주공항은 민항기 증편 및 운항시간대 제한으로 신공항 개발이 필요하다는 것이고, 다른 하나는 지방화·국제화 시대에 대비한 지역 거점공항

---

9) 동아일보, 1989. 11. 11.
10) 동아일보, 1989. 11. 11.
11) 관보제12693호, 1994. 4. 19. 51-52쪽.
12) 위 관보, 49쪽.

개발이 필요하다는 것이었다. 정부는 이러한 목표를 달성하기 위하여 호남권의 거점공항으로 국제선 취항이 가능한 시설을 건설하여 단계적으로 확장하여 나가는데, 장소는 전남 무안군 망운면 일대로 하고, 사업기간은 1995년~2000년으로 설정하였다.13)

이러한 생각이 구체화된 것은 1998년 12월 16일 건설교통부고시제1998-403호로 공표된 『무안공항개발기본계획』이다.14) 이 계획에서 정부는 공항개발의 기본 방향으로 세 가지를 내 세우고 있는데, 하나는 지방화시대에 대비하고 2000년대의 항공수요에 대처하기 위한 공항의 역할과 기능을 재정립하기 위하여 1994년 4월 19일 수립한 『공항개발중장기기본계획』에 의한 지역공항의 위상을 정립하는 것이고, 다른 하나는 국토의 균형발전을 도모할 수 있는 호남지역 거점 공항으로서 장기적으로 서해안 개발 및 대중국 교류 기반을 구축하는 것이며, 나머지 하나는 투자의 효율성과 경제적인 사업시행을 위하여 2010년의 항공수요에 대비한 1단계 사업을 우선 시행하고 추후 항공수요 증가 추이를 보면서 단계적으로 확장해나간다는 것이다. 정부는 이러한 생각을 토대로 사업기간을 1997년부터 2002년까지 6년으로 정하고, 개발예정지역을 전남 무안군 망운면 일원 약 2,420천㎡(약 733천평)로 확정짓고 공항개발 예정지역 안의 수용 또는 사용할 토지 등의 범위 및 규모를 공표하였다. 이에 따라 무안군은 무안공항건설을 지원하기위해 1998년 무안국제공항건설지원사업소를 열어 본격적으로 토지 수용업무를 시작하였고, 약 2년간의 준비를 거쳐 2000년 8월 12일에 역사적인 무안국제공항건설 기공식이 열리게 되었다.

정부가 무안국제공항이 건설되면 광주공항을 통합하여 서남권의 중심공항으로 키우겠다는 계획을 발표한 것은 2000년 12월 30일 건교부고시제2000-341호로 공표한 『제2차공항개발중장기기본계획』에서이다.15) 이 기본

---

13) 위 관보, 52쪽.
14) 관보제14083호, 1998. 12. 16. 13쪽.

계획에서 밝히고 있는 무안국제공항의 건설 목적은 세 가지인데, 하나는 시설과 입지여건이 열악한 광주·목포공항의 대체공항건설이고, 다른 하나는 2000년대 호남권 항공수요에 대비한 지역 거점공항 개발이고, 나머지 하나는 서해안 시대 항공교통·물류의 중심지로 개발하여 국토의 균형발전 도모하고 지역 간 항공교통망을 구성하는 것이다.

이에 따라 『무안공항개발기본계획』은 2001년 6월 23일 건설교통부고시 제2001-163호에 의해 부분적으로 변경된다.[16] 정부가 내세우고 있는 변경 사유를 보면 두 가지다. 하나는 실시설계(실시설계·시공 일괄입찰)시 평행유도로가 신설 되는 등 사업 내용이 변경된다는 것이고, 다른 하나는 무안공항 활주로 말단 진입구역에 위치한 가옥, 수목 등이 항공기의 이·착륙에 장애가 되어 이를 제거코자 동지역을 사업지역에 추가 편입시킨다는 것이다. 이러한 이유로 개발예정지역의 면적이 당초 약 2,420천㎡(약 733천평)에서 약 2,580천㎡(약 780천평)으로 늘어나고, 시설 규모도 부분적으로 조정되었다(<표1>참조). 변경된 시설 가운데 눈에 띠는 것은 당초 계획에는 없던 국제화물터미널이 새로 들어간 것인데, 이는 새롭게 부상하게 될 국제항공화물 수요에 대비한 것으로 보인다.

〈표1〉무안국제공항 개항단계 시설 규모 변경 내용

구 분	당 초	변 경	비고
활주로(m)	2,800 × 45m 1본	2,800 × 45m 1본	-
유도로(m)	- 직각유도로 1본 (253 × 23m)	- 평행유도로 1본 (2,800 × 23m) - 연결유도로 3본	변경
계류장(㎡)	72,240 (5대 주기)	90,692 (9대 주기)	변경

---

15) 관보제14692호(그2), 2000. 12. 30. 47쪽.
16) 관보제14833호, 2001. 6. 23. 17쪽.

여객 터미널	국내(m²)	16,000 (6,052천인/년)	20,106 (6,052천인/년)	변경
	국제(m²)	10,000 (473천인/년)	9,000 (473천인/년)	변경
화물 터미널	국내(m²)	3,060 (64,987톤/년)	2,050 (50,039톤/년)	변경
	국제(m²)	-	1,062 (12,018톤/년)	변경
주차장(m²)		60,515 (2,057대 주차)	66,990 (2,095대 주차)	변경
진입도로(m)		2,100(4차로)	2,300(4차로)	변경
항행안전시설		CAT 1	CAT 1	-

자료 : 관보 제14833호, 2001. 6. 23. 17쪽.

무안국제공항의 개항단계 시설 현황은 2006년 11월 24일 공표된 『제3차 공항개발중장기종합계획<2006~2010>』에 상세하게 나타난다.[17] 이 계획에서 제시하고 있는 무안공항의 개발 방향은 세 가지다. 하나는 무안~광주 간 고속도로 개통 등과 연계하여 2007년 말까지 완공하고 시운전 등을 거쳐 개항을 추진한다는 것이고, 다른 하나는 서남권의 국내선 간선노선과 중·단거리 국제선 수요를 처리하도록 한다는 것이며, 나머지 하나는 서남권 및 서남해안권 개발과 연계하여 서남권의 거점공항으로 키운다는 것이다.[18] 이는 무안국제공항의 개항 시기가 다가옴에 따라 제2차공항개발중장기기본계획에서 제시한 무안공항 개발의 기본방향을 좀 더 구체화시킨 것으로 볼 수 있다. 『제3차공항개발중장기종합계획』에 나와 있는 공항 시설 현황을 보면 다음과 같다(<표2>참조). 활주로는 수용 능력을 년 14만회로 구체화하였고, 계류장은 수용 능력 9대를 B747급 4대, A300급 3대, B737급 2대로 명시하였으며, 여객터미널은 면적의 경우 106m²를 국내에서 줄여 국

---

17) 관보 제16386호, 2006. 11. 24. 45~46쪽.
18) 위 관보, 45쪽.

제로 늘렸고, 여객의 경우 국내는 605만 명에서 416만 명으로 줄인 반면, 국제는 47만 명에서 103만 명으로 늘렸다. 화물터미널은 처리능력을 국내는 5만 톤에서 4만1천 톤으로, 국제는 1만2천 톤에서 9천 톤으로 줄였으며, 주차장은 변동이 없고, 항행안전시설은 CAT 1에서 활주로36 : CAT 1(시정 800m), 활주로18 : CAT 1(시정 800m)로 추가하였음을 볼 수 있다.

〈표2〉 무안국제공항 개항단계 시설 규모 비교

구 분		무안공항개발기본계획 (2001. 6. 23)	제3차공항개발중장기종합계획 (2006. 11. 24)	비고
활주로(m)		2,800×45m 1본	2,800×45m 1본 14만회/년	구체화
계류장(m²)		90,692 (9대 주기)	90,692 B747급 : 4대 A300급 : 3대 B737급 : 2대	구체화
여객 터미 널	국내(m²)	20,106 (6,052천인/년)	20,000 416만명/년	축소
	국제(m²)	9,000 (473천인/년)	9,106 103만명/년	확대
화물 터미 널	국내(m²)	2,050 (50,039톤/년)	2,050 41천톤/년	능력축소
	국제(m²)	1,062 (12,018톤/년)	1,062 9천톤/년	능력축소
주차장(m²)		66,990 (2,095대 주차)	66,990 2,095대	-
항행안전시설		CAT 1	활주로36 : CAT 1 시정 800m 활주로18 : CAT 1 시정 800m	확대

자료 : 관보 제14833호, 2001. 6. 23. 17쪽. 관보 제16386호, 2006. 11. 24. 46쪽.

이런 과정을 거쳐 무안국제공항은 2007년 11월 8일 개항하게 되고, 처음에는 목포공항의 대체 국내선 공항으로 사용되다가 무안-광주 간 고속도로가 2008년 5월 28일 개통 되어 광주공항의 국제선 전 노선이 무안국제공항으로 이전하게 되면서 국제공항으로서의 기능을 하게 된다.

이렇게 하여 호남의 관문 허브공항으로 육성한다는 정부의 방침 하에 출발한 무안국제공항에 대하여 정부가 향후 5년 동안 추진하려고하는 발전방안은 2011년 1월 5일 공표된 『제4차공항개발중장기종합계획<2011~2015>』에 나타나 있는데, 하나는 서남권 발전을 견인하는 기간시설로서 서남권의 중심공항으로 개발한다는 것이고, 다른 하나는 광주공항 기능을 무안국제공항으로 이전 통합한다는 것이다.[19]

4. 광주공항과 무안국제공항의 통합은 왜 안 되나?

전라남도와 서남권 지역 주민들은 무안-광주 간 고속도로가 개통되었음에도 불구하고 광주공항의 기능이 무안국제공항으로 이전되지 않고 있는 점에 대하여 매우 불편한 심기를 가지고 있다. 그 이유는 국가가 세운 공항개발중장기계획에 따라 무안-광주 간 고속도로가 개통되면 광주공항의 기능이 무안국제공항으로 이전되어 무안국제공항이 활성화되고 지역사회가 발전할 수 있는 계기가 될 것으로 기대했기 때문이다. 그러나 현실은 그렇지 못하며, 무안국제공항은 적자 폭만 커지고 있어 날로 문제가 심각해져간다는 언론의 보도가 나오고 있어 더욱 그렇다.[20]

그렇다면 광주공항의 기능이 무안국제공항으로 통합되지 못하는 이유는 무엇인가? 그것은 광주의 일부 시민들과 그들의 표를 의식해 동조하는 정치권의 반대와 전남서남권 주민들과 정치권의 미흡한 대처, 그리고 광주와 전

---

19) 관보 제17420호, 2011. 1. 5. 226~227쪽.
20) 서울일보, 2010. 10. 7.

남 양 지역 간의 의견 불일치를 핑계로 국가정책의 실행을 미루는 정부의 직무유기성 태도 때문인 것으로 보인다.

우선 무안국제공항 개항 당시부터 지금까지 광주공항의 기능을 무안국제공항으로 이전하는 것에 반대하는 활동들을 살펴보면 크게 두 가지로 나누어진다. 하나는 국제선 이전 반대이고 다른 하나는 국내선 이전 반대이다. 전자는 2007년 11월 무안국제공항 개항과 더불어 광주공항의 국제선을 무안공항으로 이전한다는 정부의 계획에 반대하는 것으로 2007년 10월에 집중된다. 그로 인해 국제노선은 무안공항 개항과 더불어 이전하지 못하고, 무안-광주 간 고속도로가 개통된 2008년 5월 28일 이전하게 된다. 그러나 국내선은 광주지역 주민들의 반대에 부딪혀 KTX가 개통되는 2014년 이후로 통합이 늦춰지는 분위기다. 그런데 2010년 11월부터 광주지역 시민단체와 관광협회 등이 광주공항 이전 반대 운동에 돌입하여 청와대와 국무총리실, 국토해양부를 방문하여 국내선 이전을 철회할 것을 요구하고,[21] 광주시도 무안공항은 무안공항대로 활성화하고 광주공항은 광주공항대로 활성화하는 쪽으로 정책 전환을 요구하며 정부에 광주공항 이전 반대 의견을 공식적으로 제출하면서[22] 전라남도와 서남권 주민들의 심기가 불편해지고 있다. 그러나 광주시민 모두가 공항 이전을 반대하는 것은 아니다. 광산구청장과 의회 그리고 주민들은 광주공항을 무안국제공항으로 통합하고(군용비행장까지 포함) 폐쇄하자고 주장한다.[23]

■ 광주공항 이전 반대 활동
2007. 10. 18 : 광주공항 국제선 이전 반대 추진위원회, 광주 염주체육관 앞에서 광주공항 국제선 이전 반대 집회(YTN 기사입력

---

21) 2010. 11. 30. KBS광주 밤9시 뉴스.
22) 위의 날. 같은 뉴스.
23) http://blog.naver.com/gwangsan242.

2007-10-18 19:45)

2007. 10. 22 : 광주상공회의소, 광산구 첨단지구 쌍암공원에서 광주공항 국제선 무안 이전 반대 광주지역 경제인 총궐기대회를 갖고, 광주공항에 국제선 기능 존속을 강력히 촉구, 광주 4개 구청장(광산구 제외)도 같은 성명을 발표(광주일보, 2007년 10월 22일자).

2007. 10. 30 : 광주시의회의원, 건설교통부 장관을 만나 광주공항 국제선의 무안공항 이전 문제와 관련 "국제선은 반드시 존치돼야 한다"는 입장을 전달(광주일보, 2007년 10월 30일자).

2007. 10. 31 : 광주장애인총연합회, 과천청사와 청와대 앞에서 광주공항 국제선 이전 반대 시위(에이블뉴스, 2007-11-01 16:23:43).

2008. 05. 09 : 광주상공회의소, 광주·전남경영자총협회, 한국여성경제인협회 광주·전남지회, 광주광역시관광협회 공동, 광주공항의 국제선 기능이 유지될 수 있도록 재검토해줄 것을 국토해양부에 건의(광주일보, 2008년 5월 11일자).

2009. 11. 04 : 광주지역 관광업계 종사자 등 총 100여명이 광주공항국제선유치위원회 발족하고 광주공항의 국제선 재유치에 나섬(광주일보, 2009년 11월 6일자).

2009. 11. 16 : 박광태 광주시장, 광주공항 국내선은 반드시 존치돼야 하고 국제선까지 재 유치하겠다고 선언(광주일보, 2009년 11월 17일자).

2009. 12. 02 : 광주공항국제선유치위원회, 광주공항 국제선 재취항 건의문을 국토해양부에 제출. 광주공항은 여객중심 국제공항으로, 무안공항은 화물공항이나 군사공항으로 육성하자고 건의(광주일보, 2009년 12월 3일자).

2010. 11. 17 : 강운태 광주시장, 광주공항 국내선을 무안공항으로 이전하려는 정부계획을 철회해달라는 건의서를 국토해양부에 전달(광주일보, 2010년 11월 18일자).

2010. 11. 30 : 광주공항 국내선 이전 계획 철회를 위한 시민대책위원회, 청와대와 국무총리실, 국토해양부를 방문해 광주공항의 국내선 이전을 즉각 철회할 것을 요구(광주일보, 2010년 12월 1일자).

2010. 11. 30 : 광주시, "무안공항은 무안공항대로 활성화하고 광주공항은 광주공항대로 활성화하는 쪽으로 정책 전환 요구"(2010. 11. 30. KBS광주 밤9시 뉴스).

■ 광주공항 이전 찬성 활동

2007. 01. 18 : 전갑길 광산구청장 '광주공항 폐쇄' 주장, 광산구의회 찬성(무등일보, 입력시간 2007. 01. 19. 00:00).

2011. 01. 06 : 민형배 광산구청장 "광주-무안공항 해법, 전투비행장 이전 먼저" 주장.
민 구청장은, 광주공항 이전 전제로 무안공항 건설된 점, 호남고속철 개통되면 광주공항 기능 상실, 광주공항이 군공항을 빌려 쓰고 있는 점, 무안공항이 군공항과 함께 운영될 때 효율성이 높다는 정부방침과 연구보고서 등을 들어 군 비행장 선 이전을 촉구(http://blog.naver.com/gwangsan 242).

다음으로 광주공항의 이전을 촉구하는 전라남도와 서남권 지역의 사회단체 및 주민들의 움직임을 살펴보면, 전라남도는 2010년 11월 30일 광주공항 국내선 이전을 촉구하는 의견서를 국토해양부에 제출하고 무안공항의 활성화를 위해 광주공항 국내선의 신속한 이전과 KTX의 무안공항 경유,

국제선 취항 지원 등을 건의하고 있고,24) 무안국제공항활성화추진위원회와 무안지역 시민사회단체들도 전라남도와 같은 내용의 건의문을 국토해양부에 전달하고, 광주공항 국내선의 무안국제공항 이전을 촉구하고 나섰다.25) 이전에도 몇 차례 광주공항의 국내선을 무안공항으로 조속히 이전하라는 성명서를 전남도와 시민사회단체가 발표한 적이 있으나26), 대체로 광주지역사회와의 갈등관계로 비춰지는 것을 우려하여 자제하는 분위기였다.

■ 광주공항 이전 촉구 활동

2007. 11. 02 : 목포시의회, '광주공항 국제선 무안공항 이전' 결의문 채택(목포mbc, 2007. 11. 02. 오후 9시뉴스).

2009. 11. 16 : 전라남도, 무안공항 활성화를 위해 광주공항의 국내선 이전이 반드시 필요하다고 주장(광주일보, 2009년 11월 17일자).

2010. 07. 09 : 무안국제공항 활성화 추진위원회, 무안사랑포럼, 무안군번영회 등, 광주공항의 국내선을 무안공항으로 이전해 줄 것을 촉구(광주일보, 2010년 07월 10일자).

2010. 10. 05 : 전남서남권 11개 시군시민단체, 광주공항을 무안국제공항으로 하루 빨리 이전해 줄 것을 정부와 전남도, 광주시에 촉구(목포mbc, 2010. 10. 05. 오후 9시뉴스).

2010. 11. 10 : 전남발전연구원, 광주공항을 무안공항으로 조속히 통합해야 한다고 주장(광주일보, 2010년 11월 11일자).

2011. 02. 17 : 목포상공회의소, 전남서남권시민단체, 광주공항 국내선 무안공항으로 이전 촉구(광주일보, 2011년 02월 18일자).

---

24) 2010. 11. 30. KBS광주 밤9시 뉴스.
25) 위의 날, 같은 뉴스.
26) 광주일보, 2010년 07월 10일자; 2009년 11월 17일자.

정부는 광주와 전남의 이러한 갈등관계를 지켜보면서 양 지역 간의 합의가 이루어지면 광주공항을 무안국제공항으로 통합하겠다는 식으로 한 발 빼고 있는데, 이는 정부가 광주와 전남의 첨예한 대립구도에 끼어들어 문제를 해결하려 하는 경우 막대한 비용이 들 것을 우려하여, 2014년 KTX의 완공 시점을 기다려 광주공항의 국내선을 통합시키겠다는 뜻으로 풀이된다.

Ⅲ. 공항의 경제적 효과와 무안국제공항의 활성화 방안

1. 공항의 경제적 효과

우리나라에서는 공항의 경제적 효과를 다른 인프라 즉 도로, 철도, 항만과 별 차이가 없는 것으로 인식하고 있으나, 세계 여러 나라에 있어서는 공항의 경제적 효과를 매우 높게 평가하고 있다.

공항산업에는 세 가지 유형의 경제적 효과 즉 직접효과(공항의 서비스로 발생되는 수익 : 여객수송, 화물수송 등), 간접효과(음식, 숙박 등), 유발효과(수익금의 재투자로 발생되는 수익)가 있다.[27] EC산하의 연구기관인 ATAG의 2002년 연구보고서에 의하면, 간접효과는 직접효과와 유사한데 세계적으로 3,900억달러(한화 약 366조), 유발효과는 6,500억달러(한화 약 611조)에 달한다.[28]

공항산업을 경제의 날개로 생각하는 독일 공항의 경제적 효과에 대하여,

---

27) 양승신, 경쟁력있는 국제공항건설, 미간행, 664쪽.
28) EC산하의 연구기관인 ATAG의 2002년 연구보고서. 양승신, 경쟁력있는 국제공항 건설, 미간행, 664쪽 재인용.

Stephen F Black and Dieter G Lange가 분석한 내용을 간단히 소개하면 다음과 같다.

"현대의 공항은 대규모 기업이며, 자석식 효과를 발휘하여 공항 주변으로 새로운 산업의 이전을 촉진한다. 독일의 항공교통은 공항 및 활주로 등에서 10만개의 일자리(2조6320억원의 구매력 발생)를 제공하고 있으며, 뮌헨공항의 개항으로 12,000명의 고용 창출이 이루어졌다. 2010년에 항공수송은 약 144조 7천억 이상을 독일 GDP에 기여하고, 120만개 이상의 일자리를 제공할 것으로 예상된다. 다음 20년간 독일에서 항공산업(공항산업)이 경제에 미치는 영향은 25조 달러(한화 23,500조원)를 초과할 것으로 예상된다."[29]

2. 무안국제공항의 활성화 방안

앞에서 살펴본 바와 같이 무안국제공항은 고속철도나 고속도로, 항만과 같은 인프라 이상의 중요성을 갖고 있다. 즉 무안국제공항은 우리 지역사회의 노력으로 활성화에 성공한다면, 지역경제를 견인해 갈 수 있는 자석식 효과를 가져올 수 있다. 다시 말해 무안국제공항은 단순한 하나의 인프라로서만 기능하는 것이 아니라 대기업과 같은 지역경제 견인효과를 가져올 수 있다.

무안국제공항의 활성화로 예상되는 산업의 견인효과로는 우선 항공물류산업이 들어서게 될 수 있고, 이어서 IT나 NT 같이 항공화물로 수출입을 하는 첨단산업이 입지할 수 있으며, 또한 고부가가치의 화훼산업이 자리 잡을 수 있게 된다. 그렇게 되면 우리 지역사회의 산업구조가 고부가가치의 산업구조로 재편될 수 있고, 이는 지역사회의 경쟁력을 높여 인구가 증가하게 되고, 경제의 선순환구조가 마련될 수 있다. 이는 지역의 발전뿐만 아니

---

[29] EC산하의 연구기관인 ATAG의 2002년 연구보고서. 양승신, 경쟁력있는 국제공항 건설, 미간행, 665쪽 재인용.

라 궁극적으로 국가의 균형발전에도 기여할 수 있게 되는 결과를 가져올 수 있다.

　이러한 우리의 희망과 꿈을 달성하기 위해서는 무안국제공항을 어떻게 활성화시켜 나갈 수 있느냐의 문제로 귀결되게 된다. 우선 공항의 활성화를 위해서는 두 가지 측면에서 생각해 볼 수 있다. 하나는 승객의 수를 많이 확보하는 것이고, 다른 하나는 항공화물을 많이 유치하는 것이다.

　승객의 경우는 다시 국제선 승객과 국내선 승객으로 나누어지는데, 이웃해 있는 광주 공항과 경쟁 상태에 있을 때에는 승객확보에 상당한 어려움이 예상된다. 2008년 6월 무안-광주 간 고속도로의 개통과 더불어 국제선이 무안국제공항으로 이전되었지만 승객 수는 그다지 많지 않은 편이다. 그러므로 국내선까지 무안국제공항으로 이전되어야 적자를 면하는 수준이 되지 않을까 예상하는데, 현재의 상황으로서는 광주광역시의 일부 시민들의 반발이 커서 여의치 않은 실정이다. 그러므로 승객을 더 많이 확보하기 위해서는 다각도로 노력하는 것이 필요하다. 품격 있고 고급스런 관광 상품을 개발하여 관광객을 유치하든지, 저가항공을 유치하여 항공요금을 획기적으로 낮추든지, 호남권의 자치단체들이 주민들로 하여금 무안국제공항을 이용할 수 있도록 하는 인센티브를 마련하든지 하는 대책들이 나와야 할 것이다.

　항공화물의 경우도 지역 내 항공화물과 중개항공화물로 나누어서 생각해 볼 수 있다. 그러나 지역 내 항공화물은 그 물량이 얼마 되지 않아 기대하기가 어려운 실정이다. 그러므로 중개항공화물에 눈을 돌려야 하는데, 이는 지역사회의 노력과 중앙정부 차원의 지원을 얻어 내면 매우 가능성이 높다고 할 수 있다. 왜냐하면 항공물류에 대하여 세계적 수준의 노하우를 가지고 있는 싱가포르항공회사가 무안국제공항을 원하고 있기 때문이다. 이러한 발전전략에 가능성을 더해주는 것은, 앞에서 언급한 바와 같이, 2020년까지 항공화물시장 규모가 58조 5천억에 이를 전망이고, 이 가운데 1/3이

동북아경제권에서 창출될 것으로 예상되고 있기 때문이다. 따라서 외자 유치를 통해 무안국제공항을 활성화시키는 방안을 적극 검토하고, 이를 위해 우리 모두가 힘을 모아야 하지 않을까 생각한다.

  다음으로 무안공항 경영권을 국제입찰에 붙이는 방안도 고려해볼만하다. 만일 그렇게 할 경우 싱가포르 정부, 세계적 택배회사, 주한미군물류회사 등이 입찰에 참여할 것으로 예상된다.[30] 이밖에도 보잉사 아시아 항공기 수리소 추진도 가능한 아이디어로 보인다.

---

30) 김성준(2002), "S프로젝트와 무안공항", 무안국제공항 활성화를 위한 국제학술심포지움자료집, 137쪽.

참고문헌

김성준(2002), "S프로젝트와 무안공항", 『무안국제공항 활성화를 위한 국제학술심포지움자료집』.
김제철·예충렬(2002), 『항공화물수송부문의 경쟁력 강화방안』, 교통개발연구원.
양승신, 『경쟁력 있는 국제공항건설』, 미간행.
『제17대 대통령 선거 한나라당 권역별(광주·전남·전북)』 정책공약집.
『관보제12693호』, 1994년 4월 19일.
『관보제14083호』, 1998년 12월 16일.
『관보제14692호』, 2000년 12월 30일.
『관보제14833호』, 2001년 6월 23일.
『관보제16386호』, 2006년 11월 24일.
『관보제17420호』, 2011년 1월 5일.
경향신문, 1993년 7월 27일.
광주일보, 2010년 7월 10일.
동아일보, 1989년 11월 11일, 1994년 1월 4일.
매일경제, 1993년 10월 4일.
서울신문, 2010년 10월 7일.
KBS 광주 9시 뉴스, 2010년 11월 30일.
YTN-TV, 2007년 10월 24일(기사).

제 2 부

무안군 마을사업 현황과 사례 분석을 통한 발전 방향 모색

이 석 인*

Ⅰ. 서론

우리나라 농촌지역은 대내외적으로 커다란 위기를 맞고 있다. 내부적으로는 지속적인 인구감소와 고령화, 산업기반의 취약과 농업경영의 수익성 저하로 인해 점차 활력을 잃어가고 있다. 대외적으로는 DDA 협상과 FTA 등에 의한 농산물시장 개방이 가속화 되어 농업의 경쟁력을 점점 상실해가고 있다. 뿐만 아니라 급속한 산업화와 도시화의 진전은 공동체적 지역사회의 해체를 야기 시키고, 이로 인해 농촌사회의 삶의 질도 급격히 낮아지고 있다.

한편, 농촌공간이나 농촌지역 자체에 대한 국민들의 다원적 가치부여로 농촌의 발전 기회가 새롭게 모색되고 있다. 도시민의 전원적 삶에 대한 동경이나 다문화가족 증가 등은 농촌인구의 과소화나 고령화를 완화시킬 수 있고, 교통통신과 첨단기술의 발달은 사람들의 이동성을 제고시키는 동시에 농촌의 정주여건 개선에 기여할 것으로 보인다.

이러한 위기 해소와 새로운 발전 기회의 실현을 위해 지역공동체를 새롭게 조성하거나 해체 또는 와해된 지역공동체를 다시 복원하려는 다양한 농촌지역개발(community-based development) 정책들이 등장하였다. 우리나라

---

* 전자상거래학과 교수

농촌지역개발정책은 1950~60년대의 지역개발사업을 시작으로 진화를 거듭하고 있다. 2000년 이전의 지역개발정책의 주요 목표는 경제적 효율성 관점에서 농업의 생산성 증대를 위한 물리적 기반시설을 조성하고 도시적 편리성을 확보하는 것이었다. 반면에, 2000년 이후의 지역개발정책은 생태, 환경, 지역문화, 농촌관광, 역량강화, 교육복지, 삶의 질 등으로 다원화되어 왔다.

〈표 1〉 농촌지역개발정책의 변화 추세

구분	1970	1980	1990	2000	2010
정책기조	기초환경 개선	종합개발, 소득원개발	면단위개발	마을단위개발, 복지, 산업개발, 삶의 질 향상	기초생활단위, 광역단위개발, 기본적 삶의 질 보장
정책사례	-새마을 사업	-도서·오지 개발 -농어촌지역 종합개발 -농공단지조성	-정주권 개발 -주거환경 개선	-중심마을정비, 농촌관광, 신활력사업, 도시민 유치 등 -중앙행정기관 사업총괄	-창조지역개발 -도농통합적 개발
정책특징	농촌공간의 기초 생활환경 정비			농촌의 새로운 가치 창조	

자료: 농림수산식품부(2009), 지역경쟁력 강화를 위한 농어촌 시스템 계획기법 연구, 수정

특히, 2000년대 이후 농촌지역개발정책은 다음과 같은 특징을 갖고 있다. 첫째, 새로운 농촌 지역개발정책의 핵심은 농촌마을과 지역사회 커뮤니티 중심의 공간정책이며, 지역사회단위에서의 종합개발을 추구한다. 지역개발 외에도 교육복지 등 삶의 질 향상을 위한 정책들이 포함되어 있다. 둘째, 농촌지역개발사업의 접근방식이 하향식에서 상향식으로 바뀌었고 주민참여와 주민주도를 강조하고 있다. 과거의 농촌정책이 지역의 특수성을 고려하지 않은 획일적인 실행이었던 반면에 지역의 자율성, 주민의 역량 강화, 소프

트웨어 사업을 강조하는 변화가 나타났다. 셋째, 선택과 집중을 통한 경쟁력 강화와 자생력 확보에 주력하고 있다. 넷째, 농촌지역개발사업을 포괄보조방식으로 지원하여 예산의 독립성과 지속성을 확보하는 동시에 종합적이고 일관되게 추진하도록 하였다. 다섯째, 분권화와 균형발전의 기조에 따라 중앙정부 주도의 농촌지역개발정책에서 지방정부의 권한과 역할을 강화시키는 방향으로 전개되고 있다. 여섯째, 도시와 농촌의 상생과 통합 및 귀농과 귀촌 정책이 강조 되고 있다.

〈표 2〉 농촌지역개발정책의 특징

구 분	기존 농촌정책 패러다임	새로운 농촌정책 패러다임
정책이념	중농주의, 발전주의, 산업주의	균형발전, 혁신주의, 기업가주의
정책목표	농업정책 종속, 보완	농촌지역개발, 복지, 삶의 질
정책대상	농업기반, 정주환경	농촌 공간
수행방식	하향식	상향식
재정방식	지방양여금	포괄보조방식
정책주체	중앙정부, 공무원	주민, 지방정부, 공무원, 전문가
지방정부역할	중앙정부 종속 분배	분권화, 자율성, 예산권 증대

자료: 이해진(2009), 농촌 정책 패러다임의 변화와 농촌지역개발사업, 농촌사회 제19집, 1호.

농촌지역개발정책은 근거법률이나 관리귀속 등에 따라 농림수산식품부, 행정안전부, 국토해양부, 환경부, 농촌진흥청, 산림청 등 여러 중앙부처에서 추진하고 있다. 무안군도 그동안 다양한 지역개발사업들을 펼쳐오고 있다. 본고에서는 무안군이 추진했거나 추진 중에 있는 중앙부처별 지역개발사업들의 현황을 파악한 후 3개 마을을 대상으로 한 사례분석을 통해 시사점을 도출하고 향후 마을사업의 발전방향을 제시하고자 한다.

Ⅱ. 무안군의 마을사업 현황 분석

1. 무안군 마을사업 현황

2000년대 들어오면서 중앙정부 주도의 지역개발사업은 주로 지역균형발전 차원에서 농촌지역에 대한 '마을 만들기' 관점에서 추진되어 왔다. 사업의 주요내용은 정주환경 개선, 농산어촌 체험프로그램 제공, 도농교류기반 확대, 역사문화관광자원의 개발 등이다. 이러한 사업들은 중앙 소관부처가 사업의 틀과 예산을 정한 다음 지역의 공모를 거쳐서 사업을 결정하고 지원하는 방식이다. 한편, 중앙정부사업과 별도로 전라남도에서는 '행복마을'사업을 추진하고 있다.

농촌지역개발사업의 공간 범위는 마을 단위, 마을권(소권역) 단위, 읍·면 단위 및 시·군 단위 등 크게 네 가지로 구분할 수 있다.

〈표 3〉사업 대상 공간 범위에 따른 지역개발사업의 분류

구 분		공간 범위	해당 사업	추진 방식	주관 부처
마을 단위		마을 대상	전원마을조성사업	일반공모	농림수산식품부
			녹색농촌체험마을조성사업	일반공모	
			어촌체험마을조성사업	제한적공모	
			농촌전통테마마을조성사업	일반공모	농촌진흥청
			농촌건강장수마을조성사업	일반공모	
			자연생태우수마을조성사업	제한적공모	환경부
			정보화마을조성사업	일반공모	행정안전부
			행복마을조성사업	일반공모	전라남도
마을권 단위		마을권 (3~5개 법정리) 또는 소권역 대상	농촌마을종합개발사업	일반공모	농림수산식품부
			어촌종합개발사업	제한적공모	
			살기좋은지역만들기사업	일반공모	행정안전부
읍·면	읍·면	읍·면 소재지	소도읍육성사업	제한적공모	행정안전부

단위	소재지	대상	거점면소재지종합개발사업	제한적공모	농림수산식품부
읍·면 단위	읍·면 지역	읍·면 전체 대상	도서종합개발사업	중앙정부 지정 대상지 선정방식	행정안전부
시·군 단위		시·군 전체 대상	-	-	-

 한편, 무안군이 참여하고 있는 정부부처별 농촌지역개발사업을 정리하면 <표 4>와 같다. 2011년 5월 현재까지 무안군은 4개 부처와 전라남도 14개 사업에 26개 지역이 지역개발사업에 참여하고 있다[32].

〈표 4〉 정부부처별 지역개발사업 현황(무안군 중심)

정부부처	사업명	사업목표	지원현황	무안군
농림수산 식품부	전원마을조성	-주거환경개선 -농촌지역 인구유입 유도	-2005~2013 -마을당 2~3년간 10~30억 -300개소 2,880억원	-몽탄 약실 -삼향 왕산(예드랑)
	녹색농촌체험 마을조성	-농촌체험관광 및 도농교류기반 구축 -농업부가가치 증진 및 농가소득 향상	-2002~2017 -마을당 2억원 -850개소 1,300억원	-일로 복용촌 -몽탄 배뫼 -몽탄 옥반동 -운남 학례 -해제 신등 -해제 창산
	어촌체험마을 조성	-어촌체험관광 및 도시민의 휴식, 여가공간 제공 -어업인 소득증대 및 경제활성화	-2001~2013 마을당 5억원 -112개소 703억원	-해제 송계
	농촌마을종합 개발	-3~5개 마을 연계 소권역 단위 개발 -정주기반 확충 및 지역특화사업 활성화	-2004~2017 -권역당 3~5년간 70억원 -1,000 권역 6조707억원	-월선권역
	어촌종합개발	-낙후된 어촌 정주환경 개선과 어민 소득기반시설	-1995~2013 -권역당 2년간 35억원	-남촌권역 -홀통권역

---

[32] 그 밖에도 농어촌주택개량사업, 광역 및 지방상수도 시설 확충 등 다양한 사업이 있으나 생략함.

		확충	-230개소 8,795억원	-월두권역 -복길권역
	거점면 소재지 종합개발	-정주서비스기능의 충족과 농촌지역의 중심공간으로 육성	-2007~ -마을당 3년간 70억원 -200권역	-청계면
농촌 진흥청	농촌전통 테마마을조성	-전통문화자원의 발굴, 도농간 교류 촉진 -농업인의 소득증진과 지역활력 증대	-2002~2009 -마을당 2년간 약 2억원 -160개소 320억원	-일로 두레미(백련흑콩) -몽탄 약실(약초골한옥) -현경 석북(감풀)
	농촌건강 장수마을조성	-초고령사회를 대비한 노인부양 정책 -농작물 공동재배, 건강프로그램	-2005~2011 -마을당 3년간 1억5천만원 -800개소 1,200억원	-청계 원선동 -청계 동암 -현경 신기
환경부	자연생태 우수마을조성	-자연환경 및 경관이 잘 보전되어 있는 마을	-2001~2010 -2005년(자연생태 우수마을 41개소, 자연생태복원 우수마을 17개소) -마을당 1.2억원 총 120억원	-무안읍 상동
행정 안전부	정보화마을 조성	-농산어촌의 정보화를 통한 소득증대 및 타 지원사업과의 시너지 효과 기대	-2001~2013 -마을당 2.8~10억원 -2011년 현재 362개소 운영 -800개 3,309억원	-현경 팔방미인 -청계 월선예술인촌 -몽탄 약실 (약초골한옥)
	살기좋은 지역만들기	-지자체별 대표브랜드 연계 및 창조적인 아이디어를 바탕으로 고품격 생활마을 조성	-2006~2009 -국가지정 30, 도지정 17 -지자체 요청 정부사업(문화부 등 8부처 120개 사업) 통합 -연간 1조원	-일로 하늘백련
	도서종합 개발	-도서의 생산·소득 및 생활기반시설의 정비·확충으로 생활환경을 개선함으로써 도서주민의 소득증대와 복지향상을 도모	-1988~2017 -도서당 3~5억원 -410개 도서 4조9,876억원	-망운 탄도일원
	소도읍육성	-주요 읍지역을 경제·사회·문화적 거점기능을 갖춘 중추도시로 육성	-2001~2012 -읍당 4년 100억원 -194개소 12조원	-무안읍
전라남도	행복마을 조성	-농촌지역 주거문화 수요 변화를 반영한 웰빙형 마을 조성	-2007~2014 -156개소 315억원	-몽탄 약실 -청계 월선 -일로 복용출 -일로 신정 -현경 석북(감풀) -운남 학례

					-해제 창산 -삼향 예뜨랑

자료: 커뮤니티 비즈니스와 지역경제 활성화, 삼성경제연구소, 2009.9. 수정

(1) 전원마을조성사업

이 사업은 농림수산식품부가 농촌지역에 쾌적한 주거 공간 조성을 지원하여 도시민의 농촌 유입을 촉진함으로써 농촌인구 유지 및 지역 활성화를 도모하기 위해 추진하는 사업이다. 2005년부터 2013년까지 300지구의 전원마을 조성을 목표로 하여 마을의 규모(주택 신축 기준)에 따라 10~30억원 범위 내에서 차등 지원한다. 주요 사업은 ①도로, 상·하수도 등 마을기반시설 설치 및 단지조성, ②부지정리, 주택건축 및 분양·임대, ③마을 커뮤니티 형성 및 운영 프로그램 개발, ④인근마을에 대한 기반시설 설치 지원 등이다.

무안군은 2008년에 몽탄면 약실마을과 삼향면 왕산마을을 전원마을조성지구로 지정하여 추진하고 있다.

〈표 5〉 무안군 전원마을조성사업 참여 현황

지정 년도	위치		규모(m²)	가구수 (호)	사업비 (백만원)	추진방식	추진사항	비고
	읍면	마을						
2008	삼향면	왕산 (예뜨랑)	64,198	32	1,500 (국비 1,065)	입주자 주도형	시행계획 수립 중	한옥
2008	몽탄면	약실	71,450	22	1,000 (국비 715)	입주자 주도형	시행계획 수립 중	한옥

자료: wellbeing.jeonnam.go.kr

(2) 녹색농촌체험마을조성사업

친환경 농업, 자연경관, 전통문화 등 부존자원을 활용하여 농업의 부가가치를 증진시키고, 농가의 소득 향상과 농촌지역의 공동체 형성 및 복원을

위하여 농림수산식품부가 2002년부터 2017년까지 추진하고 있는 사업이다. 도시민의 다양한 수요에 맞는 농촌체험관광과 도농교류기반 구축에 필요한 마을 경관조성, 공동의 농촌체험 기반시설 및 생활 편의시설, 농촌체험활동 프로그램 및 컨설팅 등 소프트웨어 관련 사업에 마을당 2억원을 지원한다. 무안군에는 현재 4곳의 녹색농촌체험마을이 운영 중이며, 2곳이 준비 중에 있다.

〈표 6〉 무안군 녹색농촌체험마을사업 참여 현황

지정년도	위치			주요 사업 내용	비고	
	읍면	리	마을		운영/조성	행복마을 지정
2007	몽탄	이산	배뫼	전시장 겸 판매장 설치 등	운영중	-
2008	해제	산길	신등	농산물 전시장, 도자기체험장 등	운영중	-
2009	일로	복용	복용촌	한과 체험시설, 마을 벽화 등	운영중	행복마을
2010	운남	성내	학례	낙농체험장시설, 담장개보수 등	운영중	행복마을
2011	해제	창매	창산	기본계획 수립중	준비중	행복마을
2011	몽탄	봉산	옥반동	기본계획 수립중	준비중	-

자료: wellbeing.jeonnam.go.kr/www.muanstay.com

(3) 어촌체험마을조성사업

어장 축소, 수산물 생산 감소 등 어업 여건 악화로 위축된 어촌의 활성화를 위하여 어업체험 중심의 어촌 관광으로 어업 외 소득 증대를 목적으로 농림수산식품부가 2001년부터 2013년까지 펼치고 있는 사업이다. 이 사업에 선정되면 관광기반시설 투자와 더불어 지역주민과 지역특성에 맞는 체험프로그램 개발 및 도시민의 어촌교류 확대를 위한 마케팅 활동을 지원한다. 무안군 해제면 송석리 송계마을은 2003년도에 어촌체험마을로 지정되어 운영되고 있다.

〈표 7〉 무안군 어촌체험마을 참여 현황

지정 년도	위치			주요 사업 내용	운영/조성	비고
	읍면	리	마을			
2003	해제면	송석리	송계	관광안내소, 이벤트광장, 갯벌, 체험장, 주차장 등	운영중	

자료: wellbeing.jeonnam.go.kr/songgye.muan.go.kr

(4) 농촌마을종합개발사업

이 사업은 농림수산식품부가 2004년부터 2017년까지 전국의 1천여 권역에 약 6조원을 들여 동일한 생활권이나 영농권 등으로 동질성을 갖고 발전 잠재력이 있는 1개리 이상의 법정리 마을들을 상호 연계하여 소권역 단위로 개발하는 사업이다. 지역주민과 지자체, 지역내 관련전문가 등이 함께 참여해 마을개발협의회라는 조직을 사전에 구성하여 직접 예비계획서를 작성하는 등 상향식으로 추진된다. 선정된 권역당 마을 수(행정리 기준), 농가 수에 따라 3~5년간 70억원의 범위 내에서 국고 80%, 지방비 20%로 사업비가 차등 지원된다. 지역 실정에 따라 담장 정비, 빈집 철거 등의 농촌마을 경관개선, 마을도로, 상하수도, 주택 신·개축 등의 기초생활환경 정비, 농산물가공시설, 공동집하시설 등의 소득기반 확충 등 세부사업을 추진한다.

무안군 월선권역(청계면 월선리, 청계리, 몽탄면 달산리 일대)은 2005년 8월 사업지구로 확정된 후 2006년부터 2011년 5월까지 5년간 총 70억원 규모의 사업을 추진하고 있다. 월선권역은 3개 법정리, 9개 행정리, 16개 자연마을로 구성되어 있다. 2004년 현재 권역인구는 1,302명으로 그 중에서 예술인촌을 보유한 월선리가 519명으로 전체의 39%를 차지하고 있으며, 달산리가 가장 적은 228명으로 전체의 17%를 차지하고 있다. 월선권역의 산업구조는 농축산업(68.4%) > 서비스업(7.9%) > 제조업(5.1%) > 도소매업(3.5%) > 기타(15.1%) 순으로 나타났으며, 가구별 소득구조는 농축산업

(64.77%) > 기타소득(27.19%) > 임업 및 기타(4.16%) > 서비스업(2.14%) > 제조업(1.51%) > 어업(0.23%) 순으로 나타났다. 월선권역은 새로운 농촌문화 만들기, 건강한 마을 만들기, 넉넉한 마을 만들기, 살기좋은 마을 만들기를 추진전략으로 설정하고 다양한 사업을 펼쳐오고 있다.

〈표 8〉 무안군 월선권역 농촌마을종합개발사업 참여 현황

위치				인구수(명)			가구수(호)	면적(km²)	농경지(ha)
읍면	법정리	행정리	마을	계	남	여			
청계면	월선리	월선1리	월선동, 학천, 수정동	102	49	54	38	6.38	112.7
		월선2리	중화, 신촌, 지제, 한치	162	78	84	78		
		월선3리	일신동, 노월촌, 석대정,	254	119	135	83		
	청계리	청계1리	원청계,	166	83	83	59	4.69	145.3
		청계2리	구암	91	45	46	34		
		청계3리	장부교	189	97	92	85		
		청계4리	학유정	109	56	53	50		
몽탄면	달산리	달산1리	죽전	115	62	53	39	7.23	88.3
		달산2리	영춘동	113	56	57	54		
계	3	9	16	1,302	645	657	520	18.3	346.3

자료: 무안군 월선권역 농촌마을종합개발사업 기본계획서

(5) 어촌종합개발사업

낙후된 어촌지역의 생활환경을 개선하기 위해 1994년부터 2013년까지 권역개념으로 시행되고 있는 사업이다. 1차 사업은 1994~2007년까지 160권역, 2차 사업은 2008~2013년까지 70권역을 대상으로 하고 있다. 1·2차 어촌종합개발사업비는 8,795억 원으로 예상된다. 전라남도의 경우는 지금까지 총 68개 지역에 2천343억의 사업비가 투입됐으며, 2013년까지 20개 지역에 1천112억원을 추가로 투입할 예정이다. 권역단위로 테마를 설정하여 어촌지역 특화개발을 위해 대권역은 50억 원 내외, 중권역은 40억 원 내

외, 소권역은 30억 원 내외로 지원된다.

무안군은 그 동안 4개 권역이 어촌종합개발사업에 지정되었는데, 홀통권역은 1998년, 남촌권역은 2001년, 월두권역은 2005년에 지정되었으며, 최근 복길권역이 2010년에 지정되어 2011년부터 2년간 50억원 규모의 어촌종합개발사업을 추진한다. 복길권역은 3개면 5개 어촌계(삼향면: 마동, 청계면: 구로·복길, 운남면: 동암·성내)로 구성되어 있는데, 이 사업을 통해 선착장, 선양장, 수산물 인양기, 친수·호안시설 등 어업기반시설을 정비하고, 관광객 유치를 통한 지역경제 활성화를 위해 '테마가 있는 어항'으로 개발될 계획이다.

(6) 거점면 소재지 종합개발사업

이 사업은 도시 및 소도읍 지역과 농어촌 마을을 연계할 수 있는 중간 거점공간으로서의 면소재지의 역할 강화를 위해 2007년부터 시작되었다. 정주기능 강화를 통한 농어촌 지역 활성화를 목표로 권역 당 3년 동안 70억 원(국고 80%와 지방비 20%) 이내에서 지원된다. 대상지역의 선정 기준은 ①인구 3천~1만명의 적정 인구를 유지하고, ②재래시장, 5일장, 중·고등학교, 대학 등 지역의 대표적인 커뮤니티 자원이 분포하는 면으로, ③사업시행을 통해 지역의 거점 공간으로 기능을 수행할 수 있어야 한다. 2007년과 2008년에 각각 4개의 권역을 선정하여 시범사업을 실시한 후 추후 192개 권역을 더 선정할 예정이다.

무안군 청계면은 2009년 12월 농림수산식품부로부터 거점면 소재지 마을종합개발사업에 선정되어 2010년부터 3년 동안 70억원의 사업을 투입해 ①맑은 내 거리조성 및 공원조성, ②낭만의 거리(대학로) 정비, ③수산물 직판장 건립, ④복지회관 리모델링, ⑤공중화장실 정비, ⑥평생학습, 지역홍보, 문화교류 프로그램 개발운영 등의 사업을 추진하고 있다.

〈표 9〉 무안군 거점면 소재지 종합개발사업 참여 현황

위치			가구수 (호)	인구수(명)			면적 (ha)
읍면	리	마을		계	남	여	
청계면	도림1	청림	95	181	78	103	299.19
	도림2	연곡	154	363	181	182	27.04
	도림3	백년동	103	224	110	114	101.69
	도림4	월암	125	340	166	174	57.94
	도림5	문화촌	115	303	156	147	16.1
	도림6	입석	131	316	163	153	19.55
	도림7	격양동	92	260	131	129	49.23
계			815	1987	985	1002	570.74

(7) 농촌전통테마마을조성사업

농촌전통테마마을은 마을의 고유한 전통문화와 지식을 발굴하여 도시민이 체험하고 학습하게 하는 장을 마련함으로써 농가소득을 증대시키고 독특한 농촌문화의 맥을 이어가는 마을이다. 농촌진흥청은 2002년부터 2009년까지 170개소의 테마마을을 지정하여 육성하고 있다.

무안군에는 2004년에 일로읍 백련흑콩마을, 2007년에 현경면 감풀마을, 2009년에 몽탄면 약초골한옥마을이 지정되어 운영 중에 있다.

〈표 10〉 무안군 전통테마마을조성사업 참여 현황

지정년도	위치			인구수(명)			가구수 (호)	농경지 (ha)	비고
	읍면	리	마을	계	남	여			
2004	일로읍	복용리	두레미(백련흑콩)	112	52	60	40	167	
2009	몽탄면	약곡리	약실(약초골한옥)	88	40	48	37	파악안됨	
2007	현경명	수양리	석북(감풀)	108	53	55	36	71.2	

자료: www.go2vil.org

(8) 농촌건강장수마을조성사업

농촌진흥청이 농촌의 고령화와 함께 야기되는 부양문제 등을 완화하고 가족이 떠난 자리를 마을 공동체와 함께 할 수 있는 분위기를 조성하기 위해 2005년부터 2010년까지 추진한 사업으로 다음과 같은 목적을 갖고 있다. ① 농촌노인에게 농업과 전통문화 영역에서 알맞는 일거리를 발굴하여 생산적인 활동을 할 수 있도록 지원, ②생활환경정비, 건강관리, 사회활동참여 등 체계적인 실천으로 건강하고 보람 있는 새로운 장수문화 정립, ③천혜의 자연환경을 기본으로 소프트웨어 중심 프로그램을 지원하여 사회 전반적 고령화 문제에 적극 대응, ④은퇴한 도시민에게 노년생활 공간 제공 등이다.

현재 농촌진흥청이 지정한 농촌건강장수마을로는 청계면의 동암마을과 원선동마을, 현경면의 신기마을 3곳이 있으며, 무안군이 지정한 장수마을로는 몽탄면의 노송정마을이 있다.

〈표 11〉 무안군 농촌건강장수마을조성사업 참여 현황

위치			성별	계	55세 미만	55~64세	65~74세	75~84세	85세 이상	비고
읍면	리	마을								
청계면	남안리	동암	남	60	33	11	7	7	2	
			여	50	18	7	14	10	1	
	월선리	원선동	남	50	30	6	13	1	-	
			여	53	28	5	14	4	2	
현경면	마산리	신기	남	95	58	19	10	7	1	
			여	120	56	24	25	12	3	

자료: www2.rda.go.kr

(9) 자연생태우수마을조성사업

자연생태계가 잘 보전·조성되었거나, 훼손된 생태계를 성공적으로 복원한 사례를 적극적으로 발굴, 지원, 홍보함으로써 농촌의 자연자산을 지역주민 스스로 보전·관리하고, 전국민적인 자연보전의식을 함양하기 위하여 환경부가 2001년부터 2010년까지 전국 100여 개소를 자연생태우수마을로 지정하여 지원하는 사업이다. 지정기간은 3년이나 재지정을 원할 경우 재심사 결과 지정기준에 적합하면 재지정 된다. 무안군 무안읍 용월2리 상동마을은 2001년, 2004년, 2007년에 걸쳐 자연생태 우수마을로 지정되었다.

〈표 12〉 무안군 자연생태우수마을조성사업 참여 현황

지정 년도	위치			지정사유	운영/조성	비고
	읍면	리	마을			
2001 2004 2007	무안읍	용월리	상동	백로, 왜가리서식지, 홍련 등 희귀식물, 문화재보호구역, 전통음식보전	운영중	

자료: 2005년도 자연환경보전 업무현황, 환경부 자연보전국

(10) 정보화마을조성사업

정보화시범마을은 2001년부터 행정안전부와 지방자치단체가 경쟁력 있는 선진국형 농어촌 구현에 중점을 두고 인터넷 이용환경 조성, 정보콘텐츠 구축 등 관련 사업을 통하여 농어촌지역을 비롯한 정보소외지역에 정보생활화를 유도하고, 지역경제 활성화를 촉진하며, 지역공동체를 형성하여 지역주민의 삶의 질을 고양하기 위하여 추진 중에 있는 사업이다. 2011년 현재 전국에 363개소의 정보화마을이 운영 중에 있는데 그 중에서 무안군에는 3곳의 정보화마을이 운영되고 있다.

〈표 13〉

지정년도	위치			주요사업	홈페이지
	읍면	리	마을		
2004	현경면	수양리 용정리	팔방미인	마을정보센터 구축, 가구별PC보급, 마을홈페이지 구축	8bang.invil.org
2005	청계면	월선리	예술인촌		moon.invil.org
2009	몽탄면	약곡리	약실		yak.invil.org

자료: www.invil.org/jeonnam.invil.org

(11) 살기좋은지역만들기사업

살기 좋은 지역 만들기는 급속한 산업화·도시화 과정에서 나타난 지역사회의 다양한 문제점을 해결하고 살기 좋은 생활환경을 조성함으로써 선진국으로 발돋움하기 위해 범국민적으로 제창한 21세기 커뮤니티 운동이다. 주민의 삶의 질을 제고하고 지역브랜드를 창출하며 지역의 공간을 종합적으로 재창조하는 비전과 과제를 달성하기 위해 행정안전부는 2006년에 지역모델을 개발하여 보급하였고, 전국의 지자체로부터 우수계획을 접수받아 공모전을 개최하여 2007년에 최종 30개 시군을 시범지역으로 선정하였다. 선정된 지역은 3년간 20억원의 인센티브 사업비 지원과 시범지역이 요청한 중앙부처의 사업을 일괄하여 지원(정책패키지) 받는다. 무안군은 일로읍 하늘백련마을이 2007년에 국가지정 살기 좋은 지역 만들기 사업에 선정되었다.

〈표 14〉 무안군 살기좋은 지역 만들기사업 참여 현황

사 업 명 (유형)	위치			가구수 (호)	인구수 (명)	주요 사업내용	비고
	읍면	리	마을				
하늘백련마을 조성 (산업+생태형)	일로읍	산정리	도덕지	61	114	·회산백련지 중심 연산업 특화단지 조성 ·벼농사 대체작목으로 연재배 확대하여 안정적 농가소득 확보	
			신원목	61	103		
		복용리	복용촌	164	277		
			회산	87	141		
			양두	71	113		
			두레미	54	113		
			용호동	22	40		
계		2	7	520	901		

자료: wellbeing.jeonnam.go.kr

(12) 도서종합개발사업

도서종합개발사업은 상대적으로 개발이 뒤지고 낙후된 도서지역에 대하

여 계획적이고 체계적인 장기종합개발계획을 수립·추진함으로써 낙후지역 주민의 소득증대와 복지향상을 기하고 도시지역과의 격차를 줄이는 등 지역균형발전을 도모하기 위하여 도입 되었다. 10년 단위로 도서종합개발사업이 추진되고 있는데, 1차(1988~1997)와 2차(1998~2007)에 이어서 현재는 3차(2008~2017) 도서종합개발사업이 8개 시도 327개 도서를 대상으로 진행되고 있으며, 연육·연도교, 생산 및 생활기반시설 등에 총 17,874억원을 투입할 예정이다. 무안군은 망운면 탄도만 일원이 2008년에 지정되어 선착장 정비, 펜션단지 조성, 체험프로그램 개발 등의 사업이 추진되고 있다.

〈표 15〉 무안군 도서종합개발사업 참여 현황

사업기간	위치	사업규모(m²)	주요사업	비고
2008~2017	망운면 탄도일원	461,000	선착장 정비, 펜션단지 조성, 판매저장시설, 해안경관도로, 체험프로그램 개발 등	

자료: 도서종합개발사업 설명자료, 행정안전부, 2008

(13) 소도읍육성사업

소도읍은 주변농촌지역의 중심지로서 이를 둘러싸고 있는 농촌지역의 정치·행정·경제·사회·문화·정보의 중핵(中核)이며 동시에 도시와 농촌의 중간단위로서 도시와 농촌을 연결하는 가교 역할을 한다. 산업화와 도시화로 인해 소도읍은 지속적인 인구감소와 경제침체가 장기화됨에 따라 본연의 역할과 기능을 상당부분 상실하게 되었다. 행정안전부는 읍지역의 기능회복을 통한 국토의 균형발전을 도모하기 위하여 2001년부터 소도읍 육성사업을 추진하고 있다.

무안읍은 2004년 소도읍육성사업에 선정되어 2005부터 2008년까지 334억원을 들여 양파 한우와 갯벌 낙지가 어우러진 청정지역 개발을 목표로 사업을 추진하였다. 무안읍을 중심으로 추진된 소도읍 육성사업에는 테마거리 조성, 황토클리닉타운 조성, 중심상가 활성화 등이 포함되어 있다.

(14) 행복마을조성사업

전라남도가 추진하고 있는 행복마을조성사업은 낙후되어 있는 농어촌 마을을 사람이 살고 싶은 지역으로 만들어 현 주민들과 후손들이 정착하고, 도시민들이 돌아오는 마을로 만들기 위해 정주여건 개선과 주민소득증대에 역점을 두고 추진하는 사업이다. 주요사업으로는 ①주거환경정비를 위해 한옥으로 주택을 개량하고, ②마을 상·하수도 및 회관, 진입로, 안길, 주차장 등을 확충하며, ③마을의 자립기반 강화를 위해 마을의 특화작물(약초, 녹차, 연꽃, 딸기, 야생화 등)을 재배하여 주민소득 증대로 이어질 수 있도록 하고, ④민박과 체험을 실시하여 도시민을 유치하고 지역특산품을 판매하는 전략(1사1촌/1도시1농촌 자매결연 등)을 펼치고 있다. 행복마을사업의 유형은 기존마을 중에서 한옥을 집단으로 10동 이상 신축하는 기존마을 정비형과 전원마을사업지구 중에서 전 가구를 한옥으로 신축하는 신규단지 조성형이 있다.

무안군에는 7개 마을이 기존마을 정비형으로 조성되고 있고, 1개의 마을(삼향 예뜨랑)이 신규단지를 조성 중에 있으며, 예비행복마을로 1개 마을(청계 복길)이 선정되었다.

〈표 16〉 무안군 행복마을조성사업 참여 현황

위치			가구수 (호)	한 옥 신 축(동)				비고
면	리	마을		확정	완료	공사중	준비중	
몽탄	약곡	약실	38	18	18			기존마을 정비형
일로	복용	복용	104	18	18			
현경	수양	석북	35	16	16			
운남	성내	학례	56	15	15			
청계	월선	월선	36	25	18	5	2	

해제	창매	창산	51	15	11	4		
일로	상신3	신정	38	12			12	
삼향	왕산	예뜨랑	32 (건립계획)	28				신규단지 조성형 (전원마을: 입주자주도형)
청계	복길	복길	161					예비 지정

자료: wellbeing.jeonnam.go.kr/hanok.jeonnam.go.kr

Ⅲ. 무안군 마을사업 사례와 발전방향

1. 무안군 마을사업 사례 분석

(1) 월선리예술인촌

가. 기본현황
　　○ 행정구역 : 전남 무안군 청계면 월선리
　　○ 인구분포 : 199가구 518명
　　○ 자연자원 : 승달산, 월선제, 수월제
　　○ 특 산 물 : 고사리, 양파, 마늘, 매실, 새송이버섯, 승달산녹차

월선리예술인촌은 명산인 승달산과 주변의 월선제를 중심으로, 황토흙집, 초가집, 매화농장 등 자연스러운 농촌풍광이 아름다운 지역이다. 월선리에는 199가구에 518명이 거주하고 있다. 전체면적의 73%가 임야이며, 농지면적은 10%정도에 불과한 마을이다.

나. 사업추진 배경

월선리 마을 만들기는 1990년부터 도예가, 서예가, 서양화가, 조각가 등이 입주하면서부터 시작되었다. 초기 예술인들은 대부분 자족적인 예술활동에 전념했을 뿐 마을의 주요 이슈에는 소홀했으며 마을공동체와도 소원했었다. 따라서 마을의 기존 자생조직과 갈등을 겪기도 했다. 그러다 1996년 쓰레기매립장 사건 때 예술인대표와 주민대표가 공동대표를 맡아 투쟁하면서 서서히 마을의 일원으로서 받아들여졌다. 한편, 풍수지리적으로 유명한 월선리에 외지인들의 묘지 이장과 선산 만들기가 문제가 되자 이를 저지하기 위해 1994년 마을 청년회가 조직되었고, 자연스럽게 마을 청년회를 중심으로 마을의 이슈들을 해결하면서 마을 만들기 사업들이 추진되었다.

다. 주요 추진사업

예술인촌은 2005년 정보화마을조성사업을 시작으로 건강장수마을조성사업, 농촌마을종합개발사업, 행복마을조성사업, 경관농업지구조성사업, 구전자원활용기술소득화사업 등 하드웨어와 소프트웨어사업을 동시에 펼치고 있으며, 2012년부터는 녹색농촌체험마을조성사업을 추진할 예정이다. 이밖에도 한국농어촌공사의 마을홍보프로그램 유치, 예비사회적기업 유치, 대상농촌재단 지원프로그램 유치 등을 위해서 적극적인 노력을 경주하고 있다. 이러한 다양한 사업을 추진할 수 있었던 배경에는 사무국장의 열정과 마을 주민들의 적극적인 합의와 참여가 바탕이 되었다.

122   제2부

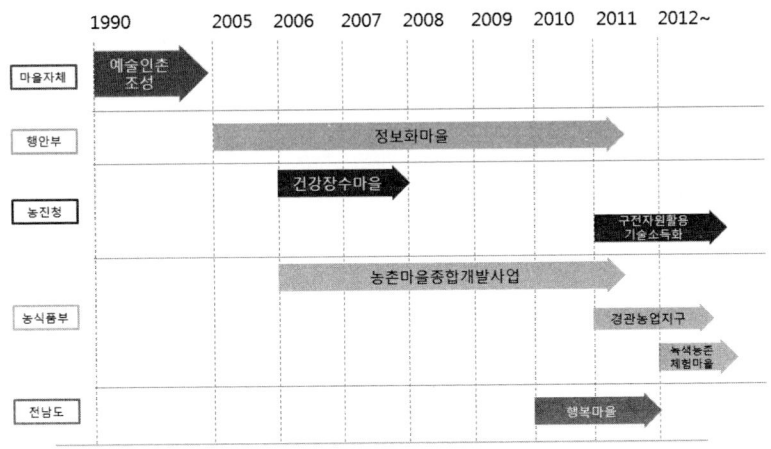

〈그림 1〉 월선리예술인촌 마을사업 추진 현황

라. 주요 성과

2005년부터 6년 여 동안 다양한 사업을 펼치면서 마을 정주환경개선, 정보화기반(마을정보센터, PC보급 등), 소득기반시설(다목적회관, 저온저장창고 등) 등을 유치하였다. 또한, 짚풀공예체험, 천연염색체험, 도자기체험 등 예술체험과 한우농가체험, 보리수확체험, 양파캐기체험 등 농산물체험프로그램, 무안분청문화제, 월선리사람들 전시회, 김우진문학제 등을 통해 관광객을 유치하고 있으며, 다목적회관 운영을 통해 2009년 2천만원의 매출을 올리기도 했다.

폐교위기에 있던 남초등학교를 살리기 위해 학교와 예술인들이 협력하여 '방과후 학교'를 시작하고 학교 벽화작업을 한 결과 30여명이었던 학생들이 60명으로 늘어났다. 월선리에는 새로 태어난 아이들도 많아 유치원생이 6명이고, 예술인촌으로 귀향과 귀농을 희망하는 사람들이 늘고 있다. 월선리에는 현재 20여명의 예술인들이 살고 있으며, 마을주민들과 때론 갈등하기도 하지만 협력하면서 농촌과 문화를 접목시켜 마을 발전을 이끌어 가고 있다.

〈마을 앞 전경〉　　　〈주민과 예술인이 공동작업한 정자〉　　　〈다목적회관〉

〈그림 2〉 월선리예술인촌

(2) 팔방미인마을

가. 기본현황
　　○ 행정구역 : 전남 무안군 현경면 수양리, 용정리
　　○ 인구분포 : 450가구 1,152명
　　○ 자연자원 : 월두, 수양저수지, 황토, 갯벌 등
　　○ 특 산 물 : 고구마, 콩, 양파, 마늘, 낙지, 운저리, 굴 등

　무안군 현경면 수양리(3개 마을)와 용정리(5개 마을) 8개 마을로 구성된 팔방미인마을은 주변에 청정갯벌과 황토밭이 펼쳐져 있는 전통적인 반농반어의 고장으로 450가구 1,152명이 거주하고 있다.

나. 사업추진 배경
　팔방미인마을 마을 만들기는 2003년 9월 제1기 정보화마을운영위원회를 구성한 후 다음 해 11월 정보화마을로 선정되면서 시작되었다. 주변에 청정갯벌에서 얻은 수산물과 황토밭에서 자란 농산물의 판로를 개척하고, 낙지잡기, 횃불게잡기 등 갯벌체험과 고구마·양파·마늘캐기 등 농장체험을 통해 관광객을 유치하여 마을을 활성화시키기 위해 시작되었다.

다. 주요 추진사업

팔방미인마을은 2004년 정보화마을조성사업을 시작으로 어촌종합개발사업(월두권역), 농촌전통테마마을조성사업(감풀마을), 행복마을조성사업(감풀마을), 콩시범단지 조성 등 다양한 사업을 펼치고 있다. 이밖에도 폐교를 매입하여 민박시설을 추진하고 있다. 정보화마을조성사업은 8개 마을의 청년들과 부녀회를 중심으로 협력하여 이끌어 온 사업이며, 각 마을별 독자적인 사업들도 펼치고 있다.

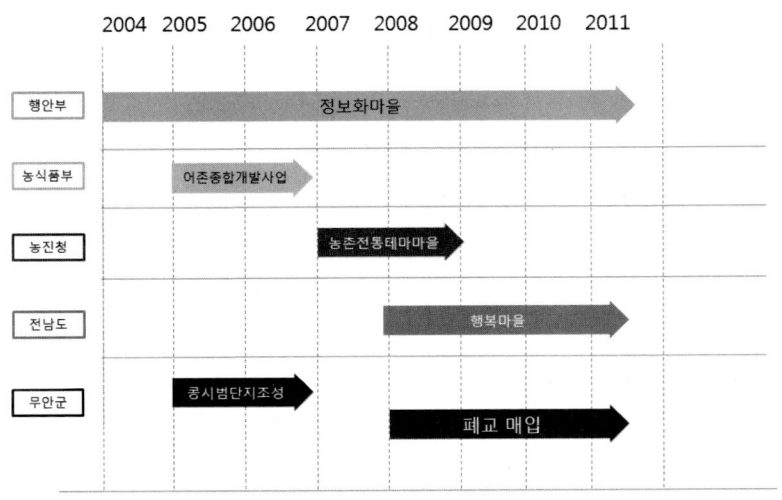

〈그림 3〉 팔방미인마을 마을사업 추진 현황

라. 주요 성과

팔방미인 정보화마을에서는 인터넷 쇼핑몰을 구축하여 농어가가 참여할 수 있도록 교육하고, 팔방미인마을과 상품을 홍보하기 위한 마을로고, 캐릭터, 포장지를 개발하여 보급하였다. 2008년 기준으로 마을 인터넷 쇼핑몰에는 9개의 농어가(농산물 8, 수산물 1)가 참여하여 마늘, 양파, 밤호박, 참깨,

굴 등 15개의 온라인 상품이 개발되어 있고, 28개 농어가가 참여하여 고구마캐기, 낙지잡기, 민박 등 16개의 체험프로그램을 개발하여 운영하고 있다. 마을 차원에서 현대홈쇼핑, 이지웰, 농협, G마켓 등과 유통채널을 구축하였으며, 목포 YWCA와 목포 원산동사무소와 자매결연을 체결하였다. 그 결과 2007년까지 전자상거래는 5,425건에 236백만원의 매출을 올렸으며, 농어촌체험은 82회 24백만원의 성과를 올렸다. 이러한 성과를 바탕으로 행정안전부 정보화마을 운영평가에서 2006년에는 최우수마을, 2007년에는 우수마을로 선정되었다. 또한, 2007년 전라남도 행정혁신사례발표에서 장려상을 수상하였고, 2008년 한국관광공사로부터 서울학교 학부모 체험 장소지로 선정되었다.

〈마을 전경〉　　　　〈농사 체험〉　　　　〈낙지잡기 체험〉

〈그림 4〉 팔방미인마을

(3) 송계어촌마을

가. 기본현황
  ○ 행정구역 : 전남 무안군 해제면 송석리
  ○ 인구분포 : 113가구 257명(어촌계 99명)
  ○ 자연자원 : 도리포, 백사장, 해송림, 갯벌 등
  ○ 특 산 물 : 양파, 마늘, 고구마, 김, 낙지, 숭어, 민어, 농어 등

송계마을은 무안군 해제반도 끝자락 도리포에 위치한 전형적인 반농반어의 농어촌마을로서, 14세기경 고려청자 639점이 인양돼 국가 사적지로 지정되기도 하였으며, 해돋이의 비경이 유명하다. 주민들은 벼농사와 특용작물(마늘, 양파) 재배와 김양식과 어선어업에 종사하고 있으며, 일부 귀농(18명)한 청장년층을 포함해 113가구 257명이 거주하고 있다. 해안에 3km에 달하는 백사장과 10ha에 달하는 해송림이 있으며, 마을 주민들은 300ha에 대한 공유면허지, 700ha에 달하는 갯벌, 그리고 모래섬을 가지고 있다.

나. 사업추진 배경

2003년 어촌체험마을 지정 당시 마을 공유재산이었던 6천여 평 송림에 체험관광시설을 조성하는 것을 반대하는 노년층과 변화를 추구하는 청장년층 사이에 갈등이 고조되었다. 신성한 송림에 체험마을이 조성될 경우 쓰레기가 많아지고, 시끄러워지며, 풍기가 문란해 질 것을 우려해 송림을 둘러싸고 청장년층과 노년층간에 재산권분쟁이 발생할 것이다. 이 때 어촌계장이 관광전문가를 초청하여 노년층을 대상으로 어촌체험관광의 경제적, 사회적, 문화적 효과에 대해 지속적인 교육을 실시하고, 행정기관이 주민들을 선진사례지역(고창 하전마을, 서천 월하성/송석마을 등) 어촌체험관광 견학을 보내 우려를 불식시키고 합의를 이끌어낸 후 본격적인 어촌체험마을사업이 시작되었다.

다. 주요 추진사업

송계마을은 2003년에 국토해양부(전 해양수산부)로부터 '아름다운 어촌 100선'에 선정되었고, 한국관광공사로부터 '섬마을, 해안마을 배낭여행 8선'으로 선정되었으며, 2004년에 국토해양부로부터 '2월의 아름다운 어촌'과 '이달의 어촌 12선'에 선정되었다. 본격적인 마을 사업은 2003년에 농림수산식품부로부터 어촌체험마을조성사업에 선정된 후 시작되었으며, 2006

년 어촌종합개발사업을 통해 어촌체험관광시설을 갖추었다.

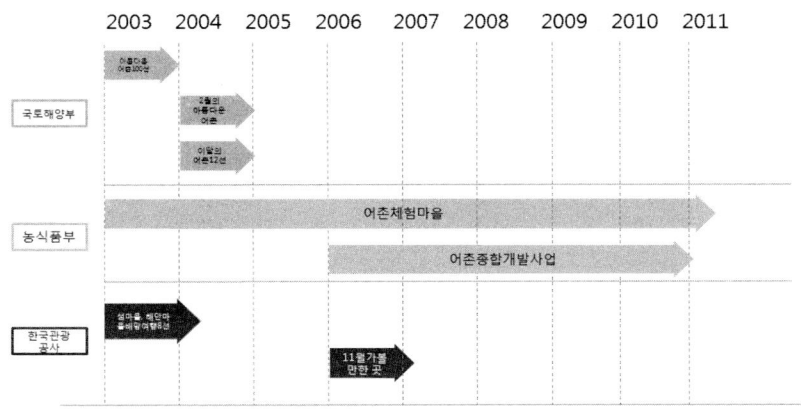

<그림 5> 송계마을 마을사업 추진 현황

라. 주요 성과

어촌체험마을을 시작할 당시에는 30여 평의 비닐하우스에 간이 샤워장을 만들고 대나무를 베어 낚싯대를 만들어 학생과 유치원 단체 체험객을 유치하였으나, 어촌체험마을사업을 통해 어촌마을 홍보물 제작(2004), 지상2층 121평의 관광안내소를 완공(2005)하였다. 또한, 어촌종합개발사업비 16억으로 2006년에 갯벌체험로, 해변산책로, 관찰데크, 휴게공간시설 및 주차장 등을 완비하였다. 2007년 제1회 어촌체험마을 혁신경진대회에서 대상을 수상하였다.

사업 초기 갈등을 빚었던 노인회와 청년회는 현재는 서로 신뢰하면서 유기적으로 협력하고 있다. 어촌계장을 중심으로 사무장이 실무를 담당하고 마을의 노인회, 부녀회, 청년회를 포함한 모든 마을 주민들이 돌아가며 체험행사를 돕고 있고, 체험객 10명당 1명의 마을 주민을 배치하여 프로그램의 전반적인 과정을 책임지게 하여 체험객의 만족도를 높이는 효과를 얻고 있으며, 소득은 체험행사를 진행한 주민들에게 일당을 제공하고, 남은 이익금은 마을 공동자금으로 이용하고 있다.

〈마을 앞 표지석〉

〈어촌체험시설〉

〈어촌체험〉

〈그림 6〉 송계어촌체험마을

〈표 17〉 사례 대상 마을 현황 종합

구분	월선리예술인촌	팔방미인마을	송계어촌마을	비고
위치	청계면 월선리	현경면 수양리, 용정리	해제면 송석리	
인구	199가구 518명	450가구 1,152명	113가구 257명	
특징	다분야 예술인들을 중심으로 한 문화체험	갯벌과 황토밭 활용 친환경 농산물과 어촌체험	아름다운 해안과 해송림, 백사장 활용 어촌생태체험	
특산물	양파, 시금치, 검정보리	고구마, 양파, 낙지, 굴	양파, 마늘, 김, 숭어	
관광자원	승달산, 황토흙집, 월선제, 법천사, 목우암	월두유원지, 홀통유원지, 왕벚꽃거리, 봉대산	도리포, 해송림, 백사장, 모래섬, 갯벌	
조직	마을만들기위원회, 예술인촌, 청년회, 부녀회, 노인회, 작목반	정보화마을운영위원회, 영농법인2, 작목반6, 일반조직6	어촌계, 노인회, 청년회, 부녀회	
체험 프로그램	도예, 다도, 천연염색, 서당체험, 민박	주말농장, 농작물체험, 생태체험, 민박	갯벌체험(낙지, 꽃게잡기), 낚시체험(현대식/전통식), 민박	
축제/ 이벤트	복사꽃살구꽃축제, 월선리사람들 전시회, 무안분청문화제	양파마늘축제, 고구마축제	도리포해맞이, 숭어축제, 마을축제	
참여 지역개발 사업	-정보화마을 -건강장수마을 -농촌마을종합개발 -행복마을 -녹색농촌체험마을	-정보화마을 -어촌종합개발사업 -전통테마마을 -행복마을	-어촌체험마을 -어촌종합개발사업	

2. 무안군 마을사업 사례의 시사점과 발전방향

앞에서 살펴본 사례마을들의 시사점을 중심으로 무안군 마을사업의 발전 방향을 제안하면 다음과 같다.

(1) 공동의 비전과 가치 공유

월선리 마을만들기위원회는 2004년에 "예술가 집단 거주지인 신촌마을의 경우 2층 이상 고층 건물 신축을 제한하고, 벽면은 황토로 하며, 지붕은 초가나 기와로 제한하고, 지붕색은 검은색과 황토색으로 하는" 경관관리에 대한 내규를 정하였다. 또한, 마을내 거주하는 건축가, 한옥목수, 예술인 등으로 구성된 경관관리소위원회 내에 특별기구로 설치하여 마을의 전체적 경관을 조정할 수 있도록 했다. 이는 황토흙집을 통해 자연친화적이며 지속가능한 발전에 대한 가치와 철학을 공유한 결과이다.

마을 구성원들이 함께 공유할 수 있는 비전과 가치를 만들어 공유하는 것이 마을사업 성공의 핵심요소이다.

(2) 마을 정체성과 경쟁력 확보

월선리마을은 산수의 수려함이나 특별한 생산물이 없음에도 불구하고 농촌마을에 문화와 예술을 접목시켜 마을을 특화해 가고 있다. 예술인들을 중심으로 다양한 예술체험과 마을축제들을 통하여 농촌지역의 예술인촌으로서의 개성을 살려나가고 있다.

팔방미인마을은 월두지역의 긴 백사장에 윈드서핑 동호회원 등이 사계절 찾아오는 곳이고, 한국관광공사에 의해 '해안마을 4선, 포구가 있는 해변 추억 만들기' 장소로 선정될 정도로 경쟁력이 있다. 송계마을도 국토해양부로부터 '아름다운 어촌 100선', 한국관광공사로부터 '섬마을, 해안마을 배낭여행 8선' 등에 선정될 정도로 자연 풍광이 아름다운 곳이다.

이처럼 농촌생활과 문화의 접목, 자연자원의 상품화를 통하여 마을의 정체성과 경쟁력을 강화할 필요가 있다.

(3) 서번트 리더십과 주민 참여

평범한 농촌마을이었던 월선리가 예술인촌으로 거듭나게 된 계기는 도예가 한 명이 1990년에 입주하면서 부터다. 초기에는 마을의 기존 자생조직과의 갈등을 겪기도 하였으나 쓰레기매립장 등 굵직한 문제해결을 함께 하면서 신뢰감이 생겨나고 점차 마을 구성원으로 인정되어 동질감을 형성하기에 이르렀다. 또한, 사무장이 마을발전사 정리, 마을 홈페이지 관리, 각종 지역개발사업 제안서 기획 등 마을발전의 비전과 가치를 공유하면서 촌장과 함께 협력하고 있다.

팔방미인마을은 제1기 정보화마을운영위원장을 여성(구 도의원)이 맡으면서 시작하였다. 전국 최초로 이장과 개발위원장, 새마을지도자, 마을 임원 등이 모두 여성이 선출되어 섬세한 리더십을 발휘하여 마을 공동체의 협력을 이끌어 가고 있다.

송계마을 어촌계장은 매년 추석과 구정 전날 열리는 마을 단합대회(향우 이해하는 밤)를 적극 활용하여 어촌체험마을의 현황을 주민들에게 알리고 협조를 구하고 있다. 어버이날에는 古稀 잔치를 벌이고 60세 이상 노인들에게 인근 병원의 도움을 얻어 건강검진과 영양제 주사를 마쳐주며, 복날에는 마을잔치를 펼치고 있다. 고향에 있는 부모님들로부터 어촌계장의 활동상을 전해들은 향우들이 마을 자체부담금(matching fund) 모금에 동참하고 반대하는 노인들을 설득해 줌으로써 노인회의 참여까지 가능하게 하여 마을 전체의 동의를 얻어내는 효과를 거두고 있다. 어촌계장은 어촌체험마을의 일을 최우선으로 하는 적극적인 태도로 솔선수범하는 모습을 보여 마을 주민의 공감을 얻어냄과 동시에 행정기관과의 유기적인 협조관계를 유지하고 있다.

　마을을 가꾸고 발전시키는 것은 사람이 하는 것이다. 낙후된 마을을 활성화시키기 위해서는 비전과 열정을 갖춘 리더가 어느 때보다도 중요하며, 리더를 중심으로 마을 주민의 상호 신뢰와 적극적인 협력이 필요하다.

(4) 마을의 이슈 관리와 적극적인 갈등 해결

　월선리마을은 풍수지리적으로 장차 황후가 나올 명당이 있다는 풍문이 퍼지면서 마을이 묘지화 되는 몸살을 앓게 되자 마을 청년들과 노인들 사이에 위기의식이 퍼져 이를 막기 위한 목적으로 1994년에 마을 청년회가 조직되었다. 청년회에서는 묘지조성에 관한 규칙을 정해서 문제를 해결하였다. 또한, 마을발전이 가시화 되면서 청년층 귀향증가로 인한 경작지 매입과 도시인구 유입에 따른 대지매입 등으로 토지수요가 급증하자 동계를 통해 합의해 나갔다. 그리고 쓰레기매립장 건립 반대투쟁, 기능대학유치 노력, 친환경농업 시도 등의 이슈들이 주민들을 합의와 논의의 장으로 이끌어 자생적 발전을 위한 발판을 마련하게 되었다.

　신성한 송림에 어촌체험마을이 조성될 경우 유원지처럼 쓰레기가 많이 생기고, 시끄러워지며, 풍기가 문란해 질 것이라는 이유로 송림을 둘러싸고 청장년층과 노년층간에 논쟁과 재산권분쟁이 발생하였다. 어촌계장은 관광전문가를 초청하여 노년층을 대상으로 어촌체험관광의 경제적, 사회적, 문화적 효과에 대해 지속적인 교육을 실시하고, 행정기관은 주민들을 선진지역 어촌체험관광 견학을 통해 우려를 불식시키고 합의를 이끌어냈다.

　마을의 큰 이슈들은 사람들의 관심을 갖게 한다. 이슈들을 적절히 관리하고 여러 가지 갈등요소들을 지혜롭게 해결해 나가는 것이 필요하다.

(5) 주민의 자발적인 역량강화

　월선리예술인촌의 도예가와 대체의학연구가가 1999년 '복숭아꽃 살구꽃

핀 마을 만들기'로 목표를 세우고 자비를 들여 600여 그루의 산복숭아나무와 회화나무를 식재하였는데 마을의 자생조직이나 마을 총회를 통한 합의 과정을 거치지 않고 일방적으로 추진함으로써 예술가들의 지지뿐만 아니라 주민들의 호응도 얻지 못했다. 뒤늦게 산복숭아나무의 한의학적 효능과 복사꽃 핀 마을의 가치를 설명하는 교육이 시작되었다. 이를 통해 비전과 가치를 공유하면서 주민의 합의를 이끌어 내어 나무심기사업이 원활하게 진행될 수 있었다.

그동안 무안군과 목포대학교가 공동으로 2006년부터 '농어촌 지도자대학'을 운영해 왔다. 성공적으로 마을사업을 펼치고 있는 마을들에서는 이 교육에 참여자가 많은 것을 알 수 있다. 이러한 관 주도의 교육뿐만 아니라 주민의 필요에 의해서 자발적인 학습 참여로 스스로의 역량을 키워나가야 한다.

(6) 차별화된 프로그램

월선리예술인촌은 2003년부터 매년 '월선리 사람들'이라는 전시회를 목포문화예술회관에서 개최하고 있다. 마을을 벗어나 수요자를 찾아 나선 전시회를 계기로 짚공예, 삼보공예, 연만들기 등 재능을 가진 주민들의 외부 초대가 이루어져 농외소득을 올리는 돌파구가 마련되기도 했다.

송계마을은 마을 자체 홍보물과 리플렛을 제작하여 방문객, 관공서, 유관기관, 관광안내소 등에 배포하고, 인터넷 카페와 블로그를 통해 홍보하고 있다. 지속적인 도시방문객 유치를 위하여 '아름다운 어촌 100선 찾아가기' 기획투어 실시, 여행 동호회 까페나 블로그에 글 올리기, 회원들에게 전자메일 발송하기, 교육청과 초등학교와 연계하여 갯벌생태 체험학습장 운영, 기업 등 자매기관의 워크샵 및 단합대회 유치 등 다각적인 노력을 하고 있다. 체험객의 특성과 물때와 시기 등에 따라 맞춤형 체험프로그램을 준비하고, 주민을 교육시켜 직접 체험가이드를 하게하여 체험객을 밀착 지원하고 있다. 그 결과 방문객이 꾸준히 증가하고 있다.

어느 마을이나 똑같은 방식의 체험프로그램은 경쟁력이 없다. 철저하게 고객의 요구와 트랜드를 충족시킬 수 있는 차별화된 프로그램의 개발과 운영이 필요하다.

(7) 지속가능한 발전을 위한 노력

송계마을의 갯벌은 전체 갯벌을 3개의 구역으로 나누어 3년을 주기로 돌아가며 체험장으로 이용하고 있어 별도로 조개 종패 등을 뿌리지 않아도 자연적으로 갯벌의 자원이 유지된다. 또한, 일일 이용객의 최대인원을 제한하여 무분별한 자원의 훼손을 최소화 시키고 체험객의 만족도를 높이기 위해 노력하고 있다. 이를 통해 관광자원의 지속 가능한 이용을 가능하게 하고 있다.

오늘만을 생각하고 단기적인 이익에만 급급해서는 안된다. 미래를 멀리 볼 수 있는 긴 안목으로 자연과 인간이 함께 호흡하며 공존할 수 있는 지속가능성이 담보되어야 한다.

참고문헌

[1] 농림수산식품부, 지역경쟁력 강화를 위한 농어촌시스템 계획기법연구, 2009.
[2] 무안군, 무안 청계면소재지 종합정비사업 기본계획서, 2011.
[3] 무안군·한국농어촌공사, 무안군 월선권역 농촌마을 종합개발사업 기본계획서, 2005.
[4] 삼성경제연구소, 커뮤니티 비즈니스와 지역경제 활성화, 2009.
[5] 이해진, 농촌 정책 패러다임의 변화와 농촌지역 개발사업, 농촌사회 제19집 제1호, 2009.
[6] 환경부 자연보전국, 2005년도 자연환경보전업무 현황, 2005.
[7] 행정안전부, 도시종합개발사업 설명자료, 2008
[8] jeonnam.invil.org
[9] wellbeing.jeonnam.go.kr
[10] www.go2vil.org
[11] www.invil.org
[12] www.muanstay.com
[13] www2.rda.go.kr

무안사람들, 행복한 삶을 위한 여정

진 혜 경*

1. 복지에 대한 단상

요람에서 무덤까지 행복한 삶을 보장해주는 사회는 모두에게 이상적인 곳이다. 가난하고 병들고 선천적인 장애를 갖고 있거나 아니면 고향을 떠나 이국의 땅에 정착한 이들에게 절망과 고통의 땅이 아니라 보듬어 따스하게 안아주는 곳, 그 곳이 우리가 꿈꾸는 내 어머니 품과 같은 무안의 이상향일 것이다.

혹자는 복지란 경제적인 여유가 있을 때 생각할 수 있는 것으로 여긴다. 아마도 그렇게 생각하는 사람들에게는 나누어줄 수 있는 파이를 키우는 것이 최우선적인 과제가 될 것이다. 남는 것이 있어야 나눌 수 있다고 보기 때문이다. 또 어떤 사람들은 복지란 꼭 필요한 사람들에게 복지병을 유발하지 않는 한에서 최소한의 시혜로 제공되어야 한다고 보고 자산조사를 통해 대상자를 선별하는 데 집중한다.

그러나 전통적으로 우리나라 사람들은 복지병의 비난처럼 게으르고 나태한 개인적 특성 때문에 가난한 삶을 사는 것이 아니다. 새벽부터 밤늦게까지 노동을 하지만 가난에서 벗어나기 힘든 자본의 위력과 사회구조적인 문제가 더 큰 측면이 있다. 70년대 새마을운동의 메아리 속에서 자본이 확대되는 기저에는 정치적인 맥락이 있기에 성공 신화가 가능했던 부분도 있

---

* 사회복지학과 교수

다. 그러므로 과거부터 현재에 이르기까지 노동의 측면만 본다면 가난한 사람들이 게을러서 가난하다는 이야기는 설득력이 없다. 지금도 새벽부터 야간 대리운전까지 서너 가지의 일을 한다고 해도 뛰는 교육비와 나는 부동산을 따라가기에는 역부족이라는 것을 우리는 잘 알고 있다.

복지선진국의 역사를 살펴보면 복지가 확대되는 주요한 계기에는 개인의 노력으로 해결할 수 없는 사회전반의 위기를 보게 된다. 흑사병, 30년대 대공황, 70년대 오일 쇼크 등, 사회전반에 빈곤층이 확대되면서 국가와 사회의 책임을 강조하게 되고 이를 해결하기 위한 방안으로 복지정책이 수립되는 것이다. 경제적인 여유가 있어야 복지정책을 펼 수 있다는 논리는 그래서 맞지 않는다. 복지는 우선순위에 대한 합의, 가치와 철학의 문제이다. 최근에 전국적으로 논의되었던 무상급식의 예를 볼 때, 경제적 자립도가 낮은 지방 자치단체가 무상급식을 전면적으로 도입한 반면에, 오히려 재정 자립도가 높은 서울에서 반대 논의가 거센 사례에서 보듯이 복지는 경제적 여유의 문제가 아님을 알 수 있다.

복지는 인간의 존엄성을 지키기 위한, 인간으로서의 행복권을 보장하는 제도이지 온정주의에 의한 국가의 시혜가 아니다. 수급 대상, 복지 대상이기 이전에 우리의 어르신이고 우리의 자녀들이다. 나아가 우리도 복지에 대한 당당한 권리가 있고, 앞으로도 당연한 권리로 여겨질 때 비로소 복지사회에 들어서게 되는 것이다. 인천의 지역사회복지계획이 "당당하고 풍요로운 삶의 공동체"로 비전을 잡은 것은 이러한 맥락에서 출발한 것이라 본다.

본 글은 무안군에서 행복한 삶을 살아가기 위한 여정으로 복지 현황과 과제를 짚어보고자 하는 마음에서 시작하였다. 어쩌면 우리사회가 지금 안고 있는 모든 고민을 무안군을 중심으로 풀어나가는 것이라고도 볼 수 있다. 즉, 무안군을 중심으로 이야기하지만 지금 우리시대의 모든 지방자치단체가 갖고 있는 고민이라고 볼 수 있다. 줄고 있는 아이들, 다문화가정, 외국인 근로자, 농수축산물의 위기, 초고령사회 등. 그러나 모든 위기가 또 다른 발전의 기회가 되는 것처럼 사람이 사는 곳, 그리고 그 속에서 모두가 행복한 꿈의 땅이 될 수 있는 무안을 기대하며 본 글을 시작하고자 한다.

2. 무안군민의 사회복지 배경

1) 인구학적 특성

무안군에 사는 사람을 2011년 2월 기준으로 7만4천8백 여 명[1]이다. 이중 약 절반인 3만7천 여 명은 여성이다. 무안군의 내부자료[2]에 의하면 2010년도 한 해 동안 총 746명의 신생아가 출생하였으며, 등록된 외국인은 1,453명, 무안군 전체 31,572세대 중 다문화가정의 수는 335가구이고, 조손가정의 수는 79가구[3]인 것으로 파악되고 있다. 2008년 통계자료를 보면 이들 다문화가정의 자녀는 약 180여명인 것으로 조사되고, 2010년에 발간된 무안군 제2차 지역사회복지계획 자료에 의하면, 무안군에 거주하는 장애인의 수는 6천여 명, 모부자세대와 위탁보호아동 등의 저소득 요보호 가정은 283세대 570명, 국민기초생활보장 수급자는 1,959가구 3,259명이다.

전체 무안군 내의 주민대비 인구비율로 볼 때, 전체 주민의 1%에 해당하는 아이들이 출생하였으며, 2%의 주민이 등록된 외국인이며, 전체가구 중 1%가 다문화가구이고 0.2%는 조손가정인 것을 보여준다. 또한 주민의 8.3%가 장애인이며, 0.9%가 모부자가정 등 저소득 요보호가정이고, 전체가구의 6.2%가 국민기초생활보장 수급가구로 인구 대비 수급율은 4.5%이다. 이와 같은 수치를 전국분포와 비교[4]해보면 2010년 출생아 비율(0.9%), 등

---

[1] 무안군 홈페이지 인구현황 http://www.muan.go.kr
[2] 2011년 4월 목포대학교 산학협력단의 공문 요청을 통한 무안군 정보제공 자료. 2010년 12월말기준
[3] 사회복지서비스를 받으며 관리되고 있는 저소득층 조손가정을 말한다.
[4] 통계청의 2010 한국통계연감과 2010 한국의 사회지표 자료 참고.

록된 외국인 비율(1.9%)보다 약간 높은 편이고, 다문화가구(0.6%)보다는 두 배 가까운 비율이다. 또한 장애인 수는 전국 평균 2.1%의 비율보다 4배에 가깝고 국민기초생활보장수급율 3.2%보다 높다. 이와 같은 결과에서 무안군은 낮은 재정 자립도에 비해 사회복지서비스 대상의 비율은 전국 평균에 비해 높고 특히 국민기초생활수급율, 다문화가구의 비율과 장애인 비율이 높은 것을 알 수 있다.

연령별5)로 살펴보면, 전체적인 구성은 전라남도의 인구분포와 거의 유사한 형태를 보이고 있으나 영유아구성이나 20대의 인구구성은 전라남도 전체보다는 조금 더 많다.

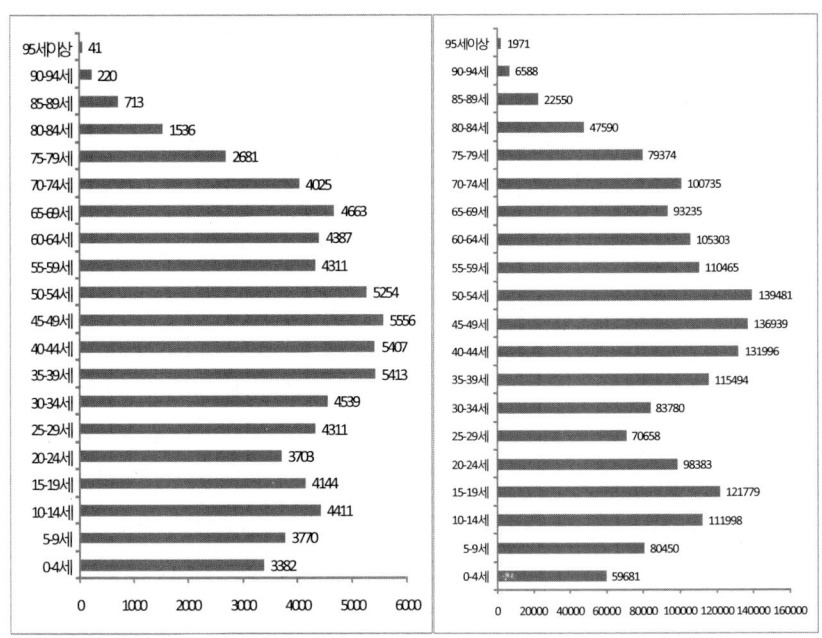

〈그림 1〉 무안군인구분포(2009년 통계기초)와 전라남도 인구분포

---

5) 무안군 홈페이지 통계연보 자료는 연령별자료가 2009년자료를 기준으로 제시되어 있음.

무안군민 중 가장 많은 연령은 35에서 55세 사이의 인구로 21,630명이며 전체 군민의 약 30%를 차지한다. 24세 이하의 아동·청소년인구는 19,410명으로 무안인구의 1/4이 넘는 26%를 차지하고, 영유아, 학령기아동청소년, 청년으로 세분화한다면 각각 대체로 무안인구의 6-7%인구를 차지하고 있음을 알 수 있다.

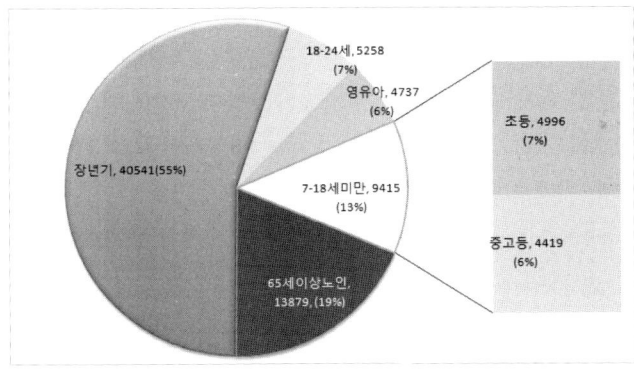

〈그림 2〉 무안군 인구분포 (2009년도 통계연보 기준)

또한 65세 이상 노인인구는 13,879명으로 약 1/5인 19%를 차지하고 있다. 이러한 비율은 2010년 우리나라 전체적으로는 노인인구가 11%인데 비해서는 매우 높은 수치이나 단순히 수치만 보았을 때는 무안군이 초고령사회에는 미치는 않는 고령사회에 진입해있음을 보여주는 것으로 생각할 수 있다[6]. 그러나 이와 같은 무안군 전체적인 통계치를 다시 지역별로 살펴볼 필요가 있는데 그것은 무안군 내에서도 지역적인 편차가 크기 때문이다. 무안군의 특성상 신도시 남악지구와 다른 읍면과의 차이, 또한 도시화된 곳과 전형적인 농어촌인 지역간 차이가 있다. 읍과 면의 차이는 마치 도시와 농

---

6) UN에서 정한 기준으로 65세 이상 인구가 총인구의 7% 이상일 때 고령화사회(Ageing Society), 14%이상이면 고령사회(Aged Society), 20%이상이면 후기고령사회(post-aged society) 혹은 초고령사회라 한다.

촌의 그것처럼 큰 차이를 보이며 또한 같은 면이라 하더라도 면사무소 소재지와 그렇지 않은 곳의 차이는 매우 크다.

2) 읍면별 사회복지서비스 대상군의 지역적 특성[7]

사회복지서비스 대상군의 인구학적 특성을 무안군 내의 읍면별로 재분석해보면 그 차이를 다양한 지표들로부터 확인해볼 수 있다. 즉, 남악신도시의 인구유입 효과를 제외하고 읍면의 상황을 분석해보면 읍면에 따라 아동인구, 노인인구, 요보호가정의 수에 큰 차이가 있음을 알 수 있다. 2010년 한 해동안 무안군민의 1%에 해당하는 746명이 출생하였지만, 이 중 445명이 삼향읍에서 출생하여 이를 제외한 대부분의 읍면에서는 주민대비 출생아 비율은 0.4% ~ 0.7%의 수준에 불과하다. 가장 출생아 비율이 낮은 곳은 몽탄면으로 3,995명의 주민 중 출생아는 15명에 불과했다. 마찬가지로 18세 미만 아동의 인구를 읍면별로 볼 때, 삼향읍의 경우는 30%에 육박하고 있는 반면에 대부분의 읍면은 15% 내외인 것으로 나타났다.

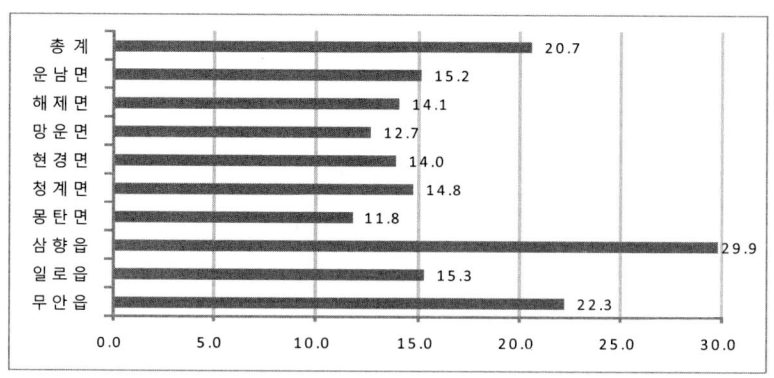

〈그림 3〉 읍면별 주민대비 18세 미만 아동인구비율(%)

---

[7] 국민기초생활수급자의 수는 2009년말 기준 자료이며, 이외의 자료는 2010년말 기준 자료이다.

또한 앞에서 무안군 전체로는 65세이상 노인인구 비율이 "초고령사회"에 못미치는 19%로 나타나지만, 읍면의 현황을 보면, "고령화사회" 단계인 삼향읍과 "고령사회" 단계인 무안읍을 제외한 7개 읍면이 모두 "초고령사회"에 들어서 있으며, 몽탄면의 경우는 인구의 1/3이상이 노인인구인 점을 볼 수 있다. 이는 특히 출생이나 아동인구를 고려해볼 때 향후 전망을 더 어둡게 하는 부분이다. 즉, 삼향읍에 거주하는 주민인구 대비 출생이나 아동비율이 군 내 최고인 반면에, 몽탄면은 최저이기 때문에 이와 같은 차이는 지속적으로 더 크게 나타날 것임을 예측할 수 있다.

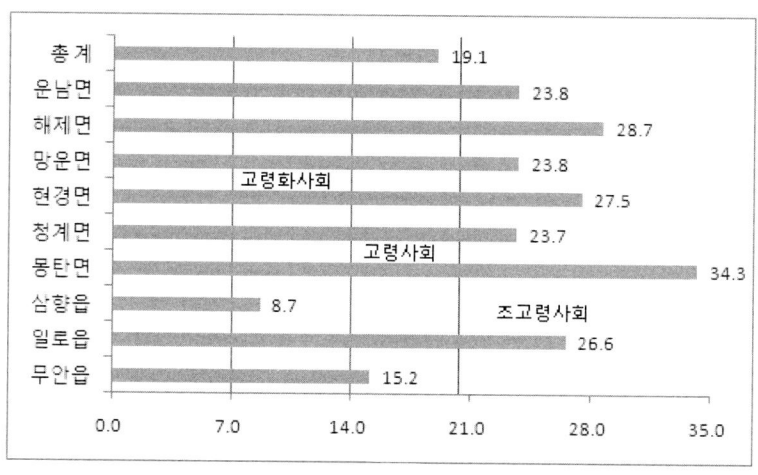

〈그림 4〉 읍면별 주민대비 65세 이상 노인인구 비율(%)

요보호가정의 특성을 보면 국민기초생활수급자의 경우 읍면별 주민 대비 비율은 현경면(7.7%)과 몽탄면(6.7%)이 가장 컸으며, 삼향읍이 가장 낮은 2.4%로 지역간 격차가 최대 3배 이상 차이가 나는 것으로 나타났다.

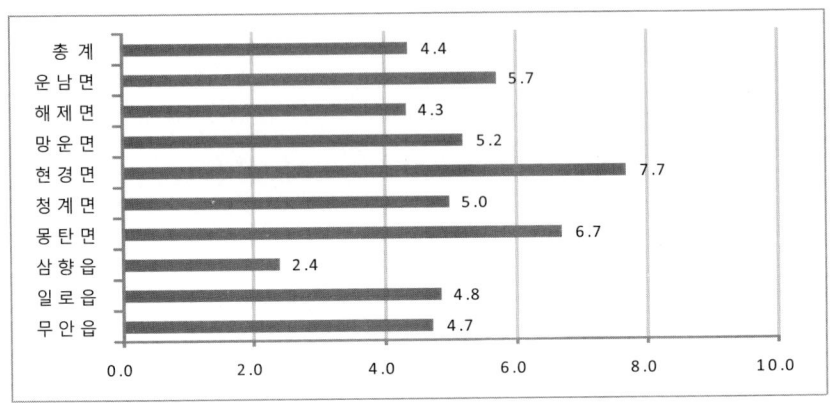

〈그림 5〉 읍면별 주민대비 국민기초생활수급자 비율(%)

이 밖에 조손가정의 경우 수적으로는 무안읍과 현경면이 많으나 거주하는 주민 대비 비율은 삼향읍이 극히 낮은 점 이외에 대부분의 지역이 0.1-0.2%로 큰 차이가 없었다. 또한 등록된 외국인의 비율은 청계면이 가장 높아서 면의 주민 7,570명 중 8.1%인 610명이 거주하고 있었다. 이는 농공단지 영향인 것으로 청계면과 인접한 무안읍, 삼향읍의 외국인의 수가 다른 읍면보다 많았다. 다문화가정은 수적으로는 삼향읍이 가장 많으나 주민대비 비율은 가장 낮은 0.2%에 불과하였으며 오히려 주민 대비 비율은 운남면(0.8%)과 일로읍(0.7%), 청계면(0.6%)이 상대적으로 높았다. 무안군 내의 다문화가정의 국적별 배경으로는 베트남출신(31.9%)이 가장 많고, 다음이 필리핀(23.0%)과 중국(21.2%)인 것으로 조사되고 있다.

〈표 1〉 다문화가정의 국적별 배경

(2010년말 기준)

	중국	일본	필리핀	태국	베트남	캄보디아	몽골	기타	계
명수	71	45	77	7	107	19	3	6	335
백분율	21.2	13.4	23.0	2.1	31.9	5.7	0.9	1.8	100.0

이와 같이 읍면별로 살펴볼 때, 출생아, 아동인구, 노인인구의 비율과 요보호가정에서 읍면별로 삼향읍과 이외의 읍면 사이에서 큰 차이가 있음을 볼 수 있다. 즉, 삼향읍은 출생아의 비율이 무안군 내의 다른 읍면에 비해 최대 4.5배 많았고, 아동인구의 비율은 최대 2.4배 많은 반면에 노인인구 비율은 1/4에 불과하였고 가장 적은 기초생활수급자 분포를 보이고 있다. 반면에 몽탄면은 상대적으로 면 내의 인구 대비 가장 낮은 출생아, 가장 낮은 아동 인구, 가장 높은 노인 인구 비율을 보이고 있으며 기초생활수급자수에서도 상당이 높은 비율을 갖고 있다.

〈표 2〉 읍면별 사회복지서비스 주요 대상 인구수

(명, 괄호 안은 주민대비 비율%)

	전체인구	출생아	0-18세 아동인구	65세이상 노인인구	조손 가정	국민기초생활 수급자수	등록외국 인수	다문화 가정
무안읍	10,759	77(0.7)	2,399(22.3)	1,640(15.2)	20	509(4.7)	387(3.6)	59
일로읍	8,024	55(0.7)	1,231(15.3)	2,131(26.6)	8	389(4.8)	90(1.1)	55
삼향읍	25,020	445(1.8)	7,472(29.9)	2,184(8.7)	7	603(2.4)	107(0.4)	62
몽탄면	3,995	15(0.4)	472(11.8)	1,370(34.3)	7	268(6.7)	29(0.7)	17
청계면	7,570	52(0.7)	1,123(14.8)	1,795(23.7)	7	377(5.0)	610(8.1)	42
현경면	6,195	36(0.6)	866(14.0)	1,703(27.5)	12	477(7.7)	94(1.5)	32
망운면	2,650	15(0.6)	336(12.7)	632(23.8)	3	138(5.2)	10(0.4)	9
해제면	6,386	29(0.5)	900(14.1)	1,832(28.7)	9	277(4.3)	42(0.7)	27
운남면	3,876	22(0.6)	588(15.2)	921(23.8)	6	221(5.7)	84(2.2)	32
총 계	74,475	746(1.0)	15,387(20.7)	14,208(19.1)	79	3259(4.4)	1,453(2.0)	335

3) 읍면별 사회복지서비스 자원의 지역적 특성[8]

일반 주민들이 이용할 수 있는 문화적인 지역사회자원을 읍면별로 살펴보면, 무안읍은 무안군 내의 넓은 지역에서 접근성이 용이하며 버스터미널이 있어 타지로 나가는 교통요지이기 때문에 가장 많은 자원이 밀집되어 있다. 특히 불무지공원과 인접하여 주민들의 휴식처나 다양한 문화서비스를 이용하기에 적절한 구조를 갖고 있다. 또한 최근 남악신도시의 건설로 전남도청의 전시관과 여성플라자 내의 전라남도 청소년종합지원센터 등 삼향읍의 자원이 점차 늘고 있는 추세이다.

이 밖에 무안군 내에는 초당대학교, 목포대학교, 한국폴리텍대학이 있어 대학자원이 지역주민들에게 충분히 활용될 수 있는 여건을 갖추고 있다. 무안군 내에 2개의 공공도서관 외에도 작은 도서관이 8개가 운영되고 있다. 그러나 인구가 적고 접근성이 다소 떨어지는 망운면과 몽탄면에는 이용할 수 있는 자원이 거의 전무한 편이기 때문에 공공기관이나 기존의 시설을 적극적으로 활용하며 이동 순회서비스가 강화될 필요가 있을 것으로 보인다.

사회복지서비스 자원의 경우도 이와 유사한 편으로 삼향읍과 무안읍에 서비스 자원이 집중되어 있는 편이다. 그러나 지역아동센터와 경로당, 보건소나 지소 혹은 진료소, 초등학교의 경우는 모든 읍면에 1개 이상 존재하고 있고, 특히 경로당의 경우는 비교적 잘 갖추어져 있음을 볼 수 있다. 따라서 사회복지서비스 자원이 부족한 면단위에서는 이와 같은 시설을 활용한 서비스 제공이 효과적일 것으로 여겨진다.

---

[8] 장기요양서비스기관은 장기요양 등급판정위원회 내부 회의자료를 기초로 작성되었으며, 기타 지역사회 서비스기관 현황은 2011.4. 목포대학교 산학협력단 정보요청 공문에 의한 무안군 자료로 2010년 12월말 기준임.

무안사람들, 행복한 삶을 위한 여정 145

<표 3> 읍면별 사회복지서비스 자원분포

	인구 2010년	보육시설	지역아동센터	요양기관	경로당	보건(지)소 진료소	초(분교)	중	고	문화복지시설, 도서관
무안읍	10,759	11	4	14	41	1	1	2	2	승달문화예술회관, 무안군군립국악원 노인복지회관, 무안군공공도서관, 장애인종합복지관, 무안여성상담센터, 무안군자원봉사센터, 다문화가족지원센터, 초당대학교 도서관, 꿈이있는문고
일로읍	8,024	2	2	5	59	3	2(1)	1	1	종합사회복지관
삼향읍	25,020	27	3	7	43	2	4	1	2	오승우미술관, 남악마루(관광), 전라남도청소년종합지원센터, 전남문화예술교육지원센터, 덕치도서관, 백향목문고, 아낌없이주는나무작은도서관
몽탄면	3,995	0	1	1	47	3	1	1		-
청계면	7,570	6	2	4	37	2	3	1		목포대학교 중앙도서관, 목포대학교 박물관, 한국폴리텍5대학 도서관
현경면	6,195	1	1	1	49	2	2(1)	1		스포츠파크
망운면	2,650	1		2	21	2	1			-
해제면	6,386	3	1	4	58	4	2	1	1	해제무안군공공도서관, 무안생태갯벌센터 학송문고
운남면	3,876	2	1	3	30	2	1	1		운남에덴문고, 제일도서관, 염광교회작은도서관
총계	74,475	53	15	41	385	21	17	9	7	28

3. 무안군민의 복지의식

무안군은 1차 지역사회복지계획(2007~2010)와 2차 지역사회복지계획(2011~2014)을 수립하여 시행하고 있다. 지역사회복지계획은 2003년 사회복지사업법 개정에 따라 2005년부터 기초 자치단체에 지역복지협의체를 구성·운영하며, 지역사회 중심의 사회복지실천을 위하여 수립된 복지계획을 말한다. 이는 자치 시·군에 따라 주민의 욕구나 자원, 환경 요건이 다른 점을 감안하여 중앙정부 중심이 아닌 지방정부가 국고부담 사업 이외의 주민의 욕구에 부응하는 차별화된 고유사업을 개발하고 시행하도록 독려하기 위한 것이다. 이에 따라 대부분의 지방자치단체가 2006년에 주민의 욕구조사와 자원조사, 지역복지협의체 심의를 거쳐 지역사회복지계획을 수립하였으며 2011년도에는 2차 지역사회복지계획이 마련되어 있다.

마찬가지로 무안군의 지역사회복지계획을 수립하기 위하여 주민들의 욕구조사가 2회에 걸쳐 이루어졌으며[9], 이에 대한 2차 분석을 통해 무안군민들의 복지의식을 살펴보고자 한다. 이를 통해 무안군민들의 전반적인 의식을 찾아볼 수 있을 뿐만 아니라 2006년과 2010년의 동일한 문항에 대한 의식의 변화 또한 살펴볼 수 있을 것이다.

또한 두 조사에서 미흡한 부분에 대하여 3번의 초점집단 인터뷰와 이메일 인터뷰, 무안군 내 주요 복지서비스 기관의 전화 조사, 무안군민 인터뷰 조사를 병행하여 이를 보완하고자 하였다. 주요 질문 내용은 무안군의 사회복지정책과 서비스 기관에 대한 인지여부와 주로 잘 이용하는 지역 내 장소 등이었다.

---

9) 두 조사의 설문지 문항은 거의 동일하나 1차 조사의 경우에는 전문가집단에 대한 설문조사가 별도로 진행된데 비해 2차 조사에서는 이 부분이 생략되어있다. 또한 일반주민의 경우 2006년의 조사에서는 응답자가 205명이고 응답자의 66.5%가 남성으로 다소 성별분포로는 불균형이 보였다. 이에 비해 2010년에는 성별 불균형은 다소 개선된 점은 있으나 응답자는 122명으로 표본수가 1차에 비해 오히려 40%가 감소하여 상대적으로 대표성이 떨어지는 아쉬움이 있다. 일반주민 외에 복지대상자별로의 욕구조사에서도 1차조사에 비해 2차조사의 표본수가 적은 문제점이 있다. 또한 1차 조사의 응답자들은 2차 조사의 응답자보다 연령이 더 높고 대졸이상 학력자가 더 많으며 1000만원 미만의 가구소득자의 비율이 더 많았다. 따라서 이후의 해석에는 이와 같은 응답자 배경의 차이가 있음을 고려하여야 할 것이다.

1) 무안군의 생활 만족 및 개인 문제의 심각성

먼저 무안군 주민들이 무안군 복지향상 노력여부에 대한 응답 비율은 1차 조사의 경우 그렇다와 매우 그렇다가 42.8%로 나타난 반면에, 2차 조사 결과에서는 46%로 2006년에 비해 2010년의 조사에서 주민들의 인식이 다소 긍정적으로 변화되었음을 알 수 있다. 인터뷰와 조사결과에서 대부분의 응답자들은 무안군의 사회복지 향상 노력에 대하여 "노인천국"이나 노인복지에 대한 정책에 대한 인지도나 만족도가 높은 것으로 나타났다.

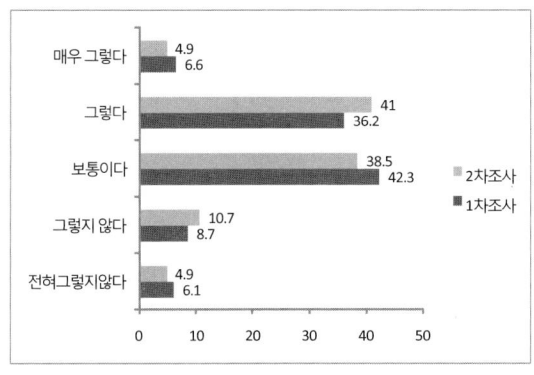

〈그림 6〉 무안군의 복지향상 노력 여부

반면에 노인복지 이외의 정책에 대해서는 대부분은 잘 모르는 것으로 조사되었고 무안군의 생활환경에 대해서는 대부분 부정적인 견해를 보였다. 즉, 무안군이 살기 좋은가라는 질문에 대해 1차 조사에서는 43.4%가 살기 좋다고 응답한 반면에 2차 조사에서는 32.5%에 불과하여, 환경에 대한 만족은 떨어진 것으로 나타났다.

무안군민들의 개인생활 문제[10]는 전반적으로 2차 조사에서 이전보다 나아진 것으로 조사되었으나 유일하게 자녀교육비(3.14)가 이전보다 심각한

---

10) 5점 척도의 질문으로 1은 전혀 아니다, 2는 아니다, 3은 보통, 4는 그렇다, 5는 매우 그렇다로 숫자가 클수록 문제가 심각한 것을 나타낸다.

148 제2부

문제로 대두된 것으로 나타났다. 이는 최근의 영어교육강화와 전국단위의 일제고사 등으로 학력이 강화되는 분위기 속에서 교육의 문제가 심각한 것을 보여준다.

개인 생활의 불편한 부분이 무엇인가에 대해서는 두 번의 조사결과 모두 문화시설의 부족(3.17)과 생활편의시설 부족(3.07), 체육시설의 부족(3.03)이 가장 크게 불편한 것으로 나타났다. 인터뷰 등의 조사결과에서 대부분의 응답자들이 꼽는 무안군의 문화시설은 불무지공원, 물맞이공원, 승달문화예술회관, 초당대학교 등이었다. 또한 무안읍, 청계면, 일로읍, 남악읍의 거주하는 경우 대체로 무안보다는 목포권의 문화시설을 이용하는 것으로 나타났으며 젊은 층에서는 대표적으로 영화관이 없다는 점을 아쉬운 점으로 들었다. 일부의 경우는 무안읍의 롯데리아와 공원 주변의 커피숍이 문화장소로 들기도 하였다.

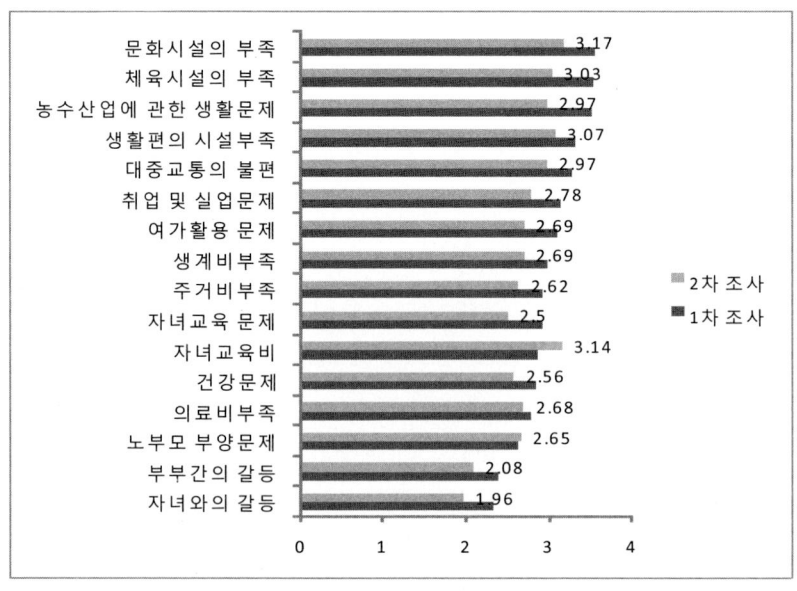

〈그림 7〉 개인생활불편의 심각성 정도[11]

무안군이 갖고 있는 지역사회의 문제에 대해서는 두 번의 조사 모두 일자리부족, 문화공간부족, 노인문제, 이농현상을 심각하게 인식하고 있는 것으로 조사되었다. 일자리부족에 대한 응답은 특히 노인, 여성, 저소득층에서 두드러지게 높았으며, 문화공간부족은 여성과 아동청소년층에서 높게 지적되었다.

이 밖에 지역개발문제는 1차조사에 비해 2차조사에서는 다소 심각하게 여기는 정도가 낮아졌으나 노인, 저소득층, 아동청소년은 이를 심각한 문제로 인식하고 있는 것으로 나타났다. 또한 보건의료는 문제는 장애인과 노인층에서, 교통문제는 노인층과 청소년층에서 심각하게 여기고 있었으며, 청소년문제는 저소득층과 여성이 심각한 문제로 여기고 있었다. 이와 같은 조사결과는 일반적인 문제 영역 이외에 각 대상층별로 상이한 욕구나 문제의식이 있으며 이를 충족시키기 위한 복지정책이 차별화되어야 할 필요성이 있음을 보여준다.

〈표 4〉 지역사회 문제에 대한 심각한 정도

	1차조사	2차조사	저소득층	노인	장애인	아동청소년	여성[12]
일자리부족	3.81	3.66	3.73	3.68	3.50	2.76	3.61
문화공간부족	3.61	3.49	3.65	3.53	3.31	2.78	3.58
노인문제	3.57	3.37	3.98	3.50	3.50	2.48	3.48
이농현상	3.57	3.40	3.31	3.33	3.21	2.56	3.27
비고*	지역개발 (3.61) 농어수산업 문제(3.57)	지역개발 (3.29) 농어수산업 문제(3.16)	지역개발 (3.87) 청소년문제 (3.48)	교통문제 (3.48) 보건의료문제 (3.47) 농어수산업 문제(3.47)	장애인문제 (3.71) 보건의료 문제(3.63)	지역개발 (2.77) 교통문제 (2.72)	미취학아동 보육문제 (3.42) 청소년문제 (3.47)
응답자수	203	122	72	86	141	87	64

11) 숫자는 2차 조사 결과로 1점은 전혀 심각하지 않음이며 5점은 매우 심각한 정도를 표시한다. 그래프의 순서는 1차 결과에서 심각한 정도의 순서이다.

2) 저소득층의 복지욕구

대상별로 복지욕구를 살펴보면, 저소득층 주민들이 가장 필요로 하는 복지서비스는 5점 척도에서 1차 조사에서는 주간보호(3.45)와 단기보호(3.45)가 가장 높았으며, 식사준비 및 밑반찬제공(3.43), 방과후 학습지원(3.43)이 다음으로 높았다. 반면에 2차 조사에서는 방과후 학습지원(3.47)이 식사준비 및 밑반찬 제공(3.29)이나 주간보호(2.73), 단기보호(2.84)보다 높았다.

이는 2008년부터 장기요양보험제도가 시행되면서 보호서비스에 대한 욕구는 어느 정도 충족되고 있기 때문인 것으로 추측되며 앞에서 살펴본 것처럼 자녀교육비의 문제가 전반적으로 심각한 것과 관련된 것으로 보인다. 특히 자녀교육비의 상승과 함께 저소득층 주민들에게 자녀의 방과후 학습지원 욕구가 가장 큰 욕구라는 점에서 이에 대한 대책이 시급한 것을 알 수 있다.

또한 정부 지원 항목 중에서 가장 우선적으로 시행해야할 사항을 묻는 질문에서는 저소득층과 일반주민들의 인식이 다소 차이가 있었는데 일반주민들은 저소득층을 위한 직업훈련이나 자녀교육비 지원이 가장 우선되어야 한다는 인식이 많았다. 반면에 저소득층은 생계비지원과 일자리 알선에 대한 욕구가 큰 것으로 나타났다. 이는 일반 주민들이 생각하는 것처럼 직업훈련보다는 직접적으로 일자리 제공이 저소득층에게는 더 중요하며, 자녀교육비라는 특정 항목보다 현실적인 수준의 생계비 지원안에서 자녀교육이 다루어질 수 있는 것으로 추측해볼 수 있다. 이는 최근의 경향이 교육과 훈련의 부족이라기 보다는 일자리 자체가 줄어들어 대학을 나온 상당수의 청년실업자들의 사회문제에서도 볼 수 있는 현상으로 특히 저소득층에게 이에 대한 욕구가 큰 것을 볼 수 있다.

---

12) 2차 조사에서 여성대상 설문지는 다른 대상 설문지와 반대로 점수가 낮을수록 문제가 심각한 것으로 되어 있어 역으로 산출함.

3) 노인의 복지욕구

노인복지프로그램에 대한 욕구조사에서 1차 조사 결과에서는 의료비지원(4.15)＞ 생활비지원(4.05)＞ 노인복지시설확충(3.88)이 높게 나타났으며, 2차 조사 결과에서는 생활비지원(3.85), 노인복지시설확충(3.85)＞ 의료비지원(3.84)의 순으로 나타났다. 따라서 무안군 노인층에서는 생활비와 의료비, 노인복지시설확충에 대한 욕구가 가장 높은 것을 볼 수 있다.

또한 이와 마찬가지로 노인을 위한 중요사업에 대한 질문에서도 노인의 경제적 생활안정과 의료·건강보호를 가장 높게 1차와 2차 조사결과 모두 나타났다. 노인층은 일반주민들이 생각하는 것보다 훨씬 더 경제적 생활안정에 대한 욕구가 큰 것으로 나타난 반면에 2차 조사결과에서 보면 의료건강보호나 시설확충에 대한 욕구는 주민들의 생각보다 낮았다. 이는 이에 대한 욕구가 어느 정도 해결되고 있기 때문으로 보이며, 2차 조사에서 노인층의 설문지는 일자리제공 항목이 추가되었는데 이에 대한 응답이 높게 나타났다. 이는 노인의 경제적 생활안정과 관련된 것으로 보인다.

이밖에 경로당이나 마을회관 이용율에서 75%가 이용하고 있다고 응답한데 비해, 2차조사에서는 응답자의 93.9%가 이용하는 것으로 조사되었는데 이는 두가지 해석이 모두 가능할 것 같다. 즉, 순수하게 지난 4년간 노인층이 경로당이나 마을회관의 이용율이 크게 상승하였다는 해석과 다른 한 가지는 표집과정에서의 대표성이 떨어질 수 있는 점이다. 노인층의 설문조사를 경로당을 중심으로 실시하였다면 이용율이 높게 나타날 것이다.

그러나 면접조사 결과에서 경로당이나 마을회관에 노인층의 이용율은 상당히 높은 것으로 나타나 이에 대한 중요성이 높은 것에 대해서는 어느 정도 합의될 수 있다고 본다. 또한 이런 시설의 장점으로 50%에 가까운 응답이 친구를 사귈 수 있다고 응답을 하였고 1차조사결과에 비해 2차 결과에서 취미생활을 할 수 있다는 응답이 4.2%에서 19.0%로 상승하여 이전의 주로 식사를 해결하는 단순한 차원에서 취미생활에 대한 프로그램이 진행되고 있음을 볼 수 있다. 그러나 시설이용의 가장 큰 불편사항은 즐길 거리가 없다(38.6%)로 나타나 다양한 프로그램의 개발이 여전히 중요함을 볼 수 있다.

4) 아동 및 청소년 욕구

무안군 아동 및 청소년의 욕구에 대하여 10세에서 19세 아동청소년을 대상으로 1차조사에서는 96명, 2차 조사에서는 87명에 대하여 설문조사를 한 결과를 재분석하였다. 아동청소년의 문제사항에 대한 질문에서 1차와 2차 조사결과 모두 성적 문제가 가장 높은 것으로 나타났다. 이 밖에 1차 조사에서는 진학문제가 상대적으로 높았던 반면에 2차 조사에서는 성격문제가 상대적으로 높게 나왔으며, 경제적 어려움이 1차조사에 비해 높게 나타났다.

아동(초등학생)의 욕구조사 결과에서는 두 조사결과 모두 문화생활 및 놀이시설에 대한 욕구가 가장 큰 것으로 나타났다. 공부방 및 독서실에 대한 욕구는 다소 줄어든 반면에 방과후 아동보호시설과 사회교육시설, 스포츠 센터에 대한 욕구는 크게 증가한 변화를 볼 수 있다. 또한 무안군 아동에게 필요한 사항에 대하여 아동과 주민의 응답에 다소 차이가 있었는데, 특히 2차 조사에서 주민들은 방과후 아동보호 시설과 사회교육시설 확충이 아동에게 가장 필요하다고 응답한 반면에, 아동은 문화생활 및 놀이시설과 방과후 아동보호시설, 공부방 및 독서실, 체력증진을 위한 스포츠 센터에 대한 욕구가 큰 것으로 나타났다.

중고생 등 청소년의 욕구 조사결과에서도 마찬가지로 문화, 여가활동을 위한 시설확충이 가장 큰 욕구로 조사되었다. 이 밖에 청소년 교육환경 개선에 대한 욕구는 다소 감소된 반면에 청소년을 위한 프로그램 개발과 비행 및 범죄예방에 대한 욕구는 큰 폭으로 증가한 것을 볼 수 있다.

또한 주민들은 청소년들을 위한 프로그램의 개발이 가장 필요하다고 응답한 반면에 청소년들은 문화 및 여가활동을 위한 시설 확충을 가장 바라는 것으로 나타났다. 2차 조사결과에서 무안군 청소년의 대부분(33.8%)은 여가시간을 집에서 보내며 여가생활의 가장 큰 장애요인은 마땅히 할 게 없거나(27.3%), 시간부족(14.3%)과 비용부족(14.3%)으로 나타났다. 이와 같은 결과는 면접조사에서도 나타났는데 무안군 내에 청소년들이 갈 곳이 없다는 응답이 매우 높았다. 무안군의 공공도서관은 청소년들의 이용시간과 맞지 않았고, 영화 등 문화생활을 할 수 있는 곳으로는 무안군 내에 없기 때문에 목포에 있는 영화관을 이용한다는 응답이 높았다. 무엇보다 무안군의 사회복지에 대해서 대부분의 면접조사에서 응답자들은 아동청소년복지가 취약하고 무안군의 사회복지는 노인복지에 치중되어있다고 응답하였다.

5) 장애인의 욕구

장애인 욕구조사에서는 1차 조사에서는 105명, 2차 141명을 대상으로 조사하였다. 조사결과에서 장애인복지에 대한 욕구는 5점 척도에서 대부분 보통 이상으로 필요한 것으로 응답하였으며 장애인에 대인 인식개선과 의료서비스 확대, 의료비 지원과 생계비 지원에 대한 욕구가 높게 나타났다. 또한 세금혜택에 대한 욕구는 증가한 반면에 여가서비스 지원에 대한 욕구는 소폭으로 감소한 것을 볼 수 있다.

이러한 응답은 장애인복지의 최우선 사업에 대한 응답에서도 비슷한 경향을 볼 수 있다. 즉, 장애인 물리치료 확대와 편의시설확대, 장애인 취업대책과 장애수당에 대한 확대가 1차 조사와 2차 조사결과 모두 시급한 것으로 응답하였다. 주민과 장애인의 응답에는 다소 차이가 나타났는데 주민들은 장애인편의시설 확대(28.0%)가 가장 필요한 것으로 인식하고 있는데 비해 장애인들은 장애수당 확대지원(20.9%)과 물리치료 확대 등(18.7%)을 가장 필요로 하는 것으로 나타났다. 따라서 장애인들은 오히려 현실적인 수당과 의료지원, 취업에 대한 욕구를 더 필요로 하고 있음을 알 수 있다.

6) 여성 욕구

1차 조사에서는 여성 112명을 대상으로, 2차 조사에서는 64명을 대상으로 설문조사가 이루어졌다. 조사결과 여성을 위한 시설 및 서비스 사항에 대해 여성 기술교육 및 직업 훈련에 대한 욕구가 가장 높은 것으로 나타났으며, 이 밖에 상담소와 취업정보제공 및 취업 알선에 대한 욕구가 큰 것으로 조사되었다. 1차 조사결과에서 상대적으로 높았던 농어촌여성 종합지원센터의 욕구는 다소 감소한 것으로 나타났다.

이와 관련된 여가프로그램에 대한 욕구조사에서는 1차 조사결과에서는 건강관리> 자녀상담 및 부모상담> 컴퓨터의 순으로 나타났으며, 2차 조사결과에서는 컴퓨터> 자녀상담 및 부모 상담> 건강관리의 순으로 나타났다. 이를 통해 여성들이 원하는 기술교육이나 직업 훈련은 컴퓨터교육을 원하며, 가족문제 상담이나 성폭력 상담 등과 같은 상담소에 대한 욕구가 큰 것을 알 수 있다.

이 밖에 여성의 사회생활에 가장 큰 장애는 1차와 2차조사결과 모두 육아양육문제로 나타났으며, 일자리를 지원하는 데 가장 필요한 것은 일자리 알선 및 정보제공>미취학 및 초등저학년 방과후 보육시설>직업훈련 및 기술교육으로 나타났다. 따라서 여성들에게 취업의 욕구가 크고 이를 지원하는 데 방과후 보육시설 등의 확충이 필요한 것을 볼 수 있다.

7) 국제결혼가정 욕구

국제결혼가정의 응답자 구성은 1차 조사에서는 필리핀계가 23명으로 전체의 41%였으며 일본이 17명으로 전체 56명 중 30.4%를 차지하였고 그 외 중국, 베트남 등이 있었다. 이들 중 읍 단위 지역이 22.2%, 면단위가 77.8%였으며 60.8%가 만 5년에서 10년이하의 무안군 거주 기간을 갖고 있었으며 4년이하가 39.2%였다. 2차 조사에서는 응답자가 23명으로 조사 표본이 작아 대표성은 다소 떨어지며 베트남계가 12명(52.2%)으로 가장 많았고 필리핀계가 3명(13.1%), 중국계가 2명(8.7%)였다. 거주지는 읍과 면에 대략 절반씩 거주하며 47.1%가 5년이상 거주자였다.

국제결혼가정을 위한 필요 시설 및 서비스는 한국어교육과 기타 교육프로그램에 대한 욕구가 가장 컸다. 가정의 애로사항에서는 언어 및 문화적 차이에 대한 어려움이 가장 컸고 경제문제와 보육 및 부양문제에 대한 어려움이 있는 것으로 조사되었다. 반면에 여성긴급전화 1366에 대해 들어본 적은 있으나(55.6%), 여성상담이나 외국인 여성 성폭행을 위해 통역원이 있다는 사실에 대해서는 1명만 알고 있다고 응답하였다.

현재 무안군의 사회복지정책은 국제결혼가정에 대해서는 여성, 다문화정책에서 다루어지고 있으나 외국인 노동자에 대한 복지욕구는 조사자체가 이루어지지 않은 점을 볼 수 있다. 무안군 내의 결혼이주 여성이 335명이나 이보다 훨씬 많은 1,453명의 외국인이 거주하고 있음을 고려해 본다면 다문화정책이 지극히 편향적임을 알 수 있다. 사회통합과 거주민에 대한 복지의 측면에서 보다 포괄적인 정책이 필요할 것으로 여겨진다.

4. 사회복지정책

2011년의 무안군의 사회복지 관련 예산은 498억 372만 여 원이다. 이중 전체의 41%가 노인복지관련 예산으로 책정되어 있으며, 저소득층 생활보장이 21.4%, 아동보육 및 아동시설 지원이 19.1%를 차지하고 있다. 사회복지 관련 예산 중 노인복지와 아동보육료 지원 등의 아동복지 예산을 제외하면 장애인복지 예산은 5.3%에 불과하며, 여성복지와 청소년복지 예산은 각각 1.9%와 1.1%로 가장 낮은 것을 볼 수 있다.

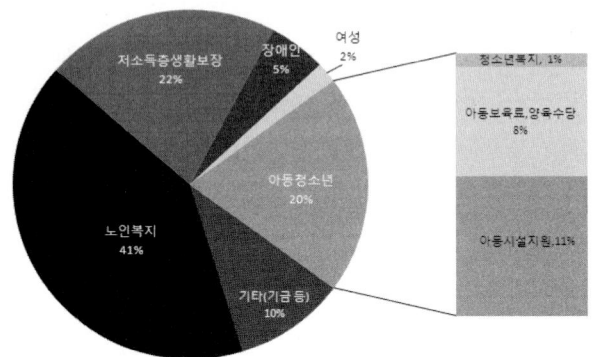

〈그림 8〉 무안군 2011년도 대상별 사회복지예산분포

이를 인구와 비교해본다면 여성복지와 청소년복지의 취약성은 더 극명하게 나타난다. 실제로 청소년인구와 노인인구의 비율을 보면 청소년인구가 더 많지만, 우리나라의 전반적인 복지정책에 있어서 청소년의 선거권 부재로 청소년 복지는 정책의 우선순위에서 뒤처져 있기 때문이다.

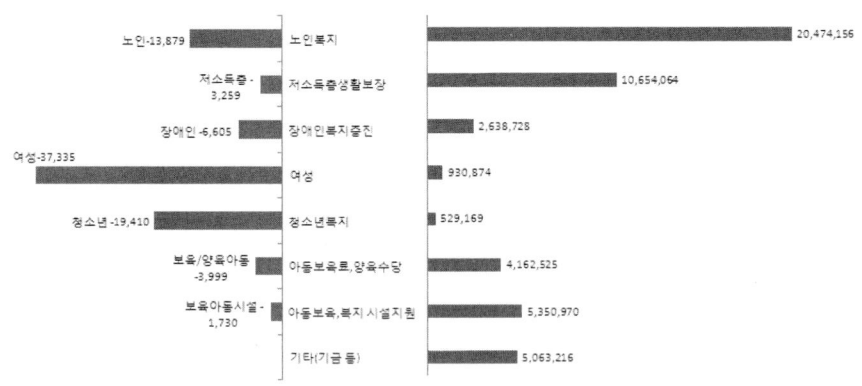

〈그림 9〉 무안군 내 대상 인구(명수) 및 관련 사회복지예산(천원)

현재 무안군에서 이루어지고 있는 아동과 청소년을 위한 복지서비스 중 기초생활수급자 등을 위한 기초생계지원과 보육료 지원을 제외하고 이용할 수 있는 서비스로는 지역아동센터와 청소년 방과후 아카데미가 대표적이나 이 역시 문제점을 안고 있다. 즉, 지역아동센터와 청소년 방과후 아카데미 역시 저소득층을 주요 대상으로 하고 있기 때문에 결국 일반 아동청소년을 대상으로 하는 상시적인 서비스나 지원이 부족하다.

또한 사회복지정책에 있어서 노인복지가 노인천국의 표어 아래 거의 사회복지정책의 대부분을 차지하는 반면에, 여성복지는 다문화가족지원센터, 가정폭력상담소와 성폭력상담소 운영지원과 저소득모부자가정 지원에 치중하고 있어서 보편적인 일반 여성을 위한 정책은 미흡한 상태이다.

무안군은 전라남도청과 무안국제공항의 소재지로 앞으로의 발전가능성을 충분히 안고 있는 곳이다. 넓은 토지는 인접한 목포시의 거의 9배에 달하며, 초당대학교, 목포대학교, 한국폴리텍대학 등 대학이 갖고 있는 인적 물적 자원은 다른 시군에 비해 결코 뒤떨어지지 않는다. 그러나 복지의 측면에서 본다면 무안군의 사회복지는 이러한 자원을 충분히 활용하지 못하는 것으로 보인다. 특히, 아동, 청소년, 여성, 장애인의 영역에서 보았을 때 대부분의 사회복지정책이 저소득층에 대한 국가의 정책 테두리에서 이루어지는 것일 뿐 무안군 자체적인 복지정책의 개발과 지원은 빈약해 보인다.

무안군의 미래를 보여주는 지표로 일반주민들의 22.1%는 미래에 대한 전망을 낙관적으로 보는 반면에 20.5%는 비관적으로 보고 있어 낙관적으로 보는 경우가 조금 더 많았다. 일반주민들이 자신들의 미래를 비관적으로 보는 이유로는 농촌에 살기 때문이라고 응답한 경우가 63.6%였다. 이는 무안군만의 문제라기보다는 우리 사회가 농촌에 희망을 주는 가와 관련이 있어 보인다. 그럼에도 무안군에서 보다 농촌에 희망을 줄 수 있는 대안을 모색하는 것이 매우 중요한 과제가 되어야 할 것이다. 또한 계층별로 분석해보았을 때, 여성과 아동청소년이 미래에 대해 낙관적으로 보는 비율이 높았으며, 장애인과 저소득층의 경우는 비관적으로 보는 비율이 높았다. 이들은 미래에 대한 비관적 인식 이유를 기회부족이 가장 큰 원인으로 제시하고 있다. 즉, 농촌에 사는가의 여부뿐 아니라 기회의 평등이 이루어지지 않는 점도 큰 문제점으로 보고 있는 것이다. 앞에서 살펴본 바와 같이 사회복지정책에 있어서도 아동청소년과 여성, 장애인의 소외가 큰 점을 고려해보면 무안군이 조금 더 이들에게 기회를 제공하고 더 많은 관심과 정책을 수립 시행할 필요성을 볼 수 있다.

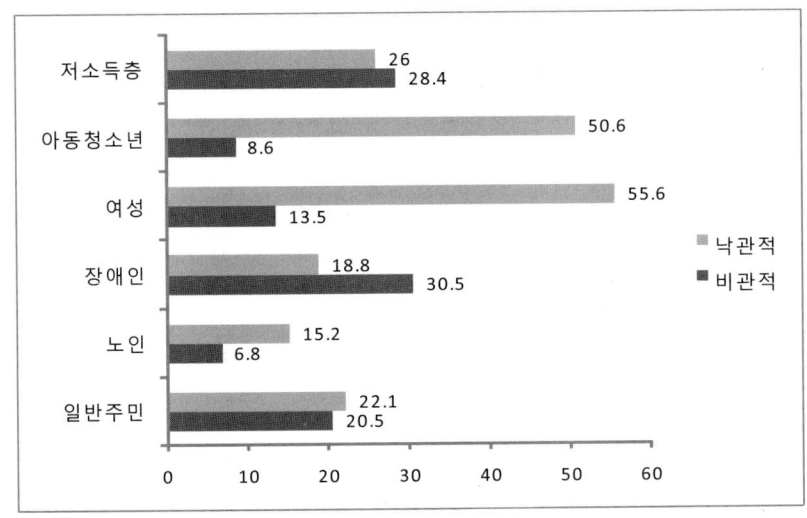

〈그림 10〉 미래에 대한 전망

또한 다음 세대인 아동청소년의 63.4%가 무안을 떠나고 싶은 것으로 조사된 결과는 우리에게 주는 함의가 매우 크다. 반드시 떠날 것이라는 응답이 20.7%, 기회가 닿으면 떠날 것이라는 응답이 42.7%로 1차 조사의 75.6%보다는 낮아진 것이나 여전히 상당수의 아동청소년이 지역사회를 떠나고 싶은 욕구가 있는 것을 보여준다. 앞에서 본 것처럼 아동청소년들이 갖고 있는 무안군의 문제점은 자유롭게 이용하고 즐길만한 문화시설의 부족이며, 면접조사에서 드러난 문제점은 학교교육에서 고등교육기관의 부족과 질적인 측면으로 나타났다. 즉, 무안군의 아동청소년 인구에 대한 어두운 전망은 저출산의 영향도 뚜렷하지만 보다 나은 교육을 위한 인구 이동을 간과해서는 안된다. 면접조사 결과 초등학교까지는 거주지 인근의 무안군 내의 학교를 다니지만 이후 중학교와 고등학교, 대학교 진학에서는 보다 질적으로 나은 고등교육을 위하여 광주나 목포로 이동하는 경향이 있다는 점이다. 대학 졸업 이후 고등교육을 받은 인재들이 지역을 떠나고 있는 것은 깊이 생각해볼 문제이다.

무안군이 목포시와 광주광역시의 틈새에서 주민들이 상시적으로 활용할 수 있는 이용시설이 턱없이 부족한 현실이지만, 이마저도 일부에 편중되어 있다는 점도 다수의 주민을 소외시키는 결과를 가져오는 듯 하다. 지역적으로는 매우 넓은 지역을 포괄하지만, 면에서 면으로의 이동이 어렵고 앞으로 신설되는 시설들이 남악신도시에 세워질 전망임을 볼 때 농촌권의 인구 유출은 더 심화될 수 밖에 없다고 추정된다.

5. 소통과 함께 꿈꾸는 내일

우리는 어떤 사회를 복지사회라고 말할까.

온정주의가 반드시 잘못된 것은 아니지만 온정주의만으로 복지를 말하기는 어렵다. 불쌍하고 어려운 사람을 규정하고 계속해서 각인시키는 시혜 차원의 복지가 아니라 모든 사람이 편안하게 여기고, 사는 게 행복하다고 느낄 수 있는 사회가 복지사회라고 본다. 그러나 지금의 무안군의 사회복지는 모든 주민을 위한 보편적인 복지보다는 저소득층과 노인층이 크게 강조되고 있는 현실이다. 외국의 경우 복지국가의 경우 요양시설 보다는 최대한 재가서비스 중심의 서비스를 지향하며 자신의 집에서 방문간호와 방문서비스를 통해 충분히 인간적으로 죽음을 맞이할 수 있는 존엄성을 보장해주도록 노력한다. 그러나 무안군 내에서 장기요양서비스는 시설보호를 지향하는 뚜렷한 경향성을 볼 수 있다. 보다 다양하고 충분한 재가서비스의 확충이 필요하며 아동청소년복지의 경우도 시설보호 이외에 아동상담, 가정위탁, 일시쉼터, 중장기쉼터, 자립지원센터, 중간의 집 등의 다양한 보호체계가 마련되어야 할 필요가 있다.

특히 무안군만의 문제는 아니지만 민관, 관 내부의 의사소통과 연계 협력은 매우 중요한 과제로 여겨진다. 주민생활지원과와 사회복지과의 이원화된 체계는 동일한 주민 복지 행정에 있어서 예산의 배분과 이에 따른 역할의 중첩 혹은 역할 갈등을 야기하고 충분한 협의를 막는 부분이 있다고 본다. 마찬가지로 아동복지와 청소년복지가 이원화되어 있거나 여성복지와 평생교육의 분리, 장기요양보호와 의료체계와의 분리, 학교교육과 아동청소년복지의 분리, 무안교육지원청과 무안군청의 분리 등, 상호간의 소통이 부족한 부분을 많이 본다.

학교급식의 예를 든다면, 무상급식이 친환경 유기농산품이어야 하며, 지역의 농산물을 우선적으로 활용하고 특히 소농과의 직거래를 통해 안전하고 안정된 공급처를 확보하는 것, 품질에 대한 엄격한 관리체계와 문제가 발생할 경우 역추적이 가능한 배송체계와 책임 소재를 명확히 하는 등, 이는 아동청소년복지를 위해 결국 군청과 교육지원청, 학부모단체, 작목반, 배송체계 등이 모두 함께 머리를 맞대야 하는 문제이다.

결국 민-관 협의체의 활성화와 무엇보다도 지역사회복지협의체의 구성과 효과적인 운영, 실질적인 정책 반영 등이 이루어질 때 조금이나마 해결이 가능할 것이다. 복지는 사회복지과나 주민생활지원과의 업무, 무안군의 사회복지정책만은 아니다. 무안군에서 가장 주민들이 바라는 것은 무엇인가에 대한 깊은 고민과 단계적으로 확충해야하는 중장기 계획, 궁극적으로 지향하는 복지사회 모습에 대한 합의가 필요하다. 두 권의 지역사회복지계획

책자를 재분석해보면서 아쉬운 점은 이러한 고민이 충분하지 못하였다는 점에 있다. 특히 1차 욕구조사에 비해 양적으로나 질적으로 미흡한 2차 욕구조사는 매우 아쉽다. 주민들의 욕구조사는 읍면별 인구를 고려하고 표집에 있어서도 좀 더 대표성을 확보할 수 있도록 계획되어야 하며, 성별, 연령별, 지역별, 출신 국적별 세밀한 기획과 분석이 이루어져야 한다. 또한 양적 설문조사가 갖고 있는 한계를 극복하기 위하여 초점집단 인터뷰와 전문가 집단의 의견수렴, 주민대상의 공청회와 포럼 등 지역의 고민을 함께 논의하는 과정 등이 필요하다.

기초생활수급자, 장애인, 노인, 아동, 여성 등의 각 사회복지분야별 접근이 필요한 부분도 있지만 보다 포괄적이고 통합적인 측면에서 모든 주민들의 복지를 위해 무엇을 해야하는 가에 대해 3차 계획에서는 보다 깊이 있는 접근이 이루어져야 할 것이다.

참고문헌

유해미(2010), 아동수당제도 도입 시 쟁점 및 정책과제. NARS 현안보고서 83호.
통계청(2011), 2010 한국의 통계연감.
통계청(2011), 2010 한국의 사회지표.
통계청(2011), 한국의 사회동향 2010.
무안군(2011), 2011 주요업무계획.
무안군(2009), 군정백서.
무안군(2006), 1차 지역사회복지계획.
무안군(2010), 2차 지역사회복지계획.
장기요양건강관리공단(2011), 등급판정위원회 회의자료.
무안군 홈페이지 http://www.muan.go.kr.

무안군의 문화예술정책*
- 인프라, 프로그램, 정책적 비전의 고찰 -

하 상 복**

I. 들어가는 말

　문화와 예술은 세계화 시대에서 국가적 경쟁력의 원천 — 한류가 그것을 증명하고 있지 않은가 — 이 되고 있고, 일국 내 경제성장을 견인하는 새로운 동력으로 인정되고 있다. 그러한 국내외적 분위기 속에서 문화예술의 잠재력을 새롭게 봐야 한다는 목소리가 높아지고 있다. 그런데 국제적 차원과 국가적 차원에서만 문화예술의 잠재력에 주목하고 있는 것은 아니다. 지역적 차원에서도 문화예술의 전략적 의의가 적극적으로 평가되고 있는 현실이다. 대표적으로 최근의 서울시의 움직임이 그러한 양상을 잘 보여주고 있다. 서울시는 시 고유의 문화적 대상물들을 새롭게 재편하고 재구성하는 방식을 통해 시의 대외적 경쟁력을 높이려는 노력을 경주하고 있다.[1]

　문화예술과 지역의 전략적 연계성은 지방화 시대에 따른 불가피한 현상인 것처럼 보인다. 주지하는 것처럼, 우리나라는 정치적인 우여곡절을 거쳐, 지난 1995년 6월의 4대 지방 동시 선거(기초의회, 광역의회, 기초단체장, 광역단체장 선거)를 치르면서 본격적인 지방자치시대로의 이행을 이루어나가

---

* 관련 자료수집에 많은 도움을 준 목포대학교 정치외교학과 장윤창 석사에게 이 자리를 빌어 고마움을 표한다.
** 정치언론홍보학과 교수
1) 하상복, 『광화문과 정치권력』, 서강대학교 출판부, 2010.

고 있다.2) 그렇다면 지방자치시대의 도래가 문화예술의 지역적 동원과 어떠한 관련을 갖는 것일까? 지방자치를 군사와 외교와 같은 국가적인 영역을 제외하고, 경제, 문화, 교육 등 여러 부문에서 지방의 자율적인 행정이 관철되는 과정으로 이해한다면, 지방화 시대에 직면한 지역들은 자신의 발전을 더 이상 중앙의 재정적·행정적 지원에만 의존할 수 없는 상황에 놓일 수밖에 없다. 따라서 지역의 발전을 위한 독자적인 패러다임의 구축이 필요해진다. 문화의 시대로 불릴 정도로 문화예술에 대한 국내외적 관심과 호응도가 상승하는 현재적 국면에서 많은 지역들은 문화와 지역의 발전을 연결시키는 발전 패러다임을 기획하고 실천하고 있다. 그것을 위해 지역의 기관들은 지역 내 고유한 영역자산(territorial asset)을 발굴하고 활용하는 데 많은 노력을 기울이고 있다.3)

문화와 예술의 동원을 통한 지역발전의 전략을 가장 명확하고 가시적으

---

2) 하상복, 「'목포시정소식'과 목포 정체성의 이미지」, 이종화 외, 『목포·목포사람들 2』, 경인문화사, 2005, p.119.
3) 한편, 지역적 차원에서의 그러한 노력들을 우리는 세계화와 정보화라는 거대한 움직임 속에서 살펴볼 수도 있다. 한 연구자에 따르면 세계화와 정보화는 본질적으로 사람들의 삶이 전개되는 구체적인 공간의 부재를 의미하며 그 속에서 사람들은 일상적 삶을 영위할 구체적이고 가시적인 공간과 영역의 필요성을 감지한다는 것이다. "세계화에 더해 세기 변환의 시점에서 폭풍처럼 몰아닥치고 있는 공간의 전자화, 곧 전자 공간의 확산 같은 공간화 현상도 역으로 구체적이고 유형적인 장소에 대한 집착을 자극하고 있다. 인터넷 혁명이 컴퓨터 화면에 만들어 놓는 가상시장이 유형의 물리적 도시 생성의 견인차이던 실제 시장에 육박하고 있으나, 한편으로 가상 시장 같은 '가상현실'(virtual reality)이 '실제현실'(real reality)의 의미를 더욱 예민하게 느끼도록 자극하고 있다는 말이다."(김형국, 『공간의 문화관측: 세계화 시대에 지방이 살길』, 서울: 학고재, 2002, p.27.)
지역 혹은 지방이 삶의 실제적인 영역으로 확립되게 되면서 이제 지역적 공간이 사람들을 통합할 중요한 사회적 영역으로 부상하고 있다. 지난날, 국가가 사람들의 삶을 아우르고 통합을 구현하는 가장 궁극의 공간이었다면, 오늘날에는 세계화와 정보화에 따라 국가의 비중이 줄어들면서 지방이 그러한 기능을 담당하고 있는 현실을 우리는 목도하고 있다.

로 관찰할 수 있는 영역이 있다면 그것은 축제다. 현재 우리나라에서도 많은 지방자치단체들이 축제를 구상하고 운영하고 있다. 문화체육부가 발간한 『한국의 지역 축제』(1996)에 나타난 한 통계를 보면, 1990년부터 1996년까지 새롭게 탄생한 지역축제들의 숫자가 1990년 12개, 91년 12개, 92년 18개, 94년 31개, 95년 36개 그리고 96년 62개로 기록되고 있다.[4] 여기서 96년에 탄생한 지역축제의 숫자가 상대적으로 많은 이유가 95년부터 지방자치 시대가 열리기 시작한 상황과 무관하지 않은 것처럼 보인다.

지방자치단체들은 축제를 통해 크게 두 가지의 효과를 산출할 수 있다. 첫째는 지역의 대외적 이미지 제고다. 지역 고유의 문화와 예술을 담고 있는 축제의 형식은 그러한 문화예술을 경험하지 못한 사람들에게는 매우 매력적인 대상으로 다가올 수 있다. 둘째, 그러한 이미지 제고는 궁극적으로 외부사람들의 방문을 증대시켜 지역의 경제적·재정적 수준을 향상시키는 데 기여한다. 1996년에 새로 구상된 지역축제의 숫자가 그 이전보다 상대적으로 많아진 것은 결국 문화와 예술을 이용한 지역발전전략이 큰 호응을 받고 있음을 의미하는 것으로 보인다.

그렇지만, 지역의 문화와 예술을 대외적 이미지 향상과 관광산업발전을 통한 경제력 증대의 차원으로만 볼 수 있을까? 본질적으로 문화와 예술은 상품이기 이전에 사회공동체를 구성하는 정신적 원리가 아닐까? 사람들이 공동체의 구성원인 것은 단순히 그 공동체로부터 물질적·경제적 혜택을 받기 때문이 아니라 구성원들 사이에서 그 공동체의 정신적 특성들이 공유되기 때문이 아닐까? 그러한 공동체성은 결국 문화와 예술이라는 매개를 통해 확보되는 것은 아닐까? 만약 공동체가 구성되고 유지되며 재생산되는 과정에서 물질적인 가치만이 아니라 정신적인 가치가 중요한 역할을 한다고 생각한다면 우리는 지방자치시대에서 문화와 예술이 대외적인 경쟁력과 물질적 발전을 위해서만 활용되고 있는 움직임에 비판적인 목소리를 내야 할 것

---
[4] 문화체육부, 『한국의 지역 축제』, 1996, p.101.

으로 보인다.

　현재 지역적 차원에서 활용되고 있는 문화와 예술은 다분히 외부를 향하고 있으면서 지역의 공동체성을 확보하기 위한 매개물로는 적극적으로 활용되고 있지 않다. 지방 혹은 지역이 사람들의 새로운 삶의 공간으로 재탄생하고 있다면 지역 구성원들을 공동체적 원리로 통합해내는 일이 대단히 필요해 보인다.

　그러한 맥락에서 우리는 지역의 문화와 예술이 관광산업이 아니라 지역민들의 삶과 교류와 통합의 가치를 위해 활용되는 가능성을 타진해볼 필요가 있을 것이다. 우리는 그러한 문제의식을 무안군의 문화예술정책을 통해 구체화하고자 한다. 무안군이 문화와 예술을 지역민들의 삶과 어떻게 접맥시키고자 하는가, 지역민들의 교류기반을 증대를 위해 문화예술을 어떻게 활용하고 있는가, 그리고 무안군의 정치지도자들이 그러한 문제에 어떻게 접근하고 있는가를 고찰해보고자 한다.

II. 무안군의 문화예술정책: 인프라와 프로그램

　이 장에서는 지역민들이 지역의 문화예술에 접근할 수 있도록 무안군이 구축하고 있는 다양한 장치들과 프로그램들의 현황을 살펴보고자 한다. 문화예술의 대중적 확산을 위한 인프라와 제도적 프로그램에 주목해 논의를 진행하고자 한다.

1. 문화적 인프라 구축

　문화예술에 대한 지역민들의 접근을 촉진하기 위한 토대 구축의 노력들을 보자면. 첫째, 무안군이 지난 2001년에 건립해 운영하고 있는 <승달문화예술회관>을 들 수 있다. <승달문화예술회관>의 설립 취지를 살펴보자.

> 군민들에게 다양하고 폭넓은 문화예술활동 공간을 제공 확대하며 상시 접할 수 있는 기회를 제공함으로써 삶의 질 향상과 정서 함양에 기여하고 다채로운 행사와 공연 등을 통해 군민들의 문화에 대한 욕구를 충족시키기 위해 운영하고 있다.5)

이러한 취지를 통해 알 수 있듯이 <승달문화예술회관>의 건립목적은 군민들이 문화예술을 향유할 기회를 증대시키는 데 있는데, 지난 2006년부터 2010년까지의 통계를 보면 <승달문화예술회관>은 그러한 취지에 맞게 운영되는 것으로 보인다.

	사용 현황	총 사용 횟수
2006년 7월-12월	공연 4회, 전시 2회, 영화상영 4회, 행사 50회	60회
2007년	공연 8회, 전시 4회, 영화상영 6회, 행사 84회	102회
2008년	공연 8회, 전시 4회, 영화상영 10회, 행사 101회	123회
2009년	공연 9회, 전시 4회, 영화상영 9회, 행사 116회	138회
2010년 3월현재	전시 1회, 영화상영 1회, 행사 31회	33회

출처: 『군정백서 2006-2010』, 2010, p.302.

위의 통계는 2006년 이래 문화행사들의 개최빈도수가 점차적으로 늘어나고 있다는 사실을 말해주는 데, 이는 곧 <승달문화예술회관>이 지역민들의 문화적 향유를 위한 중요한 인프라로 활용되고 있음을 의미한다.

둘째, <승달문화예술회관> 내에 설립된 <문화의집>을 살펴보자. 이 공간에는 다음과 같은 시설들이 설치되어 있어 지역민들의 문화체험과 활동을 위한 물질적 기반을 제공하고 있다. 지난 2000년 12월, 무안군의회에 <무안군문화의집관리운영조례안>이 발의(발의자: 무안군수)되어 <문화의

---

5) 무안군, 『군정백서 2006-2010』, 2010, p.301.

집>의 효율적인 운영을 위한 제도적 토대가 확립되었다. "군민 문화체험 기회 확대를 통한 문화예술 창달과 복지문화 생활 향상을 위하여"(제1조) 설치된 <문화의집>의 기능은 구체적으로 아래와 같은 문화적 서비스를 제공하는 데 있다.

· 음악 감상, 영상시청 등 주민 취미생활 공간 마련
· 정보통신시설, 간행물을 통한 정보 제공
· 여가생활 선용을 위한 문화사랑방 및 주민 집회장소를 제공
· 지역 주민들의 문화체험 공간 제공[6]

이러한 기능적 특성을 통해 알 수 있듯이 <승달문화예술회관>이 공식적인 문화예술행사에의 참여를 위한 공간적 기반을 제공하고 있다면, <문화의집>은 지역주민들의 일상생활과 연관된 문화적 환경의 필요에 반응하기 위한 곳이라고 설명할 수 있다. 그러한 목적 아래에서 <문화의집>은 아래와 같은 서비스 영역들로 구성되어 있다.

· 문화시청각실: 인터넷부스, A/V감상실, CD부스, Video부스 등
· 문화창작실: 각종 프로그램, 문화강좌, 취미교실 운영 공간
· 전통문화사랑방: 바둑, 다도, 예법 등의 문화행사 운영 공간
· 개인연습실: 국악, 양악, 댄스, 무용 등의 문화적 실천 공간
· 기타: 어린이 놀이방, 휴게실, 안내데스크[7]

한편, 지난 2006년부터 2010년 3월 현재까지 <문화의집> 운영 현황을

---

6) <무안군문화의집관리운영조례안>(의안번호 2000-51) 제3조(업무), 무안군의회 회의록 시스템에서 검색.
7) 무안군, 『군정백서 2006-2010』, 2010, p.303.

살펴보면 다음과 같다.

	프로그램 운영	이용자수
2006년	문화강좌 및 교육프로그램(5개)	9,050
2007년	문화강좌 및 교육프로그램(9개)	16,300
2008년	문화강좌 및 교육프로그램(9개)	17,400
2009년	문화강좌 및 교육프로그램(9개)	13.200
2010년 3월 현재	문화강좌 및 교육프로그램(7개)	2,100

출처: 『군정백서 2006-2010』, 2010, p.304.

셋째, 무안군이 지난 2002년 12월에 개관한 <공공도서관>을 들 수 있다. "정보화 시대를 맞이하여 지식기반시설이 상대적으로 열악한 농어촌 지역인 해제면에" 설치된 <공공도서관>은 "지역사회 인재육성을 위한 지식정보"를 제공함으로써 "각종 정보제공 센터의 장으로 활용"하기 위한 공간이라고 할 수 있다. <공공도서관>은 자체 홈페이지(http://www.muan-lib.or.kr)를 운영하면서 지역주민들의 지적 필요와 정보화의 요구에 부응하고자 한다는 점에 주목할 수 있다. 지난 2006년 이래 <공공도서관>의 이용자 현황을 살펴보자.

	총 이용자수	일반 이용자수	청소년 이용자수	아동 이용자수
2006년	14,243	2,438	6,299	5,506
2007년	14,863	2,819	7,008	5,036
2008년	16,957	4,105	8,379	4,473
2009년	18,019	6,080	6,669	5,270
2010년 3월 현재	3,881	1,860	1,308	713

출처: 『군정백서 2006-2010』, 2010, p.305.

이러한 통계숫자가 말해주는 부분은 2006년부터 이용자수가 주목할 만한 수준으로는 늘어나고 있지 않다는 점과, 일반 성인 이용자들에 비해 청소년과 아동 이용자들이 상대적으로 많이 <공공도서관>을 활용하고 있다는 점이다. 그러한 사실은 일견 타당한 측면이 있지만, 그러한 불균형을 시정하기 위한 정책적 수단의 하나로 생각되는 것이 있는데, <공공도서관>의 주관으로 운영되는 평생교육프로그램이다. 2011년 3월에 공고된 평생 교육프로그램을 보면 다음과 같다.

- 한문서예교실(한문서예기초 및 중급 교육)
- 성인문해교실(한글기초 및 중급 교육)
- 조물조물 점핑클레이(유아를 대상으로 하는 미술교육)
- 실험으로 배우는 과학실험(초등학생을 대상으로 하는 과학교육)
- 학부모 아카데미(독서 훈련)
- 냅킨아트(자격취득반), 테디베어 퀼트
- 마음의 양식! 독서지도(다문화가정 자녀를 대상으로 하는 독서법 훈련)
- 독서테라피(다문화가정 자녀를 대상으로 하는 독서치유교육)[8]

　이러한 일련의 문화교육 프로그램들은 공히 '무료'로 제공된다. 교육 수혜자가 아니라 자치기관이 교육비를 부담하는 정책적 고려는 근본적으로 문화적 소외계층과 지역을 최소화 하려는 의도로 엿보인다.
　넷째, 2009년에 개관한 <군립미술관>을 살펴볼 수 있다. 정식명칭은 <무안군 오승우 미술관>이다. 2009년 1월 건물의 공사를 완료했음에도 불구하고, 미술관의 명칭을 둘러싼 논란으로 인해 개관을 미루다가, 지난 2010년 11월 2일부터 5일까지 열린 제 186회 임시회를 통해 <무안군 오승우 미술관 관리운영 조례안>을 가결함으로써[9] 명칭 문제를 둘러싼 논쟁에

---

8) <무안공공도서관> 홈페이지 내 '평생교육강좌'에서 검색.

일단락을 짓고 2011년 2월 24일 개관했다. 지하1층과 지상2층으로 구성된 미술관은 1전시실부터 4전시실을 갖추고 작품을 기증한 오승우 화백의 작품을 필두로 여러 예술가들의 작품과 향토 문화자료를 감상할 수 있도록 하고 있을 뿐만 아니라 지역 작가들의 작품전시공간과 교육무대로 활용되고 있다.

2. 문화예술의 대중화 지원: '군립국악원'의 경우

무안군은 지역문화의 활성화를 촉진하기 위한 물리적 인프라 구축만이 아니라 지역민들이 직접 문화를 경험함으로써 문화의 문턱을 낮추려는 노력을 기울이고 있다. 가장 대표적으로 지역의 전통예술의 대중화를 위해 설립된 <군립국악원>을 들 수 있다. 군립국악원은 1990년에 설립되어 지금까지 운영하고 있는, 매우 오랜 전통을 지니고 있는 전통예술교육기관이다. 『무안백서』에 소개되고 있는, 군립국악원에 대한 내부 평가를 살펴보기로 하자.

> 남도 고유 민속음악의 전승발전을 위해 1990년부터 군단위로는 유일하게 군립국악원을 설립하여 운영하고 있는 가운데, 가야금, 판소리, 사물놀이 부문에 유능한 강사를 초빙하여 군민, 학생들을 대상으로 강의하고 있을 뿐만 아니라 찾아가는 국악 배움 한마당 등 많은 예술 활동을 전개하여 "제2의 국악 전성기"를 맞이하는 등 예향 무안의 이미지 제고에 적극 앞장서고 있다.[10]

여기서 우리는 몇 가지 주목할 만한 사실들을 보게 되는데, 첫째는 무안군은 "군 단위로는 유일하게" 국악원을 보유·운영하고 있다는 점이다. 군으로서는 최초로, 그것도 1990년부터 20여 년 동안 국악원을 운영하고 있다

---

9) <무안신문> 2010년 11월 6일.
10) 무안군, 『군정백서 2006-2010』, 2010, p.313.

면 그것은 국악에 대한 무안군의 특별한 관심을 보여주는 대목이 아닐 수 없다. 다음으로 무안군이 국악원을 운영하고 있는 목적이 "군민, 학생들을 대상으로" 국악을 알리고, 가능하면 많은 지역민들을 대상으로 국악을 감상할 기회를 제공하려 한다는 — "찾아가는 국악 배움 한마당"이란 표현이 그 점을 잘 말해준다 — 사실을 짚어볼 수 있다. 이는 곧 지방화 시대에서 많은 사람들이 그 필요성을 공감하는 '문화민주주의'의 한 단면을 그리고 있는 것으로 해석된다. 문화를 단순히 지역경제나 관광의 모티브로만 보는 관료주의적 시각에서 벗어나 지역민들의 삶의 질을 높이기 위한 핵심적 영역으로 보는 수준 높은 지역 행정적 관점을 제시하고 있는 것으로 이해된다. 나아가 『백서』는 무안의 국악 대중화를 "제2의 국악 전성기"라는 관점으로 이해하고 있는데 그렇다면 무안군은 이미 이전에 국악의 전성기를 맞이한 것으로 볼 수 있는데 그 점으로부터 우리는 무안군에 깊숙이 자리 잡은, 우리 음악의 전통에 대한 포괄적이고 심층적인 인식과 이해의 필요성을 느끼게 된다.

판소리, 가야금, 타악, 민요, 무용 등 총 5종목의 전통예술 교육을 관장하는 군립국악원은 다음과 같은 수강생현황을 기록하고 있다.

년도	수강생 숫자	일반인	학생
2006년	797명	239명	558명
2007년	725명	217명	508명
2008년	1087명	312명	775명
2009년	1022명	264명	758명

출처: 『군정백서 2006-2010』, 2010, p.313.

전통예술 수강생의 숫자가 경향적으로 증가하고 있으며, 특히 학생들의 숫자는 2008년 이후 주목할 만한 양상으로 늘어나고 있다. 이러한 통계적 사실은 지역민들을 대상으로 지역 전통예술의 문턱을 낮추고 대중화를 실현한다는 군립국악원의 설립 취지가 일정 정도 구체화되고 있음을 의미하는 것으로 보인다.

　무안군의회는 군립국악원의 대중교육 효과를 증대하기 위해 지난 2009년 5월에 무안군수가 발의한 <무안군립국악원관리조례>의 일부를 개정했다. 원감과 강사의 지역적 기반과 전문성을 강화하는 방향이 개정의 주요한 부분이다. 기존 조례의 제4조(원감의 위촉) 조항에는 원감의 자격이 "무안군 관내에 거주하거나 무안이 본적인 자로서", "공공기관 또는 사회단체의 국악분야에서 2년 이상 근무 경력이 있는 자"(1항), "국악진흥을 위하여 다년간 활동한 자로서 그 공적이 뚜렷한, 국악에 조예가 있는 자"(2항), "국악 또는 민속악을 재현할 수 있는 기능 보유자"(3항)로 규정되어 있었다. 군 의회는 이 조항을 보다 구체적이고 엄격한 내용으로 개정했다. 즉, "무안군 관내에 1년 이상 거주하거나, 무안이 본적인 자로서", "국악 분야 4년제 정규대학과정을 이수하고 공공기관 또는 사회단체의 국악분야에서 3년 이상 근무 경력이 있는 자로"(1항), "전국 규모 국악경연대회에서 분야별 1위 입상자"(2항), "문화재보호법 및 시·도 문화재 보호조례에 의한 해당 분야 무형문화재 보유자"(3항)로 개정했다. 나아가 국악원 교육 강사의 자격 조건(제5조)과 관련해서도 "전국 규모 국악경연대회에서 입상한 경력이 있는 자"(5항)라는 기존의 조건을 "전국 규모 국악경연대회에서 분야별 3위 또는 장관상 이상 입상한 경력이 있는 자"(5항)로 개정하고 강사의 임기를 4년으로 정하고, 연임 가능하다는 조항을 신설함으로써 강사의 전문성과 근무 예측성을 높이고자 했다.[11]

---

11) <무안군립국악원관리조례 일부개정조례안>.

3. 지역 문화전통의 공고화

　무안군은 지역의 문화적 인프라를 구축하고 문화예술의 대중화를 촉진하는 정책과 더불어 군의 다양한 문화재들을 정비하고 관리하는 일에서도 정책적 노력을 기울이고 있다. 일반적인 관점에서, 지역에 존재하고 있는 다양한 문화재와 시설물들을 관리하는 일은 지역민들이 지역에 대한 자부심과 소속의식을 느끼는 데 매우 중요한 계기로 작용할 수 있다. 그러한 일들은 지역민들로 하여금 자신이 거주하고 있는 지역이 어떠한 문화적 과거를 간직하고 있는가를 인식하게 함으로써 지역적 정체성의 토대를 구축하는 데 필수적인 작업이라고 할 수 있다.

　이러한 사실은 무안군의 경우에도 예외가 아니다. 현재 무안군이 보유하고 있는 문화재 현황을 보면, 먼저 국가지정 문화재로서는 천연기념물 2종, 중요 민속자료 1종, 사적 1종이 있고, 도지정 문화재로서는 유형문화재 2종, 무형문화재 2종, 문화재자료 8종, 민속자료 3종, 기념물 4종 등이 있다.[12] 군은 이러한 문화재들을 정비하고 보수하는 일을 추진하고 있는데, 대표적인 정비보수작업들로서는 다음과 같은 것들이 있다.

	문화재명	정비보수 내용
2007년	무안 나상열 가옥	안채 등 보수
	몽탄 식영정	계단 및 석축 정비
	무안향교	대성전 보수
2008년	무안 나상열 가옥	초가 이엉잇기
	몽탄 식영정	초가 이엉잇기
	매장 문화재	총지사지 발굴 조사
2009년	무안향교	명륜당 및 동별당 벽체 보수

---

12) 보다 자세한 현황과 관련해서는 『군정백서 2006-2010』, 2010, p.317을 참조할 것.

	무안 원갑사	설법전 방충 및 방연 도포
	식영정	화장실 건립
	무안 약사사 석불입상	산식각 보수

출처: 『군정백서 2006-2010』, 2010, p.318.

군이 추진하고 있는 지역문화전통의 공고화 사업과 관련해 가장 주목할수 있는 부분은 '초의선사 현창사업'이라고 할 수 있다. 주지하는 것처럼, 초의선사는 조선조의 선승으로서 '다승'(茶僧)으로 불릴 정도로 차를 대표하는 인물이라고 할 수 있는데, 군은 '초의선사탄생지'(무안군 삼향면 왕산리)를 차의 성지로 만드는 문화기획을 구상하고 추진했다. 1997년부터 2010년까지 이루어진 기획의 내용은 다음과 같다.

구분	추진기간	사업내용
제1차 개발계획	1997.10 - 2002. 12	다성사, 생가, 기념관, 차문화관
제2차 개발계획	2004. 1 - 2010. 12	다교육관, 다역사박물관, 다정, 판매장, 초의지

출처:『군정백서 2006-2010』, 2010, p.322.

이러한 시설물들을 바탕으로 무안군은 초의선사 탄생지를 포괄적인 차문화 공간으로 구축한다는 정책적 아이디어를 구체화하고 있다. 먼저, 다도 체험 프로그램을 운영 ― 한국전통차 문화강좌, 초의선사 수행법 강좌, 생활다도체험, 차 문화 체험 등 ― 함으로써 차 문화의 확산을 이루며, 차문화 체험관을 통해 차 만들기와 같은 체험들을 할 수 있도록 한다는 것 등이다.13)

한편, 무안군은 과거의 전통들을 보수하고 정비하는 작업을 넘어 새로운 전통을 만드는 일에도 정책적 노력을 기울이고 있는데 '월선리 예술인촌'이

---

13)『군정백서 2006-2010』, 2010, p.323.

그 대표적인 경우라고 할 수 있다. 물론, 이 예술인촌은 군의 주도적인 정책적 노력이 아니라 공동체적 예술정신을 구현하고자 했던 예술가들이 자발적으로 시도한 노력으로 시작된 것이지만 그럼에도 불구하고 군의 정책적 지원을 필요로 하는 일로 보지 않을 수 없다. 1995년에 건설되기 시작한 이 예술인촌은, 전통예술을 폐쇄성과 전문성의 경계를 넘어 지역민들이 향유할 수 있도록 해야 한다는 취지의 구현이다. "[…] 예술이 특정 계층의 전유물이 아닌 누구나 누려야 할 행복추구권이라는 전제 아래 지역주민과 소외계층을 위한 다양한 사회문화예술 교육프로그램을 진행하고 있다."[14] 소외계층(재소자, 장애우, 소년·소녀가장), 노인, 이주여성, 어린이와 같이 문화예술에 접하기 어려운 사람들을 위해 다양한 예술체험이 가능한 공간이자 지역주민들과 함께 지역문화공동체를 구축하기 위한 토대 공간으로 활용되고 있는 예술인촌은 문화예술이 지역민과 만나고, 문화예술이 문화민주주의와 접하는 무대로서 무안군의 새로운 전통으로 자리 잡을 가능성을 보이고 있다.

III. 무안군 문화예술 공연: 몇 가지 사례들

무안군은 앞서 언급한 다양한 인프라와 제도적 프로그램을 통해 지역 문화예술의 대중적 확산과 지역 공동체성의 강화를 위해 구체적인 공연들을 기획하고 실천해왔다. 모든 공연들을 관찰할 수 없기 때문에 여기서는 대표적인 몇 가지 사례들에 주목해 살펴보고자 한다.

---

14) 『군정백서 2006-2010』, 2010, p.315.

1. 무안군립국악원 정기발표회

무안군립국악원은 2010년 10월 5일에 승달문화예술회관에서 '제2회 무안군립국악원 정기발표회'를 개최했다. 시연된 공연들은 길놀이, 경기민요, 무용, 판소리, 가야금 산조와 병창, 무용, 무안상동 들노래, 모듬북 등이다.

정기발표회의 특징과 관련해서는 첫째, 국악원 교육생들을 대상으로 이루어진 문화예술교육을 지역민들에게 발표하는 것을 제일의 목적으로 하는 발표회로서, 총 29명의 지역민(일반 14, 학생 15)이 출현했다는 점이다. 말하자면, 참여와 소통을 통해 지역문화예술의 대중화를 도모한다는 목적을 지향한다는 것이다. 이러한 목적은 원감의 인사말에서도 잘 드러나고 있다.

> 6살 난 아이부터 70을 바라보는 어르신에 이르기까지 모두가 한마음으로 이 자리를 마련했습니다. 짧은 시간 동안 갈고 닦은 기량들은 여러분께 선보이기는 미흡하지만 넓은 이해와 아량으로 박수를 보내주시고 더욱 더 열심히 할 수 있도록 격려와 찬사를 보내주시면 감사하겠습니다.[15]

둘째, 앞의 공연목록들을 통해 알 수 있듯이, 정기발표회는 주로 무안군의 전통문화예술을 재현하는 것을 지향하고 있다. 특히, 무안군 출신의 명인인 강태홍류의 가야금 산조 그리고 시도 문화재 제41호로 제정된 무안상동 들노래가 연주되었다.

이러한 형태의 정기발표회는 전통예술의 대중화와 관련해 시사하는 바가 크다고 할 수 있다. 군립국악원에서 교육받은 지역민들이 자신들의 예술적 기량을 지역 구성원들에게 보여줌으로써 지역의 문화예술에 대한 관람자들의 관심을 촉진할 수 있기 때문이다.

---

15) 정향옥, "모시는 글", <2010 무안군립국악원 2nd 정기발표회> 팜플렛.

2. 무안군민을 위한 열린음악회

2010년 6월 25일 승달문화예술회관 대공연장에서는 '무안군민을 위한 열린음악회'가 개최되었다. 공연 프로그램에서 주목할 수 있는 부분은 둘인데 하나는 '무안군 여성합창단'의 공연이며, 다른 하나는 '창작 뮤지컬: 전통혼례를 위한 '함사세요''이다. 먼저 무안군 여성합창단은 2000년 5월에 창단한 단체로서 지역의 여성 노래인들로 구성되어 있다는 점에서 그 의의가 크다고 할 수 있다. 이 단체는 창단 이래 매우 활발한 활동을 하고 있다. 주요 활동들을 소개하자면 다음과 같다.

· 2001년 10월 경남 통영 윤이상 국제음악제 참가
· 2004년 5월 무안군 교육청 초청 승달예술제 참가
· 2004년 7월 여성의날 기념 무안군여성단체 초청 공연
· 2005년 6월 전국 새마을금고 창립대회 기념 무안군연합회 초청 공연
· 2006년 10월 충북 괴산군 음악협회 초청 가을음악제 참가
· 2007년 2월 농업경영인협회 초청 공연
· 2007년 8월 광주광역시 천변음악회 초청 공연
· 2008년 5월 함평군 국제곤충엑스포 초청 공연[16]

이러한 공연들이 말해주듯이 무안군 여성합창단은 매우 활발한 예술 활동을 펼치고 있는데, 이는 지역민들에게 문화예술에 대한 적극적 참여의 계기로 작용하면서 무안군 문화예술의 대중화와 발전에 중요한 역할을 할 것으로 판단된다.

무안군 여성합창단과 함께 공연에 참가한 단체로서 광주의 '함사세요' 무

---

16) <무안군민을 위한 열린음악회> 팜플렛. 그 밖에도 창단 이래 매년 5, 6, 10월에 정기연주를 개최하고 있다.

용단이 있다. 2008년에 창단된 무용단으로서 "음악과 무용에 재능이 있는 비전공 여성단원들이 각색, 연출, 안무, 의상, 분장 등의 분야에 직접 참여해 뮤지컬로 새롭게 각색한 창작 공연"[17]을 열린음악회에서 보여주었다. 물론 이 단체는 광주의 여성들로 구성된 단체이지만 그 원리와 예술적 지향에서 무안군 여성합창단과 동일한 모습을 보이는 것으로 생각된다. 궁극적으로, 이 두 단체는 공히 지역민들에게 문화예술이란 전문가들만의 배타적이거나 폐쇄적인 일이 아니라 관심과 재능이 있는 사람들이 주체적으로 참여해서 향유해나가는 영역이라는 사실을 인식시켰다는 점에서 중요한 의의를 찾을 수 있다.

3. 황토골연가

2010년 10월 15일 승달문화예술회관 대공연장에서는 '이상용과 함께 하는 늘푸른 인생 황토골연가' 공연이 개최되었다. '웅비황토골' 장고와 북의 어울림 한마당(제1부), '늘 푸른 인생' 뽀빠이 이상용과 함께 웃음꽃을(제2부), '황토골연가' 퓨전창작예술극(제3부)으로 구성된 이 공연의 테마는 '황토골 무안의 이야기'인데[18], 이는 곧 무안군의 지리적·경제적 특성을 말해주는 황토라는 상징적 기호를 지역민들에게 다시 한번 상기시키는 계기가 되고 있다. 제1부는 "웅장한 북소리를 하늘이 열리는 듯한 강렬한 장구와 북의 연주로 재현하고, 이어 설장구의 화려한 장고가락이 정통 타악 멤버들의 힘 있고 리드미컬한 연주로 펼쳐지는"이라는 설명을 통해 알 수 있듯이 전통 국악기로 구성된 공연이다. 앞서 언급한 것처럼 무안군은 전통예술의 기반이 매우 깊은 지역들 중의 하나로서 북과 장구 공연은 전통예술에 대한 지역민들의 관심을 북돋우는 계기로 작용할 수 있다. 제2부는 "꿈과 희망을

---

17) <무안군민을 위한 열린음악회> 팜플렛.
18) <이상용과 함께 하는 늘푸른 인생 황토골연가> 팜플렛.

안고 맞이하는 무안의 미래를 향하여 전진적이고 미래지향적인 출발점을 제시하고, 혼돈과 고난의 역경 속에서도 꾸준하게 발전한 무안군의 무한한 잠재력을" 알리는 자리다. 제1부가 전통예술을 통해 지역의 문화적 정체성에 기여하고자 한다면, 제2부는 '이야기'라는 문화적 형식을 통해 지역의 과거, 현재, 미래를 나누고 공유하는 자리라고 할 수 있다. 그리고 제3부는 "이도령과 성춘향의 애절한 사랑이야기를 전통무용으로 풀어"내는 자리로서 역시 제1부와 마찬가지로 전통예술에 대한 지역민들의 관심을 촉진하는 자리로 기획되었다.

4. 품바 마당극: 함사세요

승달문화예술회관에서는 2011년 4월 27일, 사단법인 일로품바보존회가 주최하고 극단 천사촌이 주관한 '품바마당극, 함사세요'가 공연되었다. 주지하는 것처럼 '품바'는 무안군에서 탄생한 민중예술인데, 공연은 무안군의 전통예술인 품바를 지역의 발전과 연결시키는 방향으로 기획되었다. 이러한 맥락에서 사단법인 일로품바보존회 조순형 회장의 <모시는 글>을 읽을 수 있는데, 품바 마당극은 두 가지 목적을 지향하고 있다. 첫째, 무안의 전통예술인 품바에 대한 왜곡된 해석을 바로잡는 것이다. 조순형 회장은 다음과 같이 이야기하고 있다.

> 품바는 1400년 서라벌의 대안, 혜공, 원효대사를 뿌리로 541년 전 조선의 봉건지배 권력에 대항했던 한국불교의 비밀결사조직인 거사사당패가 만들어 최초의 지방시장인 무안군 일로장에서 처음 연행한 전위 연희극이었습니다. 또한 무안 일로태생 고 김시라 선생에 의해 1981년 일로읍 월암리 공회당에서 새롭게 정리되어 한국의 공연문화로서는 처음으로 기네스북에 등재된 우리 민족의 소중한 문화 역사 자원이기도 합니다. 그럼에도 불구하고 한국의 전통문화에서 품바는 '장터의 저질 엿장수'로 치부되어 천대받아 왔습니다.[19]

품바 마당극은 궁극적으로 무안의 '품바'가 단순히 걸인의 몸짓이 아니라 도도한 역사성과 정치성을 내재한 지역예술임과 동시에 국가적 차원의 예술이라는 점을 부각하려 한 것으로 보인다. 이러한 공연 속에서 무안군의 지역 발전이라는 두 번째 목적이 구체화되는데 공연의 주요한 메시지는 자식과 생명의 소중함을 일깨우는 데 있었다. 공연을 기획한 김대호(성화대학 겸임교수)의 생각을 들어보자.

> (사)일로품바보존회 회장이자 극작가 조순형의 품바마당극 '함사세요'는 껄떡쇠와 야근놈의 입을 통해 낳은 것보다 기르는 것이 두려운 세상에 대한 풍자를 담았습니다. '함사세요'는 대책 없이 아이만 낳고 보자는 억지 계몽극은 아닙니다. '아이 낳아 기르는 좋은 세상'을 바라는 민초들의 몸짓입니다. 또한 순덕이와 부단이의 입을 통해 그럼에도 불구하고 아이는 사람 사는 세상의 희망이며 미래라는 메시지를 맏고 싶었습니다. 아이는 세상의 갈등과 반목을 정화시키는 화해와 평화의 메시지입니다.[20]

무안군 또한 다른 지역과 마찬가지로 인구감소라는 문제로부터 결코 자유롭지 않은데, 단순히 정책적 홍보 차원이 아니라 전통예술이라는 형식을 빌려 그 문제에 접근하려 한 것은 일견 새로워 보인다.

한편, 공연과 관련해 우리가 주목하게 되는 부분은 공연을 통해 전달하고자 한 두 개의 메시지를 엮어가는 주체가 전문 연극인들이 아니라 지역의 일반사람들이라는 점이다. "이번 무대에 오르는 사람들 대부분은 전문 연희꾼이 아닙니다. 거리에서 시장에서 흔히 만날 수 있는 어머니, 아버지들이며 형이며 누나며 동생들입니다. […] 조금은 덜 채워진 듯 엉성한 여백이 있어 더 아름다운 무대가 아닌가 싶습니다."[21] 이러한 점은 예술행위가 전문가들만이 아니라 일반인들도 주체적으로 참여할 수 있는 영역이라는 사

---

19) 조순형, "모시는 글", <품바 마당극, 함사세요> 팜플렛.
20) 김대호, "기획의도", <품바 마당극, 함사세요> 팜플렛.
21) 김대호, "기획의도".

실을 관람객들에게 인식시킴으로써 전통예술의 대중화와 더불어 지역적 문화예술의 기반을 강화하는 데 실질적인 기여를 할 것으로 보인다.

IV. 무안군의 문화예술정책: 지역 지도자들의 관점

지금까지 우리는 지역 문화예술의 대중적 확산과 공적 향유를 위해 무안군이 구축한 인프라와 프로그램 그리고 그러한 기반 위에서 시행된 몇 가지 공연의 사례들을 살펴보았다. 이제 지역정책을 기획하고 입안하며 집행하는 정치지도자들이 지역의 문화예술정책에 대해 어떠한 비전을 갖고 있는가를 살펴보고자 한다. 이를 통해 우리는 무안군의 문화예술정책의 공동체적 잠재력을 가늠해 볼 수 있을 것이다.

1. 자치단체장과 문화예술정책의 비전

무안군의 자치행정을 이끌고 있는 무안군수는 ― 다른 모든 행정기관장들이 그러한 것처럼 ― 취임사를 비롯해 신년사, 시정연설과 같은 정례적인 커뮤니케이션 방식 또는 지역 행사에의 참여를 통한 연설을 통해 군의 발전을 위한 정책적 방향들을 군민들에게 알리고 있다. 그러한 연설들에는 군이 지향하는 정책의 우선순위와 무게중심이 잘 드러나게 된다. 먼저, 2010년 7월 1일의 취임사를 살펴보기로 하자. 삼선으로 당선된 군수는 지난 8년간 자신이 이룩한 정책적 성과들을 요약적으로 알리고 있다. "가장 살기 좋은 도시 무안", "가장 잠재력 있는 도시 무안"을 건설하기 위해 기업도시를 유치하고, 전남도청의 이전에 따른 신도청의 중심 도시로 거듭나고, 무안국제공항의 개방을 통해 국제교류 도시로서의 가능성을 확보했으며, 연꽃축제를 산업화해 전국 최초로 수익형 산업축제 모델을 개발했다. 또한, 양파 브랜드 사업을 비롯해 다양한 선진 농업화 전략을 구축함으로써 농촌의 소득 증대에 기여하고, 고령화 시대를 대비한 복지정책을 개발했으며, 무안군 갯벌의 보존과 관광자원화를 위한 노력을 기울였으며, 군민들의 삶의 질 제고를 위한 문화예술의 접근 기회를 높여왔다.

이러한 정책적 성과 보고 아래에서 군수는 향후 무안군이 지향해야 할 군정의 비전들을 전달하고 있다. 군정의 주요한 뼈대는 대략 7개의 유형으로 분류되고 있다. 첫째, 무안의 경제적 발전 토대의 강화라는 측면에서 무안기업도시개발사업의 성공적 추진, 광주공항의 국내선 이전, 호남고속철도 경유, 남악신도시의 활성화 등을 실천해 나간다. 둘째, 무안군의 산업경쟁력 강화를 위한 지역농산물의 명품화, 친환경식품산업 인프라 구축, 축산시설의 현대화와 같은 정책들을 추진해 나간다. 셋째, 군의 복지증대를 위해 여성의 사회적 참여 확대, 장애인 복지, 노인 복지에 힘을 기울인다. 넷째, 무안군의 "문화예술관광" 잠재력을 높이기 위해 회산백련지의 세계적 관광지화, 영산강 고대 문화권 개발, 청화대종사 기념사업 추진 등 새로운 관광자원 개발에 힘쓰고, 군립국악원의 활성화와 초의선사 탄생지의 순례코스화 등을 도모해 나간다. 다섯째, 무안군 내 읍면의 균형발전을 위한 권역별 발전전략을 추진해 나간다. 여섯째, 군의 지속가능한 발전을 위한 환경정책의 일환으로서 생태하천 복원, 도시공원 조성과 같은 정책들을 수행해 나간다. 마지막으로 군 행정의 민주주의 혹은 "주민참여행정"을 위해 군민정책배심원단 운영, 군민참여 감사제도 활성화와 같은 참여 시스템을 구축해 나간다.[22]

무안군의 문화예술정책의 비전이라는 관점에서 군수의 정책적 비전을 검토하자면, 우선적으로 무안군의 문화예술 발전(4번째 정책 범주)을 독자적

---

22) 서삼석, "민선 5기 취임사", 무안군청 홈페이지(www.muan.go.kr)-열린군수실-말과글.

인 정책적 범주로 다루고 있다는 면에서 긍정적인 평가를 내릴 수 있다. 하지만 군수가 제시한 무안군 문화예술 발전의 궁극적 방향이 군의 관광자원을 다양화하는 데 있다는 점에서 비판적 논의의 대상이 되어야 할 것으로 보인다. 우리가 고민해야 하는 지점은, 서론에서도 언급했듯이, 지역의 문화예술 발전을 관광의 활성화와 그에 따른 지역경제의 성장이라는 가치로 볼 것인가, 아니면 지역에 대한 지역민들의 공동체 의식을 확대하고 강화하는 가치로 볼 것인가에 있다. 그러한 점에서 지역발전을 위한 정책 영역으로서 문화예술의 관광 차원과 공동체성의 차원은 구분되어야 할 필요가 있다.

취임사에서 드러난, 군의 문화예술의 정책적 방향에 대한 군수의 관점은 2011년 무안군 발전 보고서에서도 재현되고 있다.『도정과 함께 열어가는 2011년 무안의 새 비전』이라는 책자를 통해 군청은 2011년에 수행할 주요한 업무들을 발표했다. 그 내용들을 정리하자면 다음과 같다.

2011년 주요 업무 계획	정책 방향
지속 발전 가능한 미래 성장 동력 확충	- 무안의 백년대계 한중국제산업단지 단계적 추진 - 무안국제공항 서남권 거점 공항으로 육성 - 전남의 미래를 견인할 명품도시 남악 건설
경쟁력을 갖춘 친환경 농수산업 육성	- 친환경 농수산업 기반 확충 - 황토랑 농특산물 명품 브랜드 육성 - 미래를 대비한 농수산업 발전 기반 마련 - 누구나 살고 싶은 쾌적한 농어촌 건설
사랑과 감동이 있는 따뜻한 복지사회 구현	- 저소득 취약계층에 대한 사회안전망 강화 - 초고령 사회에 걸 맞는 노인복지 환경 조성 - 수요자 중심의 맞춤형 보건의료 서비스 제공 - 교육환경 개선으로 지역인재 육성
자연 친화적인 문화관광 생태도시 건설	- 지역문화예술 진흥과 전통 문화유산 전승 - 비교 우위의 관광자원을 활용한 인프라 확충 - 안전하고 살기 좋은 생활환경 관리 - 깨끗하고 아름다운 생태도시 조성
균형과 조화 속에 활력 넘치는 지역경제 육성	- 고객 중심의 맞춤형 투자 유치 전개 - 서민생활 안정을 위한 일자리 창출

	- 아름답고 조화로운 지역 개발 육성 - 체육시설 확충과 스포츠 마케팅 강화
군민을 주인으로 모시는 선진 자치행정 실현	- 군민과 소통하는 열린 행정 구현 - 군민에게 믿음 주는 으뜸행정 실천

출처: 무안군, 『도정과 함께 열어가는 2011 무안의 새 비전』, 2010.

    군의 문화예술에 관한 비전은 <자연 친화적인 문화관광 생태 도시 건설>에 포함되어 있는데, 군은 문화예술 진흥과 전통 문화 유산의 전승을 위해 문화재 보존관리, 문화예술 향유 프로그램 확대, 지역 문화자원의 관광 상품화를 추진할 계획이다. 여기서 알 수 있듯이 지역 문화예술 발전의 비전은 취임사에서와 마찬가지로 관광산업의 영역과 연계되어 있다.

    한편, 군수는 무안군의회 제2차 정례회(2011년 11월 17일)에서 시정연설을 행하면서 2011년 군정 운영방향을 발표했다. 첫째, 한중미래도시 건설, 남악신도시와 무안국제공항 활성화, 둘째, 지속가능한 농수축산업 발전, 셋째, 복지의 확대, 넷째, 관광산업 육성과 정주환경의 선진화, 다섯째, 생활환경의 개선과 녹색성장 추진, 여섯째, 행정의 민주화 등이다. 여기서 지역의 문화예술 발전에 관한 내용은 <관광산업 육성과 정주환경의 선진화> 영역에 포함되어 있다. 군수는 정책의 방향을 다음과 같이 설명했다.

    그동안 일회성으로 개최하던 연 산업축제를 지역주민들이 참여하는 실속 있는 민간행사로 전환하여 추진하겠습니다. 우리의 문화유산인 품바를 중심으로 주말 테마형 문화예술행사를 지원하고 농특산물 상설판매장을 운영하여 지역주민에게 소득으로 연결되도록 하겠습니다. 회산백련지 관광지 조성사업도 계속 추진하여 사계절 관광객이 끊이지 않는 차별화된 관광 상품으로 육성하겠습니다. 2014년 도민체전 유치를 위해 체육 인프라를 착실히 구축해 나아가겠습니다. 낙후되어 있는 농어촌 마을을 전통과 현대가 어우러진 살기 좋은 정주공간으로 조성하겠습니다.[23]

---

23) 무안군수, "2011년 예산안 제출에 즈음한 시정연설", 무안군청 홈페이지(www.muan.go.kr)-열린군수실-말과글.

이러한 설명을 통해 알 수 있는 사실은 지역의 문화예술 발전이 명백히 관광과 산업의 차원으로 환원되고 있다는 점이다.

그런데, 2011년 신년사에서 밝힌 정책적 디자인에서는 문화예술 발전기획 자체가 사라져 버린다. 군수는 신년사를 통해 지역발전을 위해서 다음과 같은 정책들을 추진해야 함을 강조했다. 첫째, 한중 미래도시 건설, 무안국제공항 추진, 남악신도시 활성화를 통한 창조도시 건설, 둘째, 농수축산업의 자생력과 경쟁력 강화, 셋째, 복지의 내실화를 통한 풍요로운 무안군 건설, 넷째, 친환경 관광산업의 육성, 다섯째, 기업유치를 위한 긍정적 환경조성과 지역간 균형발전, 여섯째, 열린 행정과 참여 행정의 실천 등이다. 지역의 문화예술 발전이라는 정책적 아이디어가 관찰되지 않고 있다. 취임사와 정책보고서에 언급되고 있던 문화예술정책의 그림이 시정연설에서는 관광의 영역으로 환원되고, 나아가 신년사에서는 전혀 언급되고 있지 않다는 점이 비판적 성찰을 필요로 한다.

2. 선거공약과 문화예술정책의 비전

2010년 6·2 지방선거 후보자들의 선거공약은 무안군 정치지도자들이 그리고 있는 무안군의 문화예술정책의 방향이 무엇인지를 인지하게 한다. 먼저, 무안군수 후보자들의 정책적 비전과 관련해, 현재 군수로 재직하고 있는 민주당 서삼석 후보의 경우에는 지방자치단체장의 정책 담론을 통해 이미 앞서 살펴봤기 때문에 생략하기로 하고, 무소속으로 출마한 두 후보(나상길, 양승일)의 공약을 관찰해보자. 먼저, 나상길 후보의 공약은 지역개발, 농어업 발전, 노인복지, 교육발전, 관광문화 등에 중점을 두고 있다. 지역개발을 위해서는 지방공단의 건립, 고속열차의 무안공항 경유, 무안공항의 광주공항 합병 등의 사업을 추진해야 하며, 농어업의 발전과 관련해서는 상대국과의 협의를 통한 농산물 수입물량의 조절과 농산물의 과잉생산에 대비한 정책대응력 강화가 필요하며, 초등학교 무상급식, 초중고교 원어민 교사 및 방과 후 수업의 확대를 통해 교육의 질을 강화해야 하고, 노인들을 위한 일상생활 상의 복지를 증대해야 하며, 관광인프라의 확대 및 관광 상품의 다양화를 통해 군의 관광 잠재력을 확대해야 한다고 주장했다. 한편, 양승일 후보는 기업도시문제의 해결, 무안국제공항의 활성화, 교육 중심 친환경 창조도시의 건설, 지역의 자연적 특성을 살린 관광레저 인프라 확보, 농수축산물 브랜드사업 강화와 유통구조 개선을 통한 소득증대, 장애인 지원 확대, 노인 일자리 창출과 경로당 지원확대를 통한 노인복지 강화 등을 정책 공약으로 제시했다.24)

무안군수 후보자들의 공약을 통해 우리가 인식하게 되는 사실은 지역의 경제적 성장에 초점을 맞춘 공약들이 중심이 되고 있으며, 지역민을 위한 문화예술정책의 경우에는 거의 언급되고 있지 않다는 점이다. 양승일 후보의 경우에는 문화예술정책 자체가 없으며, 나상길 후보 또한 문화를 지역경제의 발전이라는 차원으로만 접근하고 있는 것으로 이해된다. 서삼석 후보의 경우에도, 지역의 중요한 영역자산의 확충과 문화예술 인프라의 발전을 강조하면서도 궁극적으로 그러한 정책의 목표가 관광 수요 창출에 있음을 밝히고 있다는 점에서 역시 지역 문화예술의 경제적 차원에 주목하고 있는 것으로 평가될 수 있다.

이러한 특성은 사실상 군 의회 선거에 출마한 후보자들의 정책공약에서도 크게 다르지 않다. 후보자들의 선거공약은 다음과 같이 정리할 수 있다.25)

	지역개발	지역경제발전	환경/생활	교육	복지	관광
김산		친환경 농산물의 무상급식을 위한 조례 제정, 지역특화작물			노인건강 및 안전 지원사업	

---

24) <무안신문>, 2010년 5월 23일.
25) <무안신문>, 2010년 5월 23일.

이름						
정길수	무안기업도시 실현 남악신도시 발전	단지 조성, 브랜드화 농가재정보조 친환경무상급식을 통한 농산물 소비 촉진		명문학교 육성, 장학지원 확대	노인일자리 창출, 소외계층 복지 강화	
이선범	국도 확장	양파 연구센터 건립				지역관광지 개발
김관형	한중미래도시 추진	지역농산물 사업 활성화			노인 일자리창출	
서정배			생활체육 지원 조례 제정	교육지원 인력 확대	인력시장 임금 현실화	
박안수		지역농축산물 선진화 지원 교육센터 건립을 통한 지역경제 활성화				
김천성	남악신도시 발전	친환경 농축산업 육성		교육인프라 확충	소외계층 지원	관광코스 개발
임덕수	남악신도시 발전	농산물 유통기반 확충	공공근로 확대	교육인프라 확충	소외계층 일자리 창출	
이요진		농축산물 경쟁력 강화	지역민의 삶의 질 제고, 문화, 스포츠, 레저 활성화	명문학교 육성 교육 인프라 확대		
정철주		농산물 생산 안전화	책임행정 구현		노인 및 소외계층 복지 확대	
박영근		농수산물 주민 기업화 및 규모화 사업 추진	민주주의 행정 구현			

위의 선거공약이 말해주는 점은 대부분의 후보자들이 지역경제의 발전에 가장 큰 정책적 강조점을 두고 있다는 사실이다. 이는 지역의 발전에서 경제가 가장 큰 중요성을 차지하고 있다는 점에서 충분히 이해할 수 있지만, 경제에 대한 무게중심이 실리는 것과는 달리, 지역민들에게 얼마나 다양한 문화예술을 골고루 제공할 수 있을까에 대한 문제의식은 거의 관찰되지 않고 있다고 해도 과언이 아니다. 궁극적으로 물질과 경제의 성장에 초점을 맞추어 지역발전을 사고하는 패러다임의 귀결이라고 할 수 있다.

V. 나오는 말

지금까지 우리는 무안군이 기획하고 운영하고 있는 문화예술정책들을 인프라, 프로그램, 정책적 비전의 영역을 중심으로 살펴보았다. 무안군은 지역의 문화예술 실천을 위한 인프라와 관련해 승달문화예술회관을 필두로, 문화의집, 공공도서관, 미술관 등 지역민들이 다양한 문화예술을 향유할 수 있도록 실질적인 기반을 갖추고 있다. 그러한 바탕 위에서 무안군은 지역전통문화예술을 포함해 다양한 문화예술들을 지역민들이 감상하고 공유할 수 있게 하는 정책적 실천들을 시도해나가고 있다. 앞서 예로 든 몇 개의 공연들이 그러한 실천의 단면들이라고 할 수 있지만, 특히 우리는 군 단위로서는 보기 드물게 무안군이 운영하고 있는 군립국악원에 주목할 수 있다.

군립국악원의 경험은 지역의 문화예술정책에 연관된 중요한 의미들을 알게 해준다. 우선적으로, 국악원은 무관심의 영역으로 떨어질 수 있는 전통문화예술에 대한 지역민들의 관심과 애정을 높일 수 있는 중요한 매개체가 될 수 있다. 전통문화예술이 지역 대중들의 일상으로 이어지게 되면 이는 궁극적으로 지역 정체성의 기반을 확장하는 결과를 가져올 수 있다. 또한, 지역의 전통문화예술을 지역구성원들이 광범위하게 향유할 수 있게 하는 공간으로서 국악원은 문화의 시대에 필수적으로 요청되는 가치인 '문화 복지'(cultural welfare)를 실현하기 위한 의미 있는 장치가 될 수 있다.

하지만 그러한 긍정적 요소들은 아직까지 본격적으로 구현되고 있는 것 같지는 않다. 왜냐하면 현재 군립국악원은 수강생 범주의 절대 다수가 학생들로 편중되어 있음으로써 지역민의 문화적 향유를 위한 보편적 기관의 위상을 확보하지 못하고 있을 뿐만 아니라, 지역민들의 광범위한 관심과 참여를 유도하기 위한 홍보 및 유인책이 충분하지 않기 때문이다.[26]

---

26) <군립국악원 원감 인터뷰>(2011년 4월 19일).

그렇지만, 무안군의 문화예술의 발전과 지역민들의 광범위하고 일상적인 향유를 위해서는 군립국악원의 역할만으로는 가능한 일이 아니다. 그렇게 볼 때 군립국악원이 지역의 전통문화예술을 활성화함으로써 지역민들의 문화적 향유 기반을 넓히고 나아가 지역 공동체성과 정체성의 토대를 강화하는 일은 궁극적으로 지방자치행정기관, 지방의회와 같은 정치적 주체들의 관심과 의지에 달려 있다고 볼 수 있다.[27] 지역민들을 위한 문화예술 공연이 한층 다양화될 수 있도록 인프라와 프로그램의 차원에서 정책적 지원을 강화해야 한다. 나아가, 지역의 지도자들은 문화와 예술을 관광과 경제의 수단이라는 관점으로만 접근해서는 안 된다. 지역의 문화와 예술은 외부사람들을 불러들여 지역의 소비경제를 확대하는 도구가 아니라 지역구성원들이 함께 감상하고 향유함으로써 지역민들 간의 공동체 의식과 지역에 대한 소속의식을 높일 수 있는 중요한 실천의 장이라는 인식이 필요하다.

---

[27] 물론 앞서 살펴본 것처럼, 무안군 의회는 군립국악원의 발전을 위해 조례개정을 추진하는 등 노력을 기울이고 있다.

참고문헌

김형국,『공간의 문화관측: 세계화 시대에 지방이 살길』, 서울: 학고재, 2002.
무안군,『군정백서 2006-2010』, 2010.
무안군,『도정과 함께 열어가는 2011 무안의 새 비전』, 2010.
<무안군문화의집관리운영조례안>(의안번호 2000-51).
<무안군립국악원관리조례 일부개정조례안>.
문화체육부,『한국의 지역 축제』, 1996.
서삼석 무안군수, "민선 5기 취임사", 무안군청 홈페이지(www.muan.go.kr)-열린군
 수실-말과글.
서삼석 무안군수, "2011년 예산안 제출에 즈음한 시정연설", 무안군청 홈페이지-
 열린군수실-말과글.
하상복,「'목포시정소식'과 목포 정체성의 이미지」, 이종화 외,『목포·목포사람들 2』,
 경인문화사, 2005.
하상복,『광화문과 정치권력』, 서강대학교 출판부, 2010.
<무안신문> 2010년 5월 23일, 11월 6일.
<2010 무안군립국악원 2nd 정기발표회> 팜플렛, <품바 마당극, 함사세요> 팜
 플렛, <무안군민을 위한 열린음악회> 팜플렛.
<무안군립국악원 원감 인터뷰 기록> (2011년 4월 19일).

제 3 부

무안 교육이 흘러온 길, 그리고 가야할 길

강 일 국*

1. 무안교육 살펴보기

무안이 농촌지역인 것처럼 무안의 학교들은 전형적인 농촌 교육의 특징을 갖고 있다. 농어촌 인구 감소와 도시로의 이동으로 상급학교로 올라갈수록 학교 수는 감소한다. 2011년 현재 초등학교 17개교 및 분교 2개교, 중학교 9개교, 고등학교 7개교가 있다

오랜전부터 무안지역에 교육기관이 있었겠지만 쉽게 찾을 수 있는 곳 중에서 가장 오래된 공교육기관은 무안 향교이다. 봉건시대가 막을 내리고 근대화가 이루어지면서 설립되기 시작한 것은 초등교육기관이었다. 무안지역에서 최초로 설립된 초등학교는 북교초등학교다. 설립된 지 얼마 안 돼서 목포로 이전하긴 했지만, 그 이후 중학교, 고등학교 들이 하나씩, 둘씩 설립되었다. 이들 학교들을 종류별로 살펴보았다.

2. 무안지역의 학교들

□ 무안향교

조선시대에 설립된 공식적인 교육기관으로는 무안향교가 있다. 무안읍에서 버스 터미널쪽으로 들어가면 무안북중학교가 있는데 바로 뒤편으로 무

---

* 교육학과 교수

안향교를 볼 수 있다.

향교는 조선시대 대표적인 공교육기관의 하나로 훌륭한 유학자를 제사사하는 기능과 지방 주민들을 교육하는 기능을 갖고 있었다. 서원이 지방사립교육기관이라면 향교는 지방 공립교육기관이라고 할 수 있다.

무안향교는 태조 3년(1394)에 무안읍성의 남쪽 공수산(현재의 남산)에 세웠으나 호랑이가 자주 나타나서 성종 1년(1470)에 현재의 자리로 옮겼다고 한다. 임진왜란(1592) 때 파손된 것을 숙종 15년(1689)에 고쳤으며, 그 뒤에 여러 차례 수리가 있었다. 현 건물들은 조선 후기 이후에 점차적으로 지어진 것이며, 대성전·명륜당·동재·서재·내삼문 등이 있다. 비록 무안북중학교 뒤편에 숨어있는 듯 보이지만 아직도 고아한 자태를 유지하고 있다.

〈그림 1〉 무안 향교의 전경
(출처: 남도여행길잡이:http://namdokorea.com/kr2/tourism/island)

□ 초등학교

무안 최초의 초등학교는 현재 목포 북교로 이전한 북교초등학교다. 19세기 말 갑오개혁 직후 '소학교령'을 반포하게 되는데 이 법령(고종 32년 칙령 145호)에 의하여 1897년 무안읍에 설립되었다. 무안읍 향교에 있는 건물

(양사재)과 토지(압전)를 기반으로 하여 설립되었다. 1901년 목포의 북교동으로 이전하였다고 한다. 이 당시 가르친 교육내용은 대체로 기존에 가르치던 전통적인 교과와 함께 영어 등 근대적인 과목이 포함되었다.

〈그림 2〉 현재의 북교초등학교 전경

북교초등학교가 설립된 지 불과 4년 만에 목포로 이전한 후, 무안에 초등학교가 설립된 것은 14년 이후인 1915년이었다. 그 학교가 무안공립보통학교이며, 지금의 무안초등학교이다. 일제가 우리나라를 강압적으로 점령한 직후 대부분의 조선인들은 일본인 학교를 다니기를 꺼려했기 때문에 일본인이 세운 초등학교는 거의 확대되지 않았다. 대부분의 조선인들은 사립교육기관인 개량서당에서 교육을 받고자 하였기 때문이다. 일제는 사립학교령으로 사립학교를 정리하고자 하였고, 개량서당의 수는 점차 줄 수밖에 없었다. 이런 상황을 고려하면 1915년이 되어서야 초등학교가 설립된 이유를 짐작할 수 있을 것이다.

<표 1> 무안지역 초등학교 현황

학교 이름	설립연도	설립 당시 학교명	홈페이지
북교초등학교	1897	무안공립소학교(현재 목포시 소재)	www.mokpobukkyo.es.kr
무안초등학교	1915	무안공립보통학교	www.muan.es.kr
망운초등학교	1920	망운공립보통학교	www.mangun.es.kr
삼향초등학교	1920	삼향공립보통학교	www.samhyang.es.kr
일로초등학교	1922	일로공립보통학교	www.illo.es.kr
해제초등학교	1924	해제공립보통학교	www.haeje.es.kr
몽탄초등학교	1929	박곡공립보통학교	www.mongtan.es.kr
청계초등학교	1930	청계공립보통학교	www.cheonggye.es.kr
현경북초등학교	1935	망운공립보통학교(부설간이학교)	www.hyeongyeongbuk.es.kr
운남초등학교	1937	망운공립보통학교 운남분교장	www.unnam.es.kr
현경초등학교	1938	현경공립심상소학교	www.hyeongyeong.es.kr
삼향동초등학교	1939	삼향공립보통학교(용포간이분교)	www.samhyangdong.es.kr
삼향북초등학교	1941	지산간이학교	www.sambuk.es.kr
해제남초등학교	1941	천장국민학교	www.haejenam.es.kr
청계북초등학교	1945	청계북국민학교	www.cheonggyebuk.es.kr
일로동초등학교	1946	일로남국민학교	www.illodong.es.kr
청계남초등학교	1956	청계남국민학교	www.cheonggyenam.es.kr
현경초등학교/해운분교장	1956	현경국민학교 해운분교장	www.hyeongyeong.es.kr
일로초등학교/청망분교장	1994	일로초등학교 청망분교장	www.illo.es.kr
남악초등학교	2007	(현재와 동일)	www.namak.es.kr

무안에 초등학교가 확대되기 시작한 것은 1920년대 들어서면서 부터이다. 망운, 삼향, 일로, 해제, 몽탄 초등학교 등 5개 학교가 설립되었다. 1920년대에 조선인들은 사립교육이 길이 차단되자 본격적으로 공립학교교육에 참여하게 된다. 일제 통치에 필요한 저급한 인력을 양성하려던 일제의 의도와는 달리 조선인들은 실력을 양성하기 위하여 높은 수준의 교육을 요구하였다. 초등교육의 확대 뿐 아니라 중등교육, 고등교육의 확대까지 요구하였고, 조선인들이 직접 학교설립운동을 벌여나갔다. 이 시기 경성제국대학을 설립한 것도 이러한 분위기에서 이루어진 것이다. 1930년대 후반부터 제국

주의 교육은 황국신민화라는 구호 아래 식민지 교육을 더욱 강화되었다. 무안에는 현경초등학교가 현경공립심상소학교라는 설립된 반면, 현경북초, 운남초, 삼향초등학교는 간이학교 형태로 설립되었다. 1940년대에는 일제가 세계 대전을 도발하면서 우리 민족을 황국신민이라는 미명하에 초등학교의 명칭을 국민학교로 바꾸게 된다. 국민학교라는 명칭이 초등학교로 개정된 것은 1996년이었으니까, 50여년 동안이나 일제 잔재가 지속되었던 셈이다. 해방이후에는 청계북, 일로동, 청계남 초등학교 등 각 면지역에 더 많은 학교들이 설립되었다. 가장 최근에 생긴 학교는 남악초등학교이다. 남악지역이 개발되면서 초, 중, 고등학교가 필요해졌기 때문이다. 같은 해인 2007년에 남악 중학교가 설립되었고, 이듬해에는 남악고등학교가 신설되었다.

□ 중학교

현재 있는 학교 중 무안에서 제일 먼저 설립된 중학교는 무안중학교이다. 1937년에 무안농업실수학교라는 이름으로 설립되었다. 일제는 중학교 이상 수준의 학교를 확대시키지 않으려고 하였다. 일본인들을 위해서 '중학교'라는 명칭으로 학교를 설립했지만, 조선인들을 위해서는 고등보통학교나 고등소학교라는 학교를 설립하여 차별하였다.

중학교가 급속도로 팽창하게 된 것은 해방 이후이다. 1950년대에 무안북중학교와 망운 중학교가 생겨났고, 그 이후 설립된 학교가 해제중학교 등 나머지 6개 중학교이다. 특히 1971년에는 무안현경, 무안청계, 무안몽탄 중학교 등 한 해에 3개 학교가 신설되었다. 이것은 1969년 중학교 입학시험이 폐지되어 무시험입학하게 되면서 중학교 수요가 크게 늘어났기 때문으로 보인다. 남악 신도시 개발로 가장 최근에 설립된 학교가 남악중학교이다.

〈그림 3〉 최근에 설립된 남악중학교 전경
(출처: 남악중학교 홈페이지 www.namak.ms.kr)

〈표 2〉 무안지역 중학교 현황

학교명	설립연도	설립 당시 학교명	홈페이지주소
무안중학교	1937	무안농업실수학교	www.muan16.ms.kr
무안북중학교	1951	면성중학교	www.muanbuk.ms.kr
망운중학교	1952	운남 고등공민학교	www.mangun.ms.kr
해제중학교	1966	해광중학교	www.haeje.ms.kr
무안현경중학교	1971	(현재와 동일)	www.muan-hg.ms.kr
무안청계중학교	1971	(현재와 동일)	www.cheonggye.ms.kr
무안몽탄중학교	1971	〃	www.mongtan.ms.kr
전남체육중학교	1997	〃	www.jnpschool.net
남악중학교	2007	〃	www.namak.ms.kr

□ 고등학교

무안에서 최초로 설립된 고등학교는 1965년에 세워진 무안농업고등학교로 지금의 무안고등학교이다. 최근에 설립된 남악고등학교나, 특수목적고인 전남예술고등학교와 전남체육고등학교를 제외하면 해제, 백제, 무안현경 고등학교 등 3개 모두 1979년과 1980년에 세워졌다. 1974년 고교평준화가 이루어지고 고등학교 학생 수가 급격히 늘어나면서 고등학교 신설이 불가피했을 것이다.

무안 지역에는 예체능관련 특수목적 고등학교인 전남 예술고등학교와 전남 체육고등학교가 있다. 전남 예술고등학교는 사립학교로 1989년에 설립되었고, 현재 한 학년 당 미술 2개 학급, 무용연기 1개 학급, 음악 2개 학급 등 총 5개의 학과로 운영되고 있다. 학생 수는 1개 학년에 평균 150여명이며 교원 수는 38명이다.

〈그림 4〉 전남 예술고등학교 무용단 공연
(출처: 전남 예술고등학교 홈페이지 www.chonnammarts.hs)

〈표 3〉 무안 고등학교 현황

학교명	학교종류	설립연도	설립 당시 학교명	홈페이지주소
무안고등학교	로봇 특성화고	1965	무안농업고등학교	www.muan.hs.kr
해제고등학교	일반계고	1979	(현재와 동일)	www.haeje.hs.kr
백제고등학교	일반계고	1980	백제여자상업고등학교	www.baekje.hs.kr
무안현경고등학교	기숙형 공립고	1980	(현재와 동일)	www.hyunkyung.hs.kr
전남예술고등학교	자율학교	1989	목포예술고등학교	www.chonnamarts.hs.kr
전남체육고등학교	특수목적고	2003	(현재와 동일)	www.jnpschool.net
남악고등학교	일반계고	2008	(현재와 동일)	www.namak.hs.kr

지방의 고등학교 교육력을 강화하기 위한 노력은 크지는 않지만 나름대로 추진되어 왔다. 각 군마다 우수 명문고를 만들기 위하여 재정지원을 강화하려는 정책이 실시되었고, 이 정책은 이후 기숙형 공립고를 육성하는 정책으로 전환되었다. 무안에서는 무안현경고등학교가 기숙형 공립고로 지정되어 운영되고 있다.

〈그림 5〉 전남체육고등학교 학생의 높이뛰기 훈련 모습

3. 무안교육이 힘쓰고 있는 것

새삼 말할 필요도 없이 출산률 저하는 우리나라의 큰 문제다. 출산률의 저하로 인해 학생 수 감소는 급격하게 진행되고 있다. 전남 지역의 학생수를 예측해보면, 현재 12만명 수준의 초등학생수가 2020년이 되면 8만명 수준으로 줄어든다고 한다.

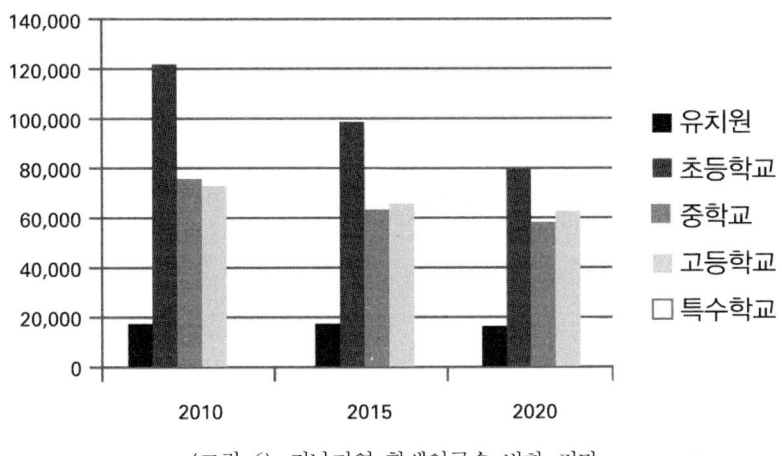

〈그림 6〉 전남지역 학생인구수 변화 전망

무안지역과 같은 농촌 사회에서 전반적인 출생률만큼이나 중요한 것은 많은 사람들이 도시로 빠져나간다는 데 있다. 이것은 우리나라의 산업화가 농촌의 희생을 바탕으로 이루어졌기 때문이다. 도시 지역에 집중적인 투자를 하였고, 공업개발도 도시지역에서 이루어졌다. 농촌의 많은 사람들이 일자리를 찾기 위해 대거 도시로 이주하는 것이 일반적인 경향이 되었다.

농촌 인구가 감소함에 따라 자연스레 학생 수가 줄어들었다. 학생 수가 줄어들면서 교육여건이나 지원이 열악해졌다. 농촌 주민들은 이제 단지 일자리만을 위해서 도시로 가는 것이 아니라 자녀 교육을 위해서 대도시로 이주할 수밖에 없게 되었다. 산업화로 인한 인구감소로 교육여건이 열악해지고, 교육여건이 열악해져서 다시 대도시로 이주하는 악순환이 계속되고 있다.

무안지역에서도 초등학교 20개교, 중학교 9개교와 비교하면 일반계·전문계 고등학교가 모두 5개이다. 학교 수준이 올라갈수록 학생 수가 줄어들고 있음을 알 수 있다. 특히 최근에 생긴 남악고등학교를 제외하면 고등학교가 4개에 불과해 학교 급이 올라갈수록 거의 절반에 불과하다. 이것은 학교 급이 올라갈수록 대도시로 이동하여 자녀들의 교육문제를 해결하려는 경향 때문으로 풀이할 수 있다. 읍·면지역 학교교육이 점차 어려움을 겪게 된 것은 근본적으로 농촌의 희생을 기반으로 한 도시화 정책 때문이다. 대부분의 인구가 도시로 이동하면서 읍·면지역의 학교 교육여건이 열악해지고, 이 때문에 학부모들은 대도시로 이동하려는 경향이 커진다. 대도시로 이동하면 또 다시 교육여건이 열악해지는 악순환을 겪고 있는 것이다.

이번 설문조사에서 무안 이외의 다른 지역으로 이주하겠다는 질문에 대한 답을 보면 이러한 경향을 짐작할 수 있다. 전체 평균으로 보면, 다른 지역으로 이주하겠다는 비율이 18%로 소수에 불과하지만, 20,30대는 다르다. 20대의 53.3%, 30대의 29.4%가 이주할 것이라고 응답하였다. 이주할 지역은 62.5%가 광주나 수도권이라고 밝혔다.

이번 설문에서는 그 이유에 대해 질문하지 않았지만 다른 설문의 경우를 보면 대체로 미혼의 젊은 청년층은 취업을 목적으로, 취학한 자녀를 둔 학부모의 경우는 자녀의 교육 문제로 이주하는 경향이 높았다.

학부모가 이사하려는 시기는 대체로 자녀가 초등학교 때이다. 전남 학생수 변화를 예측한 [그림 6]을 보면 이런 경향을 짐작할 수 있다. 초등학생수는 급격하게 줄어들고 있는 반면 중, 고등학교 학생수는 비슷한 수준을 유지하고 있는데, 이것은 인구감소를 의미하기도 하지만, 초등학생 학부모들이 지속적으로 다른 지역으로 이주할 것을 의미하기 때문이다.

전남 농어촌지역 학교교육의 교육력의 문제는 주로 중학교와 고등학교와 관련이 있다. 상대적으로 초등학교가 대학입시와 관련이 적은 반면 중학교, 고등학교로 올라갈수록 입시준비를 얼마나 잘 할 수 있는가가 관건이 되기 때문이다. 특히 한 연구에 따르면 도시로 유학을 하겠다는 무안지역 초·중학생들 중에서, 중학교와 고등학교 사이에 유학하겠다고 응답한 학생이 63%였다. 유학을 하려는 이유에 대해서는 46.2%가 도시 교육 여건이 더 좋기 때문이라고 답하였다. 이것은 고등학교 입학 전에 소위 우수한 명문 고등학교로 진학하기 위해 유학을 준비하고 있다는 점을 시사하고 있다.

□ 성적도 올리고 바른 인성도 배우기

학생의 이동을 막기 위하여, 교육여건을 개선하고 교육력을 강화하기 위해서는 어떤 노력을 기울여야 할까. 대학진학 준비교육을 강화하기 위하여 당장 모든 학교를 개선할 수 없다면 일부 학교에 먼저 집중 지원하는 것은 어떨까. 소위 지역우수명문고를 육성하려는 정책은 이러한 의도에서 시작된 것이었다. 각 군에 하나의 명문고를 육성하겠다는 것이다. 이 정책은 현 정부로 오면서 기숙형 공립학교 육성 정책으로 바뀌었다. 현재 현경고등학교가 기숙형 공립학교로 지원을 받고 있다.

무안 지역 사람들은 지역우수 명문고나 기숙형 공립고처럼 소수학교를 육성해야 한다는 것에 대해서 40.5%는 찬성, 25.7%는 반대 입장을 나타냈고, 33.9%는 모르겠다고 답했다. 소수의 학교에 집중적인 지원을 하여 교육력이 강화된다면, 최소한 성적이 우수한 학생들이라도 먼저 대학준비교육을 제대로 시킬 수 있을 것이라는 생각에서였다. 우수 명문고가 하나라도 있다면 이 학교에 진학하려는 기대 때문에 대도시로 이주하려는 경향도 줄어들 수 있을지 모른다.

하지만 집중적인 투자가 항상 긍정적인 것만은 아닐 수 있다. 일부학교에 대한 집중지원은 한정된 예산 안에서 이루어지기 때문에 자연히 다른 학교로의 지원은 줄어들 가능성이 높아지기 때문이다. 집중적인 투자가 우선되어야 하는지 전반적인 학교 개혁이 필요한 것인지 여전히 분명치 않기 때문에 약 34%의 무안주민들이 잘 모르겠다고 대답했을 것이다.

무안지역에는 현경고등학교가 기숙형 공립학교로 선정되어 집중적인 지원을 받고 있다. 기숙형 공립학교는 원거리 통학생들의 불편을 덜고 생활을 같이 하며 집중적인 교육을 받을 수 있도록 만든 것이다. 정부는 2008년 82개교, 2009년 68개교 등 총 150개교를 선정하였다. 전남지역에는 현경고등학교, 해남고등학교, 함평여자고등학교 등 총 23개 학교가 기숙형 고등학교로 지정되었다. 학교당 대략 50 여억원의 예산을 투자하여 기숙사를 건립하고 시설개선 등 교육환경개선을 하게 하였다.

〈그림 7〉 신축된 무안 현경고등학교 기숙사

무안지역 기숙형 공립학교인 현경고등학교는 현재 9개 학급 약 250명의 규모의 학교이다. 정부에서 지원받은 25억여 원으로 기숙사를 신축하여, 학생의 과반수인 138명의 학생이 기숙사에서 생활하고 있다. 학생들은 대부분인 93%가 현경면 및 인근지역 출신 중학생들이다. 기숙형 고교 지정에 따른 기대감으로 현경중학교를 비롯한 무안군내 학생들이 현경고에 지원했기 때문이다. 외부 지역으로 이주하던 학생들이 지역 내 고등학교에 지원하는 효과가 있었다고 볼 수 있다.

기숙사 등 시설개선을 통하여 학교 교육력을 강화하려는 기숙형 공립고등학교는 얼마나 효과를 거두었을까. 기숙형 공립고등학교라는 형태로 지원이 있기 전에는 우수명문고 지정·지원이라는 형식으로 지원이 이루어졌다. 모두 거액의 돈을 들여 지원을 받았는데 대부분 시설투자에 이루어져왔다. 시설투자를 통한 교육개선이 별 효과를 거두기 힘들다고 하는 것은 하는 것은 상당기간 연구되어 온 결과이다.

학교시설이나 환경이 성적에 미치는 영향을 알아보기 위한 연구를 한 적이 있다. 1960년대 미국에서 대대적으로 교육환경에 대해 국가에서 대대적으로 연구를 하였다. 교육환경 특히 학교시설을 개선하면 학생들의 학업성적이 향상될 것이라고 기대하였지만 실제로는 그렇지 못했다.

그럼 무엇이 학업성적에 영향을 미쳤을까. 흔히 알려진 대로 학생들의 지능이 큰 영향을 미쳤지만, 그보다 충격을 주었던 것은 가정배경이 학업성적에 큰 영향을 미친다는 것이었다. 지금 생각해보면 별로 놀랄 일도 아니지만 그 당시로서는 상당한 충격이었다. 학교교육을 개선하는 것으로는 별 효과가 없고, 가정배경이 큰 영향을 미친다면, 학업성적 향상을 위해서는 가난 가정에 경제적으로 지원을 하는 것이 더 중요한 것 아닐까. 이런 점에서 학교교육이 무엇을 할 수 있는가 하는 회의가 일었던 것이다.

이런 결론은 문제가 있었다. 학교교육개선을 학교시설의 개선과 같은 것으로 잘못 생각했기 때문이다. 교육은 시설을 개선하는 것으로 좋아지는 것이 아니라 선생님이 얼마나 열심히 가르치는지, 열심히 가르치려는 교사들의 문화가 얼마나 잘 이루어져 있는지, 교사와 학생들의 끈끈한 연대의식이 얼마나 잘 이루어져 있는지가 더 중요한 것이다.

문제는 말은 쉬운데 이런 분위기, 문화를 만드는 것이 어렵다는 것이다. 선생님들이 더 열심히 가르치라고 강요할 수도 없는 노릇이고, 학생들에게 선생님을 더 존경하고 더 따르라고 윽박지를 수도 없는 노릇이다. 자연스럽게 이러한 문화를 이루어나갈 수 있도록 하려면 시간이 꽤 걸릴 뿐 아니라, 더 세심한 노력이 필요하다.

이를 위해서는 무엇보다도 먼저 교사, 학생, 학부모가 자발적으로 움직일 수 있는 여건이 필요하다. 특히 선생님들이 스스로 의욕을 내서 열심히 가르치려는 분위기를 만드는 것이 급선무다. 그게 참 어렵다. 선생님들이 자발적으로 가르치도록 무작정 놔둘 수도 없는 일이고, 엄격한 시험을 치르게 할 수도 없다.

최근에는 이런 문제를 평가로 해결하려고 한다. 현 정부는 많은 분야에서 평가를 하고 평가에 따른 보상을 하려고 하고 있다. 선생님들이 가르치는 것을 평가해서 잘 가르치는 분에게는 상을 주고, 못 가르치는 분은 더 배우고 오도록 연수를 받게 하고 있다.

이러한 평가의 문제는 먼저 제대로 된 평가가 어렵다는 것이다. 일 년에 몇 번 이루어지는 공개 수업을 통해서 누가 열심히 가르치고, 학생을 사랑하는지 어떻게 평가할 수 있겠는가. 동료 교사들도 잘 알기 힘든데 그걸 학부모들이 몇 번 공개수업을 듣고 판단할 수 있다는 것은 어불성설이다. 어느 선생님이 학생을 사랑으로 열심히 가르치는가 하는 것은 수업을 받는 학생이면 누구나 알 수 있지만, 그걸 몇 가지 평가 지수로 만들어서 평가하려고 하면 쉽게 가려낼 수가 없다. 평가 지표가 정해지면 어떤 수업을 하든 상관없이 이 지표에 따라 점수를 많이 얻기 위한 경쟁이 이루어지기 때문이다. 현실과 평가가 동떨어져서 실제 열심히 하는 선생님이 점수를 받지 못하는 경우가 생기고, 수업에 별로 관심 없는 선생님이 평가를 잘 얻는 결과가 생기지 않을 수 없다. 몇 가지 기준을 가지고 평가해서 사람을 판단하겠다는 발상이 잘못된 것이다. 평가는 아주 작은 부분에서 이루어져야지 교육과 같이 큰 것을 판단하려고 하면 오류가 날 수 밖에 없다. 이런 평가로 선생님들이 학생들을 더욱 사랑하게 할 수 있겠는가. 교육이라는 것이 그런 것이 아니라는 것을 안다면 접근을 달리해야 한다.

우리는 종종 교사들을 마치 회사의 직원처럼 취급하면서 문제가 생겼다. 회사에서야 근무성적이 좋고, 일을 많이 하면 돈을 많이 줄 테니 열심히 하라고 하면 열심히 하지 않을 수 없다. 교사가 회사의 직원과 결정적으로 다른 것은 대상이 학생, 즉 사람이라는 것이다. 돈을 더 줄 테니 사람을 더 사랑하고, 열심히 가르치라는 것이 말이 되지 않는데, 우리는 언제가 부터 그게 가능하다고 잘못 인식하게 되었다.

선생님들이 학생을 더 사랑하고 더 열심히 가르치도록 하려면 먼저 자발적인 마음을 갖도록 여건을 마련해야 한다. 자발적으로 교육할 수 있도록 하는 것. 이것은 아무리 강조해도 지나치지 않다. 자발적으로 할 수 있는 여건을 만들게 되면 열심히 사랑으로 가르치려는 의욕이 차고 넘치는 교사들을 중심으로 열심히 하자는 분위기가 형성되고 다소 교육에 무관심했던 선생님들도 이에 동참하지 않을 수 없게 된다.

자율적인 조건을 만들면서도 열의를 갖고 교육을 하도록 독려하려면 먼저 교직문화를 민주적으로 바꿀 필요가 있다. 학교 조직이라는 게 특이해서 대충하려면 얼마든지 대충할 수 있지만 무엇 하나 자신의 뜻대로 하려면 쉽지 않은 것이 학교다. 이를 개선하기 위해서는 교장을 포함한 교직원들이 모든 일을 민주적으로 결정할 수 있는 제도와 분위기를 만들어야 한다. 이를 위해서는 교무회의가 민주적으로 이루어질 수 있도록 법적인 제도를 마련할 필요가 있다.

이와 함께 교사가 자신의 수업을 열심히 하도록 독려하는 제도적 장치를 마련해야 한다. 이를 위해서는, 수업을 알 수 없는 다른 사람이 감독하는 것이 아니라 자기 수업을 잘 알 수 있는 친밀한 동료들이 서로를 도와주고, 어떤 경우는 따끔한 충고를 할 수 있는 제도를 마련해야 한다. 지금도 이루어지고 있는 일종의 동료 장학형태, 또는 수업연구 모임의 형태다. 다만, 지금 이루어지고 있는 수업연구회는 언제나 수시로 자신의 수업에 대해 논의할 만큼 가까운 동료와 함께 이루어지는 형태가 드물다는 것이고, 또한 소규모로 실제적인 수업개선을 추진할 수 있는 형태가 아니라는 점이 한계라고 할 수 있다. 우리가 추진해야 할 새로운 형태의 수업연구모임은 교사가 자발적으로 구성한 것이어야 하며, 동료는 서로를 잘 이해할 수 있고 가까운 거리에서 수시로 도와줄 수 있는 친밀한 소수의 사람들로 구성되어야 한다. 자발적인 수업연구모임은 지속적으로 이루어져야 하고, 반드시 수업을 서로에게 공개해야 한다. 중앙이든 지방이든 교육당국은 이러한 모임의 구체적인 부분, 예를 들어 연구모임의 구성이나 구체적인 연구 내용을 강제할 것이 아니라 교사들이 이러한 모임을 지속하도록 하는 제도를 충실하게 이행하면 된다. 연구모임의 결과확인은 교사에게 부담을 주는 형태가 아니라 실행했는지 여부만을 확인할 수 있는 것이어야 한다. 이 때 정부가 구체적인 내용은 확인하지 않더라도 실제 실행여부는 확실하게 확인할 수 있는 강력한 방안을 마련하여야 한다.

최근 전라남도 교육청은 이러한 형태의 교육개선을 추진하고 있다. 학생의 실력을 향상하기 위해서는 협력중심의 수업혁신을 기본 골자로 하고 있다. 이를 위해 반드시 필요한 것이 민주적으로 소통하는 학교문화를 만드는 것인데, 교육주체들이 주체적으로 학교를 운영할 수 있도록 여건을 만들어야 한다는 것이다.

무안지역의 학교들도 기본적으로는 이러한 형태로 교육을 개선하지 않으면 안 된다. 기숙형 공립학교 등의 형태로 예산 지원을 하고 시설 개선 등의 투자를 하지만 이것이 핵심이 돼서는 안 된다. 앞에서 지적했듯이 기본적으로 학교구조를 개선하고 새로운 교직 문화가 형성되도록 해야 한다. 그것이 교육력 향상의 핵심이라고 할 수 있다.

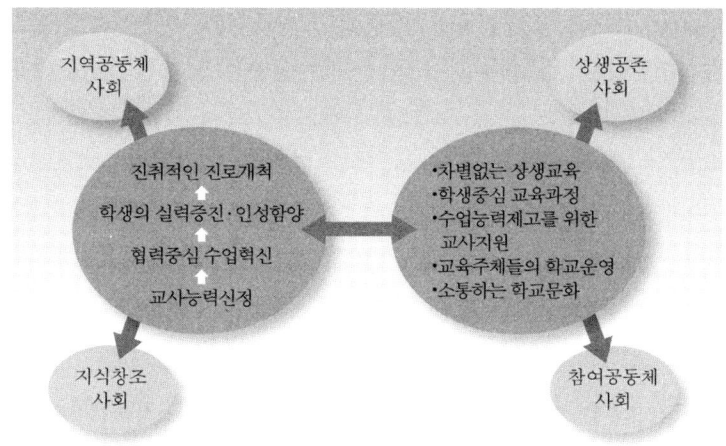

〈그림 8〉 전라남도 교육청 학교 교육개혁 모델(2011)

□ 직업교육 잘하기

무안에서 일반계고등학교가 아닌 고등학교는 무안고등학교, 전남예술고등학교, 전남체육고등학교이다. 이 가운데 흔히 말하는 실업계고, 전문계 고등학교가 무안고등학교이다. 지금은 특성화고등학교로 바뀌었다. 워낙 자주 이름이 바뀌니까 어느 학교가 어느 학교인지 알 수 없을 정도다. 그 이야기는 자주 바뀐 만큼이나 학교교육을 개혁하려는 시도가 많았다는 뜻이기도 하다. 물론 일관성이 문제이긴 하지만.

무안고등학교는 전문계 고등학교였지만 2011년부터 로봇 특성화 고등학교로 바뀌었다. 전문계 고등학교가 공업이나 상업 등 일반적인 산업분야의에 취업하게 하는 것이 목적인 반면 특성화 고등학교는 로봇을 포함하여 요리, 관광 등 특정한 분야의 진출을 목표로 한다는 점에서 차이가 있다.

실업계, 전문계, 특성화 고등학교 등으로 이름으로 바뀐 직업준비 고등학교는 한 때 큰 인기를 끌었지만 점차 그 위상이 흔들려 그 존재 자체에 대한 의문이 들 정도로 위기를 겪어 왔다. 전문계 고등학교(당시 실업계)가 급속도로 늘어난 것은 1970년대 중공업을 강화하면서 노동인력이 많이 필요하면서 부터이다. 지속적으로 증가하던 전문계 고등학생수는 1990년 80만 명을 최고점으로 점차 줄어들고 있다. 특히 공업계열 보다는 상업계열 학생이 급격하게 감소해왔다. 총 고등학생 중 전문계 학생의 비율은 2009년에 28만명으로 전체 고등학생의 24.5% 정도다. 앞으로 10년 내 그 절반인 14만 명 정도로 감소할 전망이라고 한다.

〈표 4〉 전라남도 전문계고 졸업생의 진학률과 취업률

(단위 : %)

연도	진학률	취업률
2001년	43.8	51.3
2002년	46.4	49.9
2003년	52.3	44.8
2004년	55.4	41.4
2005년	57.9	38.6
2006년	59.7	36.3
2007년	64.3	30.4
2008년	69.2	22.4
2009년	70.6	21.6

이렇게 지속적으로 전문계 고등학교가 줄어드는 것은 무엇인가. 오래 생각해보지 않아도 알 수 있다. 오래 전부터 육체 노동에 대한 경시와 고학력에 대한 선망으로 인해서 그렇기도 하고 사회적으로 고졸 후 취업한 사람들에 대한 지원이 너무나 부족했기 때문이다. 고등학교만 졸업하고 취업하더라도 이들이 지속적으로 성장하고 대우 받을 수 있는 사회제도나 분위기가 형성되어야 하는데 그렇질 못한 것이다. 또한 산업은 급속도로 변하고 있는

데 직업준비교육은 이를 따라가지 못한다는 데 문제가 있었다. 기업체 인사 담당자들의 25%가 '실업고 교육과정이 산업변화를 따라가지 못한다'고 응답하였다.[1]

이러한 문제를 해결하기 위해서 제시된 것이 특성화 고등학교이다. 특정한 분야를 집중적으로 학습하여 학생들의 취업률을 높이고, 산업수요를 충족하겠다는 것이다. 최근 정부는 여러 가지로 나뉘어 있는 직업 준비 고등학교를 특성화 고등학교 중심으로 재편하고 있다.

〈그림 9〉 정부의 직업준비고등학교 개선 방안(2010년)

전문계 고등학교 교육이 성공적으로 운영되려면 산업의 수요에 맞도록 실업 계열 학교들을 재구조화하는 것도 중요하지만 대학을 졸업하지 않더라도 이에 못지않은 대우와 명예를 누릴 수 있는 제도적 장치를 마련하여야 한다. 고등학교만 졸업하고 취직하더라도 열심히 일하면서 자기 직업과 관련된 지식을 축적하고 연구한다면 대학교수 못지않은 대우와 소득을 얻는다고 생각해 보자. 굳이 모든 사람이 필사적으로 대학 학위를 따고자 하겠는가.

이런 주장이 실없이 들릴 수도 있겠지만 이런 사례로 가장 유명한 것이

---

[1] 교육혁신위원회, 「직업교육체제 혁신방안」, 2005, p.18.

독일의 마이스터 제도이다. 독일에서는 자기 직업과 관련하여 최고 수준의 기술을 갖고 있는 사람에게 마이스터 자격을 준다. 이것은 대학으로 치면 거의 박사학위에 맞먹는 수준이다. 실업계열 고등학생들은 재학할 때부터 학교 밖에서 마이스터에게 교육을 받는다. 이 학생들이 졸업 후 자신의 분야에서 마이스터 수준에 걸 맞는 실력과 학식을 갖추게 되면 자신도 마이스터 자격증을 획득하게 된다.

마이스터는 최고 수준의 기술력과 지식을 통해 높은 수준의 소득을 갖고 있지만, 이 보다 더 중요한 것은 사회적으로 박사나 교수에 버금가는 존경과 명예를 누린다는 사실이다. 우리나라에서도 기업이나 각 분야의 협회에서 추천한 실력자들에게 국가가 마이스터 자격을 주고, 이들이 각 분야에서 교수활동을 할 수 있게 하는 제도를 마련한다고 해 보자. 만약 이런 제도나 분위기가 우리나라에도 존재한다면 실업계열 고등학교 교육은 대학입학 준비 교육만큼이나 열기에 가득찰 것이다. 꿈같은 이야기만은 아닐 수 있다. 기업과 국가, 학교가 힘을 합해서 고졸 노동자들이 자신의 기술을 개발하고, 또 후진들을 가르칠 수 있는 마이스터 제도를 시작한다면 불가능한 것만은 아닐 것이다.

산업 사회의 문제도 있지만 실업계열 고등학교가 갖고 있는 문제도 적지 않다. 산업수요를 따라가지 못하는 교육과정도 문제지만 이것만큼이나 중요한 것은 실업계 전문 교원이다. 전문계열 교육과정에 걸 맞는 전공과목을 가르칠 수 있는 교원을 양성하는 체제를 갖추지 못하고 있다. 실업계열 교사의 양성은 일반적인 중등교원 양성과는 달리 사범대학이나 사범계열이 아닌 일반대학의 교직과정에서 담당하고 있다. 실업계열 고등학교 학생들의 교육문제를 중점적으로 연구하고 지도하는 교원양성제도를 마련할 필요가 있다. 특히 전문교과가 아니라 보통교과, 예를 들어 국어, 영어, 수학과 같은 과목은 일반계 고등학교 교사가 순환근무하는 형태로 운영되고 있다. 실업계열 고등학교에서 가르치는 보통교과 교원들은 일반계 고등학교와 크게 다른 여건 때문에 적응하지 못하는 경향을 보이고 있다. 이런 점들을 보완할 수 있는 체제를 마련해야 한다.

또한 교원양성과정에서는 교직과목이 일반적인 실업계열 교과를 가르칠 수 있는 내용만을 포함하고 있고, 실업계열 고등학교 학생들의 취업과 직결되는 특정 분야에서 첨단의 전문적인 내용을 포함하고 있지 않다. 이 문제는 전문계 고등학교를 특성화 고등학교로 전환하면서 많은 부분 해결되리라고 본다. 예를 들어 요리 특성화 고등학교 교원은 요리관련 분야를 전공으로 한 사람을 선호하기 때문에 대학에서도 요리와 관련된 전공이나 학과를 만들어 이를 지원하게 될 것이다. 이런 형태는 바람직한 것이지만 앞에서 언급한 마이스터제도의 전문가와 연결해야만 그 분야에서 탁월한 기술자를 양성해 낼 수 있을 것이다.

또 한가지. 어쩌면 사소한 문제처럼 보이지만 전문계열 학생들이 갖고 있는 실제적인 문제가 하나 더 있다. 군대문제다. 졸업 후 취직을 하려고 해도 기업이나 사업체가 고용을 꺼리는 이유는 취업한 지 얼마 안돼서 입대해야 하기 때문이다. 대학생들은 학업문제로 입영을 연기할 수 있는데, 전문계열 학생들은 취업을 해도 입영을 연기할 수 없다. 이런 문제를 해결하기 위해서는 취업 후 마이스터에게 기술을 전수받는 교육과정을 만들고, 이 과정을 이수하고 있는 고졸자들에 한해서는 입영을 연기할 수 있는 제도를 만들 필요가 있다. 무심코 넘어가기 쉽지만 대단히 실제적인 문제다.

□ 무안지역의 새 식구들. 다문화 가정

우리나라에 거주하고 있는 외국계 주민 수는 2010년 1월 1일 현재 1,139,283명으로 100만 명이 넘었다. 다문화가정의 경우 이제는 농촌 총각 중 35.7%가 외국인 신부를 맞이했다. 국제결혼수가 2005년 43,121건으로 1990년의 4,710건과 비교해보면 15년 동안 약 10배정도 증가했다(통계청, 2005). 이런 다문화 가정주부 수는 12만 명을 넘어섰다.

전라남도의 다문화 가정 자녀는 단순하게 비교하면 그리 높지 않은 편이나 지역 인구를 비교해 보면 우리나라에서 가장 비율이 높다. [그림 10]에서 보면 알 수 있듯이 그 지역 인구를 비교하여 보면, 전라남도가 가장 높고, 다음이 충청남도, 전라북도이다. 반면에 가장 낮은 곳은 대구이고 다음이 부산이다. 지역 총인구 중 다문화 가정 자녀수의 비율은 전라남도와 같은 농촌 지역이 높다는 것을 알 수 있다.

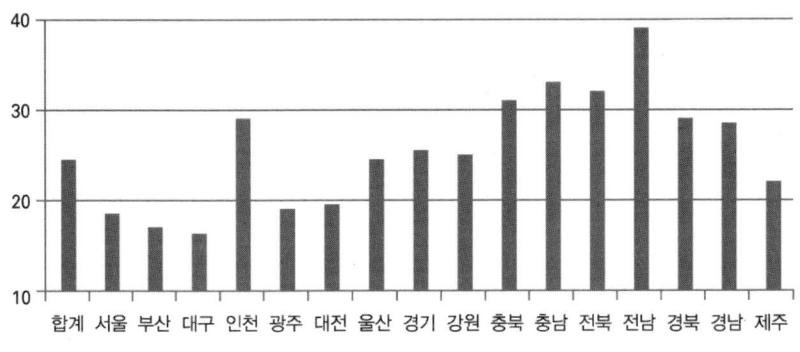

〈그림 10〉 전국 총인구 당 다문화가정 자녀 비율(2010년)

다문화 가정주부가 급증한 기간이 점차 늘어나면서 초,중등학교에 진학하는 다문화 가정 학생 수도 늘어났다. 2009년 현재 초등학생은 약 2만여 명, 중학생은 약 3천 명, 고등학생은 약 1천1백여 명이다. 초등학생으로 내려갈수록 급속도로 늘어나는 것은 그만큼 외국에서 이주한 주부들이 급속도로 늘었다는 것을 의미한다.

다문화 가정주부들은 어떤 삶을 살까. 국적취득이라는 점에서 보면 이주민 노동자들에 비해 훨씬 안정적이라고 볼 수 있지만, 대부분 다문화 가정이 빈곤계층이라는 점, 그리고 배우자와 문화차가 심하다는 점, 언어 소통이 잘 안 된다는 점 등 많은 어려움을 겪고 있다.

아직도 우리나라에서는 다문화라는 것이 익숙하지 않다. 단일민족, 단일

문화라는 것만을 배워왔고 그것을 긍지로 삼아왔기 때문이다. 우리나라 국민이 정말 하나의 피로 이루어진 단일 민족이 아님에도 불구하고 이러한 믿음은 아주 굳건하게 우리의 신념으로 자리 잡고 있다.

이러한 신념으로 가득 찬 우리들은, 외국에서 이주하여 한국인 국적을 취득한 외국인 주부나 외국인 노동자들을 어떻게 대해야 할까. 이들이 자기 나라의 문화는 잊어버리고 한국의 문화를 잘 익혀 우리나라 생활에 잘 적응할 수 있도록 해야 할까. 아니면 이들이 여기서 조화롭게 살아가면서도 자신의 문화와 정체성을 갖고 살 수 있도록 해야 할까.

여자가 시집을 가면 친정은 잊어버리고 시집의 문화를 따라야 한다는 봉건적인 사고방식을 갖고 있다면 당연히 모국의 문화는 잊어버리라고 할지 모른다. 이런 입장에 있다면 한국에 와서도 여전히 자기 나라 사람이라는 것을 버리지 못한다면 갈등이 생길 것이라고 걱정할 것이다.

얼른 생각하면 이렇게 완전히 한국의 문화로 통합시키는 것이 갈등의 씨앗을 없앨 수 있다고 생각하겠지만, 오랜 이민의 역사를 가진 미국이나, 캐나다 뿐 아니라 최근에 이민이 급증하는 프랑스에 이르기까지 이민자들의 문화를 무시하고 자국의 문화로 통합했을 때 많은 문제가 생겼음을 볼 수 있다. 심지어 소수 민족의 폭동으로 인해 큰 피해를 입은 사례를 적잖이 볼 수 있다.

이 때문에 여러 문화가 자신의 색깔을 버리지 않으면서도 조화롭게 살아가는 쪽을 택할 수밖에 없다. 흔히 이것은 모자이크나 샐러드 방식이라고 한다. 여러 가지 색깔을 가진 조각이 합쳐져 있지만 멋진 작품이 된 모자이크, 그리고 여러 음식이 자신의 맛을 잃지 않으면서도 맛있는 요리가 된 샐러드, 이것은 모두 여러 민족이 자신의 정체성을 잃지 않으면서도 더불어 멋진 민주 사회, 멋진 국가를 이룰 수 있다는 것을 상징하는 것이다. 우리 식으로 하면 아마 비빔밥 이론 쯤 될까.

연구자는 무안지역의 교육현황 자료를 수집하던 중, 필리핀에서 온 다문화가정 주부를 면접할 수 있었다. 그녀의 삶은 대체로 이랬다. 그녀는 필리핀 출신으로 결혼 7년차에 접어드는 32살의 주부다. 남편은 39살로 고등학교를 중퇴했으며 농사를 짓고 있으며 부업으로 여러 가지 잡일을 하여 돈을 번다. 결혼하기 전에 필리핀에서 의류 판매원으로 일을 했고 학교는 고등학교를 졸업했다. 고향의 어머니는 야채장사를 하신다. 시어머니와 시동생 둘과 살고 있다. 원래 종교는 가톨릭이었으나 결혼하기 위해서 다른 종교에 귀의하여 지금의 남편을 만나 결혼하였다.

　결혼하기 전에 필리핀에서 한국말을 조금 배웠다. 남편이 말을 거의 하지 않는 성격으로 한국말을 이해하는 것은 어렵지 않으나 말을 하는 것은 아주 더디다. 아이들을 보내는 어린이집에서 한국말을 무료로 가르쳐주어 교육 받았다. 시어머니가 엄격하고 성격이 강하여 자신의 종교를 강요하고 외출도 엄격하게 제한받는다. 고부갈등이 존재한다. 필리핀 출신의 친구들과 만나서 위로를 받고 도움을 받고 싶지만 그것도 시어머니가 탐탁치 않아하기 때문에 여의치 않다. 어린이집 원장님이 취직하는데도 도움을 주는 등 많은 도움이 되며 친정엄마처럼 기댈 수 있어서 좋다.

　남편이 농사를 짓지만 경제권을 시어머니가 잡고 있으면서 돈을 주지 않아서 경제적으로 매우 어려운 입장이란다. 그녀는 다행히 세차와 황토벽돌과 황토염색 등 일을 하여 한 달에 60만원씩을 벌어 생활비에 보태고 있다. 만약 일자리를 잃게 된다면 아주 어려워지게 된다. 시댁식구들과는 경제적인 문제와 지금 살고 있는 집의 소유권을 누가 가질 것인지 갈등이 존재한다. 그녀는 근처의 대학에서 자활훈련을 통해서 컴퓨터 다루는 법을 배웠다.

　그녀는 결혼 한 이후로 한 번도 필리핀에 간 적이 없다. 아이들과 의사소통이 자유롭게 되지 않아서 힘이 들지만 사이는 아주 좋다. 한국말로 이야기를 주고받는다. 어린이집에서 보내는 가정 통신문을 읽고 이해할 수 없어서 지도에 어려움이 있다. 텔레비전 연속극을 즐겨보며 극장가서 영화도 보고 가끔 문화 활동을 즐기며 가요도 좋아한다.[2)]

이처럼 이 필리핀계 한국인 주부는 한국 사회에 적응하기 위하여 안간힘을 쓰고 있다. 다양한 문화가 공존하는 비빔밥은 고사하고, 이 사회에 통합시키려는 지원조차 제대로 이루어지지 않았다. 그러던 것이 참여정부부터 다문화 주부에 대해서 지원이 확대되기 시작하였다. 특히 다문화 주부가 한글을 익힐 수 있도록 한글 교사가 가정을 방문한다든지 유치원 등의 교육기관에서 한글 교실을 열기도 한다. 다문화 주부들의 모국을 소개하는 행사, 예를 들어 세계 여러 나라의 문화 행사나 음식 잔치 등을 개최하기도 한다.

이러한 노력에도 불구하고 여전히 이들은 우리 사회에서 소외된 사람들이다. 특히 다문화 가정 자녀들이 학교에 진학한 후 많은 어려움을 겪고 있다. 가장 중요한 것은 언어문제, 그리고 기존 학생들의 비수용적 태도이다. 조금만 달라도 놀림감이 되는 우리 사회의 분위기, 경쟁에서 뒤처지면 냉대받는 사회 분위기에서 자란 아이들이라 그들 탓만 할 수도 없다.

먼저 우리는 다문화 학생들이 어떻게 하면 한국 언어를 완전하게 구사할 수 있게 할 것인가를 생각하지 않을 수 없다. 의사소통을 하는 데는 아무 문제가 없지만 언어 구사에 뒤처지면서 학업성적이 낮을 수밖에 없다. 설상가상으로 농어촌 다문화 가정 대부분이 경제적으로 최저 소득 계층에 해당하기 때문에 자녀 교육 지원을 많이 할 수 없다.

이들의 한국어 학습을 위해서 유아시절부터 집중적인 교육을 시킬 필요가 있다. 다문화 가정 주부인 어머니가 한국어 구사를 제대로 하지 못하기 때문에 어머니를 대신해서 한국어를 가르칠 수 있는 교육체제를 갖추어야 한다. 이를 위해서는 이따금씩 시행하는 언어교육이 아니라 일정기간, 예를 들어 3-7세 시기에 매일 집중적으로 가르칠 수 있는 프로그램을 마련해야 한다. 그렇지 않으면 이들이 한국어를 완전히 구사할 수 없을뿐더러 학력경쟁에서 뒤처져 경제적 최하위 계층에 머물러 사회경제적 불평등의 불이익

---

2) 강일국(2007). 교육안전망 구축을 위한 신안·무안군 지역사례연구. 한국교육개발원, 210쪽.

을 면치 못할 것이다.

 다문화 가정 학생들에게 교육시키는 것만큼이나 중요한 것이 비다문화 학생, 즉 기존의 학생들에 대한 교육이다. 다른 문화나 다른 민족과 더불어 살아야 하며, 우리 민족, 우리 국가는 같은 피를 갖고 태어났거나 같은 피부색을 갖고 태어난 사람들로 구성된 것이 아니라는 것을 깨닫게 할 필요가 있다. 소위 단일 민족이라는 개념을 버리고, 다민족 단일 공동체, 다민족 단일 국가라는 개념을 터득하게 하지 않으면 안 된다. 피부색으로 보면 다문화 가정 자녀들이 소수 약자 집단이지만, 도시와 농촌의 구도로 보면 농촌에 사는 사람들이 소수 약자 집단이라는 것을 깨닫는다면 사회경제적 불평등, 문화적 불평등을 극복하고 더불어 사는 것이 얼마나 중요한지 체감하는 데 도움이 될지 모른다. 우리가 중심이 되고 그들이 주변이 되는 폐쇄적 민족주의를 버리고 서로를 인정하면서 모두를 존중하는 평화적 민주주의를 지향하도록 가르쳐야 한다. 다문화 가정 자녀에 대한 지원과 함께 비다문화 학생들에 대한 교육이 같이 이루어질 때 이러한 평화적, 민주적 사회를 이루어나갈 수 있을 것이다.

4. 무안교육, 이랬으면 좋겠네.

 무안 지역의 교육은 전형적인 농촌 지역, 읍·면지역의 특징을 가지고 있다. 우리나라 근대화의 명암에 엇갈리며 농촌 지역의 형편이 점점 더 어려워지고 있지만 이를 극복하기 위한 노력 또한 계속 되어왔다. 이러한 노력은 경쟁사회에서 승리하기 위한 방식으로 진행할 수도 있지만, 약자를 보호하고 서로 협력하면서 보다 건강한 사회를 만들어가려는 방식으로 이루어질 수도 있다. 조금 더 멀리 바라본다면 결국 서로 돕고 협력하면서 실력을 쌓아가는 사회가 더 큰 힘을 갖게 된다는 것을 알 수 있다. 무안지역의 교육방향은 이런 방향으로 나아갔으면 좋겠다.

참고문헌

강일국(2007), 교육안전망 구축을 위한 신안·무안군 지역사례연구, 한국교육개발원.
교육혁신위원회, 「직업교육체제 혁신방안」, 2005.

무안 지역사회의 구조와 특징
- 여론형성, 시민참여, 결사체 구조를 중심으로 -

박 찬 표*

I. 서론

이 연구는 목포대학교 지방자치연구소에서 2010년 11월 실시한 <무안군민 의식조사> 자료를 이용하여 무안 지역사회의 여론형성 구조, 지역의 의제를 둘러싼 무안 지역 주민들의 관심과 참여 정도, 무안 지역민들이 맺고 있는 결사체의 특징 등을 살펴보는 데 목적이 있다. 이러한 문제 영역은 흔히 '시민사회'라는 개념으로 포괄된다. 시민사회란 다양한 의미를 지니지만, 이 글에서는 일단 '국가와 개인 사이에 존재하는 자율적인 결사체의 영역' 또는 '국가와 개인 사이를 연결하고 매개하는 자율적인 중간 집단의 영역이자 자율적 활동의 공간'으로 정의하고자 한다. 이 글에서 무안 지역사회의 구조를 '시민사회'라는 개념을 통해 살펴보고자 하는 것은, 시민사회의 활성화나 성숙, 조직화 등은 민주주의가 발전하고 성숙되는 데 필요한 사회적 기반이 되기 때문이다. 특히 지방의 차원에서 살펴볼 경우, 지역 시민사회의 성숙과 활성화는 그 지역의 지방자치 및 풀뿌리 민주주의가 발전하기 위한 필수불가결의 조건이자 기반이라 할 수 있다. '활성화되고 조직된 시민사회' 즉, 지역민들이 지역문제나 지역사회의 공적 의제에 관심을 가지고 여론 형성에 적극적으로 참여하며, 나아가 지역 사회의 공적 의제를 둘러싼

---
* 정치언론홍보학과 교수

의사결정과정에 참여하거나 이 과정에서 자신의 권리와 이익을 적극적으로 요구하고 이를 실현하기 위해 다양한 결사체 활동에 참여하는 것은 지방정부의 운영이나 정치과정에 대한 적극적인 참여를 가져오게 되고, 결국 이것이 지방자치와 풀뿌리 민주주의의 발전을 가져오는 동력이 되는 것이다(박찬표 2007, 135).

우리 나라에서 지방자치는 1987년 민주화의 성과로 부활된 이래 1991년 지방의회 선거, 1995년 지방의회·단체장 동시선거를 통해 본격화되었고, 2010년 6.2 지방선거로 민선 제5기를 맞게 되었다. 이러한 지방자치의 전면적 실시는 지역 분권화의 실현, 풀뿌리 민주주의의 실현, 지역의 자생력 확대 등 여러 측면에서 민주주의 발전과 지역발전의 새로운 전기가 될 것으로 기대를 모았으며, 이후 민선 제5기를 맞게 되는 과정 속에서 분권화나 지역발전 등에서 상당한 성과를 거둔 것으로 평가된다.

하지만 지방자치는 아직까지 당초의 기대에 충분히 부응하지 못하고 있다고 할 수 있다. 중앙정부의 지방으로의 권한 이양이 충분하지 못하다는 점, 나아가 지방정치가 중앙정치에 종속되어 있다는 점 등은 지방자치의 발전을 가로막는 중요한 장애물로 지적되어 왔다. 이러한 문제를 극복하기 위해서는 지방으로 보다 많은 권한이양이 필요하고, 중앙정부에 대한 지방정부의 보다 많은 자율권이 필요할 것이다.

하지만 이러한 외부적 요인 못지않게 중요한 것이 지역 내부의 문제이다. 지방 자치가 지역 차원에서 풀뿌리 민주주의의 실현을 가져오기 보다는 지방 토호세력의 발호나 지역정치의 보수화 등을 초래하고 있다는 비판이 그것이다. 이러한 문제를 극복하기 위해서는 무엇보다 지역패권적인 지역정당체제가 혁파되고 지역 수준에서의 경쟁적 정당체제의 정착이 필요한 과제로 지목되고 있다. 이러한 정치부문의 개혁과 함께 또 하나 중요한 과제가 지역 시민사회의 활성화이다. 즉 지역민들이 지방자치나 지역자치단체의 활동에 대해 보다 많은 관심을 가지고 적극적으로 참여할 때 지역

정치의 보수화는 극복되고 풀뿌리 민주주의가 달성될 수 있는 것이다. 우리가 지역사회 구조 또는 지역의 시민사회 구조에 주목하는 것은 이 때문이다.

이상과 같이 '지역정치의 민주화'라는 문제의식을 가지고 무안 지역사회 또는 무안지역의 시민사회에 접근할 경우, 무안 지역민들의 여론 형성구조, 지역 의제에 대한 관심과 참여, 이를 촉진하는 매개체로서 다양한 결사체들의 존재 등이 지역 수준에서 실현되는 풀뿌리 민주주의의 사회적 기반이 될 것이다. 그렇다면 무안 지역사회는 이러한 기반을 어느 정도 갖추고 있는가. 이글은 기본적으로 이러한 질문에서 출발한다.

II. 무안 지역사회의 구조와 특징

1. 여론 형성의 구조

무안 지역 사회의 내부 구조를 살펴보는 데 있어서 일차적으로 보아야 할 것은 지역의 여론 형성 구조이다. 무안지역의 여론은 어떻게 형성되는가. 무안지역의 공론장은 어느 정도 활성화되어 있으며 어떤 구조를 띠고 있는가. 이를 파악하기 위해 우선 "지역사회에 대한 대화에 어느 정도 참여하십니까"라는 질문을 제시했고, 그 결과를 보여주는 것이 <표 1>이다.

〈표 1〉 지역 사회에 관한 대화에의 참여 정도 (단위 %)

		평소 (지역)사회에 관한 대화에 어느 정도 참여하는가			
		매우 적극적으로 참여한다	참여하는 편이다	참여하지 않는 편이다	전혀 참여하지 않는다
전체		4.0	34.6	38.3	23.2

성별	남성	5.4	41.7	34.8	18.2
	여성	2.7	27.6	41.5	28.2
연령대	20대	1.0	25.2	44.7	29.1
	30대	0.9	40.9	43.5	14.8
	40대	6.9	41.5	36.9	14.6
	50대	4.3	44.0	34.5	17.2
	60대	4.0	31.0	36.0	29.0
	70대이상	6.2	22.1	34.5	37.2
학력	중졸이하	3.9	24.1	37.4	34.5
	고졸이하	4.4	39.9	39.9	15.8
	대재이상	3.8	38.5	37.8	19.8
생활수준	잘사는편	5.0	36.3	36.3	22.4
	못사는편	3.2	33.0	40.1	23.6
* 직업	전문직등	6.9	42.4	36.8	13.9
	자영업	2.0	42.4	36.4	19.2
	농어민등	2.5	31.1	46.7	19.7
	기타	3.9	28.3	33.9	33.9

* 직업 분류는 다음과 같다. '전문직 등'은 전문직, 공무원, 기업체(중역·임원,중간 관리직, 사무직, 중소 기업 사장)를 포함한다. '자영업'은 판매 서비스직 종사자를 말하며, '농어민 등'은 농어민과 생산직을 포함한다. '기타'는 주부, 학생, 무직, 정년퇴직자 등을 포함한다.

전체적으로 지역사회에 대한 대화에 '참여한다' 대 '참여하지 않는다'가 38.6 % 대 61.5 % 로 나타났다. 객관적 기준이 없기 때문에 객관적 평가는 어렵지만, 일단 과반수 이상의 주민이 사적 영역 이외에 지역사회에 대한 대화에 참여하지 않는 것으로 나타났다는 점에서, 무안 지역의 여론 형성의 장 즉 공론의 장이 취약함을 의미한다고 해석될 수 있을 것이다(박찬표 2007, 137).

그렇다면 지역 공론의 장에 주로 참여하는 층은 누구인가. 먼저 성별로 보면 남성의 경우 47.1%가 사회적 대화에 참여한다고 답한 반면, 여성은 30.3%만이 참여한다고 답하고 있다. 참여한다고 대답한 응답자의 비율을 연령대별로 보면, 20대 26.2%, 30대 41.8%, 40대 48.4%, 50대 48.3%, 60대 34.0%, 70대 이상 28.3%으로 나타난다. 40대, 50대, 30대, 60대, 70대, 20대의 순으로 참여도가 높은 것을 알 수 있다.

참여도를 학력별로 보면, 중졸 이하는 28%가 사회적 대화에 참여한다고 답한 반면, 고졸 이하는 44.3%, 대재 이상은 42.3%의 수치를 보인다. 대재 이상 참여도가 고졸 이하에 비해 낮게 나타나지만, 대체로 교육수준에 따라 참여도도 높아진다고 해석할 수 있을 것이다.

한편 사회계층별 참여수준을 살펴보기 위해 생활수준별, 직업별 참여도를 비교해보았다. 먼저 생활수준별로 보면 잘사는 편이라고 답한 사람의 41.4%가 지역 사회에 대한 대화에 참여한다고 대답한 반면, 생활수준이 못사는 편이라고 답한 사람은 36.2%만이 지역 사회에 대한 대화에 참여한다고 답하였다. 직업별로 참여하는 사람의 비율을 보면 전문직 등은 49.3%가 참여한다고 답한 반면, 자영업은 44.4%, 농어민 등은 33.6% 만이 참여한다고 답하고 있다. 대체로 전문직에 종사하는 중산층 이상의 계층이 지역 사회의 여론 형성에 적극 참여하고 있다는 분석이 가능할 것이다.

지역사회의 여론 형성의 장에 누가 주로 참여하는가라는 문제와 함께 살펴보아야 할 사항은 주로 누가 큰 영향력을 미치는가라는 문제이다. 이를 파악하기 위해서 우선 "평소 (지역) 사회문제에 관한 정보를 주로 누구를 통해 얻습니까? 순서대로 두 가지만 선택해 주십시오"라는 질문을 던졌으며, 그 결과가 <그림 1>이다.

전체적으로 정보를 얻는 가장 중요한 원천은 언론으로 나타났다. 언론이 사회적 커뮤니케이션의 가장 중요한 통로가 되는 것은 현대 사회의 공통된 현상이라 할 수 있다. 언론 다음으로 중요한 정보원은 동네사람, 지인, 가족·친척 등이었고, 그 다음이 직장동료의 순으로 나타났다. 지인은 대면적 관계이지만 2차적 관계 속에서 맺어진 연계망이라 할 수 있다. 이와 달리

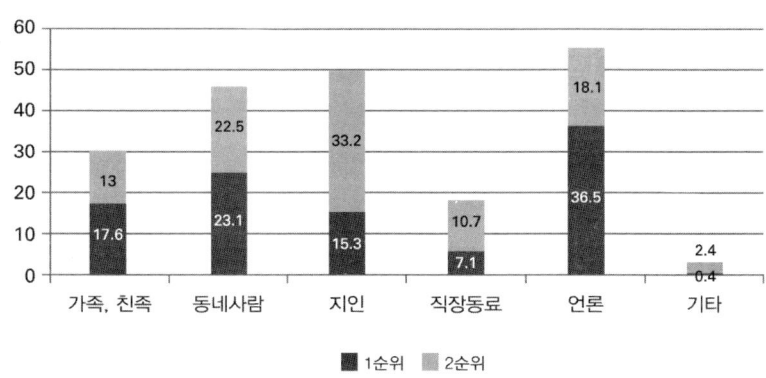

〈그림 1〉 지역사회 문제에 대한 정보 원천(단위 : %)

동네사람, 가족·친척은 전형적인 1차적 공동체라 할 수 있다. 직장동료가 가장 낮은 비중을 점하고 있는데, 이는 무안 지역사회의 기능적 분화가 낮은 상태를 반영한 것으로 보인다. 일반적으로 직장은 기능적 분화의 영역으로서 사적 이해관계가 집단화되어 공적 이슈로 사회화되는 중요한 통로라고 할 수 있다. 결국 이 부분의 비중이 낮은 것은 공론장의 형성 및 시민사회의 형성에 부정적 요인으로 파악된다(박찬표 2007, 140). 이상의 양상은 무안 지역의 여론 형성 과정에서 대체로 공동체 또는 1차적 결사체의 영향이 크다는 사실을 말해준다.

한편 무안주민들이 사회적 이슈에 대한 정보를 어디에서 얻는지는 배경변수별로 집단간에 상당한 차이를 보인다. 이를 보여주는 것이 <표 2>이다.

〈표 2〉 지역사회 문제에 대한 정보 원천 (단위 : %)

		평소 (지역)사회문제에 관한 정보를 누구를 통해 얻는가 (1순위)					
		가족, 친척	동네사람	지인	직장동료	언론	기타
성별	남성	11.1	20.5	19.6	7.9	40.5	.3

	여성	24.1	25.6	11.0	6.0	32.7	.6
연령대	20대	24.3	6.8	20.4	5.8	42.7	
	30대	14.3	11.8	13.4	10.1	50.4	
	40대	12.9	16.7	15.2	10.6	44.7	
	50대	13.7	22.2	16.2	10.3	37.6	
	60대	17.1	37.1	16.2	2.9	24.8	1.9
	70대이상	25.0	45.5	10.7	1.8	16.1	.9
학력	중졸이하	19.7	42.8	13.0	2.9	20.2	1.4
	고졸이하	18.5	21.5	15.6	5.4	39.0	
	대재이상	15.8	8.3	16.2	12.0	47.7	
생활수준	잘사는편	16.7	18.2	15.1	7.1	42.6	.3
	못사는편	18.2	27.0	15.5	7.6	31.4	.3
직업	전문직등	10.2	5.4	12.9	19.0	52.4	
	자영업	14.3	22.1	15.6	6.5	41.6	
	농어민등	14.6	35.0	22.0	4.9	22.8	.8
	기타	26.8	27.2	12.3	1.7	31.1	.9

먼저 성별로 비교하면, 대면적이고 1차적인 관계(가족·친척 및 동네사람들)로부터 정보를 얻는 비율은 여성이 높은 반면, 2차적 관계(지인, 직장동료)나 언론으로부터 정보를 얻는 비율은 남성이 높은 것으로 나타난다. 여성이 남성보다 사회적 관계에서 불리하거나 소외되어 있음을 반영하는 것으로 보인다.

사회계층별 차이는 학력 및 소득별 차이를 통해 알 수 있다. 학력이 낮을수록 그리고 저소득층일수록 동네사람이나 가족·친척으로부터 정보를 얻는 비중이 높게 나타난다. 반면 고학력층일수록 정보원천에서 동네사람이나 가족·친척이 차지하는 비중은 축소되고 대신 언론, 직장동료 등이 차지하는 비중은 높아진다. 직업별로도 농어민, 자영업에 종사하는 사람들의 경우 동네사람이나 가족·친척이 중요한 정보원인데 반해, 전문직 등의 경우에는 언론 및 직장동료가 차지하는 비중이 높아진다. 이상의 결과를 볼 때 대체로 저소득층, 저학력층, 여성 등은 주로 1차적 관계 속에서 정보를 획득한다고 해석할 수 있는데, 이는 그 만큼 사회적 공론의 장에서 소외되고 있음을 의미한다고 보인다(박찬표 2007, 140).

공론의 장을 누가 주도하는지는 대체로 정보원이 무엇이냐에 따라 영향을 받겠지만, 보다 분명히 확인하기 위해 "선생님께서 평소 사회문제에 관한 판단을 내리실 때 다음 중 가장 영향을 많이 받는 것은 무엇입니까? 순서대로 두 가지만 선택해 주십시오"라는 질문을 던졌다. 그 결과가 <그림 2>이다.

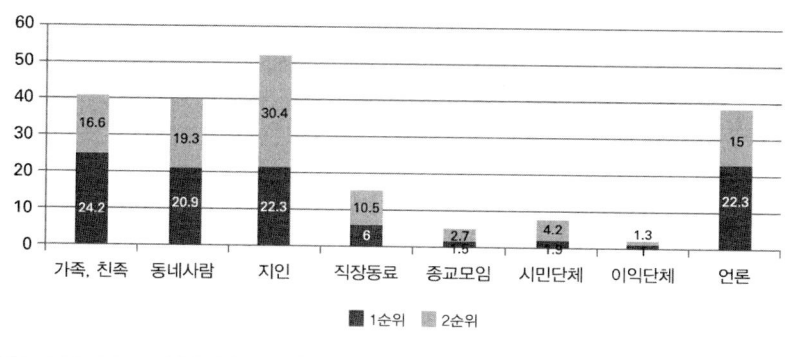

<그림 2> 사회문제에 대한 판단에 영향을 미치는 것(단위 : %)

<그림 2>에서 보면 사회문제에 대한 판단에 가장 큰 영향을 미치는 것은 지인이고, 그 다음이 가족·친척 및 동네사람, 그리고 언론 등의 순으로 나타났다. 이를 보면 주로 사적 관계망이나 1차적 집단의 영향력이 크게 나타남을 알 수 있으며, 특히 이들이 언론보다 훨씬 큰 영향을 미치는 것으로 나타난다. 또 하나 주목해야 할 것은 2차적 집단(종교모임, 이익집단, 시민

단체, 직장동료)의 영향력이 아주 미미하다는 점이다.

이를 볼 때 결국 무안 지역의 여론 형성 구조는 전통적인 공동체 사회의 특징을 뚜렷이 보여준다고 판단된다. 주로 1차 집단이나 사적 관계망 속에서의 논의를 통해 판단을 내리고 있음을 보여주며, 중간집단 또는 사회적 관계망의 영향이 작기 때문에, 개방적인 공론의 장이 형성되기에는 불리한 구조라고 해석될 수 있다고 판단된다(박찬표 2007, 141).

2. 사회적 활동에 대한 참여

지역 사회의 이슈에 대한 여론 형성의 장에 참여하는 것 이상으로 중요한 것이 지역사회 활동에의 참여이다. 결국 지역 수준에서 지방자치의 실현이나 풀뿌리 민주주의의 실현은 지역이슈를 둘러싼 다양한 사회적 참여가 있을 때 가능할 것이기 때문이다.

그렇다면 무안 지역 주민들은 사회적 활동에 어느 정도 참여하고 있는가. 이를 파악하기 위해 "지난 1년간 다음과 같은 활동에 참여한 적이 있습니까?"라는 질문을 던졌고, 아래 <표 3>은 응답자 중에서 참여한 적이 있다고 대답한 사람의 비율을 정리한 것이다.

<표 3> 사회활동에 대해 참여한 사람의 비율(단위 %)

		선거운동 정당활동	서명운동	시위참여	정치인·공무원 접촉	기부·모금 활동	시민단체 접촉
전체		18.1	30.2	6.7	14.1	20.5	6.8
성별	남성	20.3	32.1	7.5	14.5	21.5	9.0
	여성	15.6	28.9	5.4	13.6	19.9	4.8
연령대	20대	20.6	40.6	7.8	19.8	19.8	5.0
	30대	18.8	36.4	8.5	20.5	23.1	7.7
	40대	18.6	46.5	7.9	19.8	35.7	8.7

	50대	18.6	30.2	7.7	12.9	19.8	7.8
	60대	21.8	17.8	7.0	9.9	11.9	8.9
	70대 이상	10.7	7.1	0.9	0.9	9.9	2.7
학력	중졸 이하	15.5	11.3	2.5	4.4	9.4	4.9
	고졸 이하	17.8	34.7	6.5	11.9	22.0	7.5
	대재 이상	21.0	42.3	9.9	23.9	27.7	7.7
생활수준	잘사는 편	19.8	36.3	6.6	14.8	25.6	7.0
	못사는 편	16.5	25.3	6.3	14.1	16.2	6.6
직업	전문직 등	25.5	46.9	13.2	25.7	36.1	8.3
	자영업	17.0	29.8	5.3	12.0	22.0	8.0
	농어민 등	15.7	19.0	2.5	10.7	8.3	5.0
	기타	15.9	26.0	6.1	9.6	17.0	6.1

전체적으로 무안 지역 주민들은 서명운동, 기부·모금활동, 선거운동·정당활동, 정치인·공무원접촉, 시민단체 접촉, 시위참여 등의 순으로 사회활동에 참여하였음을 알 수 있다.

먼저 서명운동의 경우 전체 응답자의 30.2%가 참여하였다고 답하였다. 주도적인 참여의 형태는 아니며 참여의 비용 역시 높지 않음을 감안하더라고, 30% 이상이 참여한 것은 결코 적지 않은 비율이라 할 수 있을 것이다. 한편 기부·모금활동 참여자도 20.5%에 이른다. 서명과 달리 경제적 비용이 따른다는 점을 감안하면 지역사회의 공동체적 덕목을 보여주는 지표로 보인다(박찬표 2007, 142).

위의 두 항목과 달리 보다 적극적인 참여가 요구되는 선거운동·정당활동, 정치인·공무원 접촉은 각각 18.1%, 14.1%의 수준을 보인다. 이 두 활동은 자신의 의사나 이해 관계를 정치적 통로를 통해 실현하려는 것이라 할 수 있다. 이와 달리 자신의 사적 이해관계를 떠나서 공익을 위한 참여 형태라 할 수 잇는 시민단체 접촉은 6.8%로 나타났다. 가장 낮은 참여율을 보인 것은 시위참여로서 전체 주민의 6.7%가 참여한 적이 있다고 답하였다.

여러 사회적 행위나 활동에 대한 참여 정도와 관련하여 주목해야 할 것은 사회 집단 간 참여도의 차이이다. 우선 주목되는 것은 모든 활동에서 남성이 여성보다 높은 참여율을 보이고 있다는 점이다. 사회적 활동에의 참여 정도에서 가장 큰 차이를 만드는 변수는 학력이다. 모든 활동 영역에서 학력이 높을수록 높은 참여율을 보이고 있다. 생활 수준 역시 큰 변수로 보인다. 모든 활동 영역에서 생활수준이 높은 계층이 높은 참여도를 보인다. 직업별로 보면 모든 활동 영역에서 전문직, 자영업, 농어민의 순서를 나타내고 있다.

결국 무안 지역에서는 상대적으로 고학력일수록 그리고 생활수준이 높을수록, 그리고 직업별로는 전문직·공무원이나 기업체의 관리·사무직 등의 직군이 여러 가지 사회적 활동에 활발히 참여한다고 할 수 있을 것이다. 이런 양상에 대해서는 교육받은 중산층 이상의 계층이 시민사회를 활성화시키는 주요 행위자로 역할하고 있다고 긍정적으로 해석할 수도 있겠지만, 다른 한편으로는 그러한 활동이 상당 부분 자신의 의사나 이해관계를 실현시키기 위한 행위라는 점에서 볼 때 저학력·저소득 계층이나 농어민 등은 자신의 이익을 실현하는 행위와 관련하여 상대적으로 불리한 위치에 처해있음을 보여주는 지표로도 해석될 수 있을 것이다.

한편 이상의 사회적 활동들이 비교적 공적인 영역에서 이루어지는 활동으로서 시민사회의 성장에 긍정적으로 작용한다면, 그 반대편에 있는 것이 연줄의 동원이 될 것이다. 연줄의 동원은 시민사회를 왜소화시키는 결과를 가져온다. 왜냐하면 그것은 공적인 제도 보다는 개인적 연고에 의존하는 이익추구 행위이며, 보편적 시민질서를 파당적 연줄망으로 대체하게 되는 결과를 가져오기 때문이다(한림대사회조사연구소·춘천문화방송 1999, 143).

그렇다면 무안지역민들의 연고주의 행태는 어느 정도로 나타나고 있는가. 이를 살펴보기 위해 "다음과 같은 문제들을 해결할 일이 있을 때 '아는 사람'을 어느 정도 찾습니까"라는 질문을 던졌고, 그 결과를 정리한 것이 아래 <표 4>이다.

〈표 4〉 연고주의 동원 비율(단위 %)

	전혀 찾지 않는다	별로 찾지 않는다	보통이다	조금 찾아본다	적극적으로 찾는다
행정민원	21.7	18.6	32.5	18.9	8.3
병원진료	18.6	15.7	32.2	20.8	12.7
상거래	18.4	14.1	38.2	19.4	10.0
돈이 급하게 필요	17.5	17.2	33.0	19.8	12.5

<표 4>의 항목 중에서 행정민원 및 병원진료는 연고를 동원하는 것이 공적인 룰에 반하는 것으로서 음성적 관행에 해당한다. 반면 상거래나 급전은 호혜적 측면이 있고 공적인 룰의 위배라는 측면이 미약한 연고동원이라 할 수 있다. 조사 결과 연고를 찾는 비율은 병원진료가 33.5%로 가장 높게 나타났으며, 급전 32.3%, 상거래 29.4%, 행정민원 27.2% 등의 순서로 각각 나타났다.

3. 단체 및 결사체 참여 및 시민사회 조직화의 양상

사회 속에서 사람들은 고립된 개인으로 존재하지 않는다. 자신의 사적 관심사나 이익을 추구하고 실현하기 위해서, 나아가 공적인 이익이나 자신이 옳다고 생각하는 대의를 실현하기 위해서 여러 가지 집단 활동에 참여하거나 결사체나 조직 구성원의 일원으로 참여하기도 한다. 비록 개인이 주도적으로 그리고 정기적이고 조직적으로 결사체에 참여하지 않는다 하더라도, 여러 사회 집단이나 조직이 주도하는 운동이나 활동을 지지하는 형식으로 또는 그러한 조직이 주도하는 사회 활동에 동원되는 형태로 참여하기도 한다. 이러한 시민사회의 조직활동이나 결사체 활동은 민주주의의 중요한 사회적 기반이 된다. 토크빌은 민주주의의 사회적 기초로서 시민사회의 자율적 결사체의 중요성을 강조한 대표적 이론가이다. 토크빌(Tocqueville)은 미국 민주주의의 비밀을 읍회와 같은 자치단체나 각종 전문 단체, 시민들의 자발적 조직들이 잘 발달되어 있는 데서 찾았다. 국가와 개인 사이에 존재하는 중간적 권위체(intermediate authorities) 즉 중간조직체가 잘 발달되어 사회구성원의 자발적 참여가 촉진될 때 민주주의가 유지된다는 것이다(박찬표 2007, 145).

그렇다면 무안 지역사회에서 지역 주민들은 어떻게 조직되어 있으며, 지역 주민들은 자발적 결사체에 어느 정도 참여하고 있는가. 지역사회의 조직적 밀도는 어느 정도인가. 이를 파악하기 위해서 "지난 1년간 아래 단체에서 어느 정도 활동하였습니까"라는 질문을 던졌다. 그 결과를 정리한 것이 아래 <그림 3>이다. <그림 3>에서 바깥 테두리는 아주 소극적 활동까지 포함하여 단체나 조직에서 조금이라도 활동한 적이 있는 사람들의 비율이고, 안쪽 테두리는 적극적으로 활동한 주민의 비율을 의미한다.

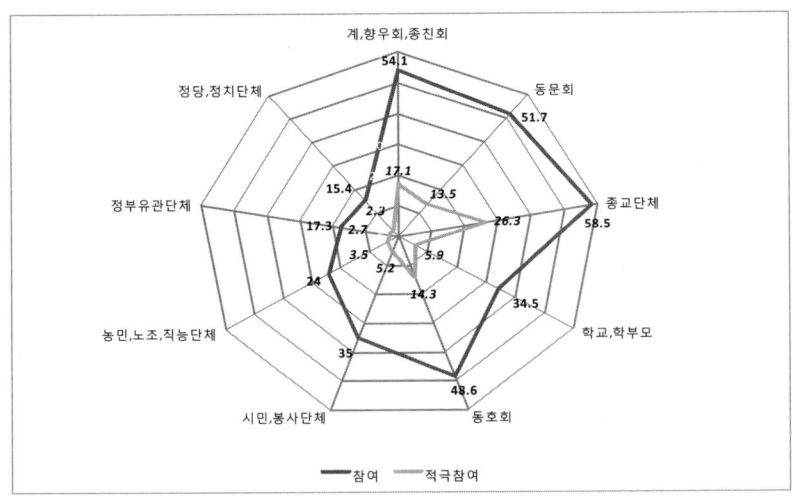

〈그림 3〉 무안군민들의 조직·단체·결사체 참여 비율(단위 : %)

먼저 가장 높은 참여율을 보인 것은 종교단체로서 주민의 58.5%가 활동한 적이 있는 것으로 나타났다. 그 다음이 계·향우회·종친회 54.1%, 동문회 51.7%, 동호회 48.6% 등으로 나타났다. 이어서 시민·봉사단체 35%, 학교나 학부모 모임 34.5%, 농민·노조·직능단체 24% 등의 순을 보였고, 정치적 성격을 띠는 정부유관단체에는 주민의 17.3%, 정당·정치단체에는 지역 주민의 15.4%가 참여하여 활동한 적이 있다고 답하였다.

한편 적극적 참여도(적극 참여, 아주 적극적 참여)를 보인 주민의 비율을 보면 종교단체가 역시 26.3%로 가장 높은 수치를 보이고, 그 다음으로 향우회·종친회 17.1%, 동호회 14.3%, 동문회 13.5% 등의 순서를 보인다. 이어서 학교와 학부모 모임, 시민·봉사단체 활동은 응답자의 5.9%, 5.2%가 적극 참여하였고, 노조·농민단체·직능단체 활동은 3.5%, 정부 유관단체 2.7%, 정당·정치단체 활동 2.3% 등으로 가장 낮은 수치를 보이고 있다.

무안 지역 시민사회의 조직화의 특징을 살펴 보기 위해서는 단체나 모임들을 그 성격에 따라 몇 가지로 분류해볼 필요가 있다.

먼저 계·향우회·종친회, 동문회는 사적 연결망 또는 1차집단의 성격을 지닌다. 대체로 사적인 이해의 추구를 목적으로 하며, 주로 기존의 연고를 중심으로 이루어지며, 상대적으로 높은 배타성을 지닌다.

이에 반해 종교단체, 동호회, 학교와 학부모 모임은 비록 개인적 관심이나 이해관계를 중심으로 모이는 것이지만, 그 구성이 연고가 아닌 비교적 보편적 타자들끼리의 조직이라는 점에서 사적 연결망과는 다른 결사체적 성격을 지닌다. 하지만 공적·사회적 이슈에 적극 참여하기보다는 구성원 내부의 친목과 유대 또는 내부 문제의 해결에 치중한다는 점에서 '내부지향적 결사체'라고 할 수 있을 것이다.

시민·봉사단체, 정당과 정치단체의 경우 보편적 타자간의 조직이라는 점에서 사적 연결망과 구분되며, 모임의 이슈나 조직의 목적이 개인적인 이해나 관심보다는 공적인 성격을 지닌다. 즉 공공적인 이슈에 대한 참여와 견제가 모임의 주요 성격이 된다. 이점에서 전형적인 2차 집단 또는 중간조직이라 할 수 있다. 앞의 '내부지향적 결사체'와 구분하여 사회지향적 결사체로 부를 수 있을 것이다. 정부나 자치단체의 유관기관 역시 정당·정치단체와 비슷하게 공적인 성격을 지니는 사회지향적 결사체라고 할 수 있다. 하지만 주로 정부 정책의 홍보 등을 위한 동원조직이라는 점에서 구분될 수 있을 것이다.

한편 농민단체·노조·직능단체의 경우, 사회의 기능적 분화에 기초한 2차적 결사체라는 점에서 사적 연결망과 구분되며, 이익단체의 성격이 강하다는 면에서 여타 결사체와도 구분된다. 즉 결사적 이익집단이라 할 수 있다.

이상의 여러 단체 및 조직들의 성격을 고려할 때, 시민사회의 활성화는 1차집단을 벗어난 2차집단 또는 2차적 결사체의 활성화를 의미한다고 할 수 있다. 특히 내부지향적이 아닌 사회지향적 결사체는 국가와 대비되어 시민사회의 정치적 활성화와 직접적으로 연관되어 있다는 면에서 시민사회 활성화의 중요 척도가 된다고 보인다(박찬표 2007, 148-150).

이러한 구분에 비추어 볼 때, 무안 군민들은 2차 집단 또는 사회지향적 결사체보다는 사적 연결망과 내부지향적 결사체를 중심으로 주로 조직되어 있음을 알 수 있다.

정당·정치단체, 시민봉사단체 등 이차 집단적 사회활동 혹은 농민·노조·직능집단 등 기능적 이익 추구활동 보다는, 계·향우회·종친회, 동문회 등 개인적이고 연고적인 친분관계 중심으로 집단적 결속을 추구하는 조직활동에 집중하거나, 일차 집단적 수준을 벗어나더라도 동호회, 종교단체 등 주로 내부 집단간 친목 및 유대에 집중하는 연결망에의 참여가 더 일반적인 것이다. 특히 농민·노조·직능단체 등 특정한 직업적·사업적 이익 중심의 공식적·직업적 결사체 수준에서의 참여가 낮게 나타나고 있다.

결국 무안주민들의 조직·결사체 활동은 시민사회의 공적 영역들로 확장되지 못한 채 주로 사적 영역에서 사적 연고 중심의 조직에서 이루어지고 있다고 보인다. 공론장을 형성하거나 지방정부로부터 부당한 권리 침해에 대응하여 자기 주장을 하는, 조직하고 행동하는 시민사회로서의 공개적·공적 성격을 갖기 보다는, 서로 친밀하게 아는 사람들끼리 성원간의 결속을 다지는 사적·내부지향적 시민사회의 특징을 띠고 있다고 할 수 있을 것이다(박찬표 2007, 250).

물론 이러한 특징은 무안 지역만에 국한된 것으로는 보이지 않는다. 보통의 시민들은 일상생활 속에서 주로 개인적 연고 중심의 연계망 속에서 생활하며, 사회적 활동 역시 상당 부분 내부지향적 조직 속에서 이루어지기 때문이다. 또한 이러한 양상은 구성원간의 유대나 결속, 공동체적 연대감 등을 제공하는 기반이 된다는 점에서 긍정적 기능도 있음을 부인하는 것은 아니다.

하지만 1차적, 내부지향적 결사체에 비해 외부지향적이고 공개적·공적인 성격을 갖는 결차체 활동이 현저히 낮은 수준에 머물러 있을 경우, 지역 수준에서의 사회적 참여의 약화를 초래하여 결국 풀뿌리 민주주의의 사회적 기반의 취약화를 가져올 것이라는 점은 지적되어야 할 것이다.

무안 지역 주민들의 조직·결사체 활동에의 참여와 관련하여 보다 중요하게 보아야 할 것은 사회집단별 차이이다. 이를 정리한 것이 <표 5>이다.

우선 성별로 보면 종교단체 활동 및 학교·학부모 모임의 경우는 여성이 남성보다 높은 참여율을 보이지만, 그 외의 모든 단체나 조직의 경우 남성이 높은 참여비율을 보이고 있다.

연령대 별로 보면, 대체로 거의 모든 조직 활동에서 40대와 50대가 가장 많이 참여하는 것으로 나타난다. 주목되는 예외는 종교단체 활동으로 60대와 70대 이상이 높은 참여비율을 보여준다. 학교·학부모 모임의 경우에는 취학 자녀를 둔 세대라 할 수 있는 40대와 30대가 높은 참여비율을 보여주며, 동호회의 경우 20대가 40-50대와 비슷한 참여비율을 보여주고 있어 주목된다.

학력별로 보면 종교단체를 제외한 모든 조직·결사체 영역에서 중졸 이하 보다는 고졸이하나 대재이상이 높은 참여율를 보이고 있다. 대체로 학력이 높을수록 조직·결사체에 적극 참여하고 있다는 해석이 가능할 것이다. 한편 고졸이하와 대재이상 만을 두고 비교한다면, 동호회 및 시민·봉사단체의 경우에는 대졸이상이 높은 참여비율을 보이지만, 그 외 영역에서는 고졸 이하 계층이 높은 참여율을 보이고 있어 주목된다. 중졸 이하 계층이 유독 종교단체 활동에서만 높은 참여율을 보이는 것은 이들의 사회적 소외를 반증하는 지표로 해석이 가능할 것이다.

생활수준별로 보면, 자신을 잘사는 편이라고 답한 응답자들이 대체로 조직·결사체 활동에 많이 참여하는 것으로 나타나지만, 계·향우회·종친회, 종교단체 모임, 농민·노조·직능단체 등의 경우에는 자신을 못사는 편이라고 답한 자들이 오히려 높은 참여율을 보여주고 있다. 생활정도와 농민·노조·직능단체 참여 간에 부의 상관관계가 나타난 것은, 저소득층일수록 이러한 단체에 많이 참여한다기 보다는 이들 직종에 종사하는 계층의 소득 수준이 그 만큼 낮고 생활이 어려움을 말해주는 것으로 해석되어야 할 것이다.

무안 지역 주민들을 사회 집단별로 나누어 조직·결사체 참여 정도를 살펴본 결과, 무안 지역의 조직·집단·결사체 활동은, 종교단체 활동 및 학교·학부모 모임을 제외하면 대체로 40-50대 고졸 학력 이상의 남성 중심으로 이루어짐을 알 수 있다. 특히 사회계층별로 살펴볼 경우, 저소득층의 경우 2차적·사회지향적 결사체에 참여하기 보다는 계·향우회·종친회와 같은 1차적 결사체나 종교단체와 같은 내부지향적 결사체에 머물러 있음을 알 수 있다.

무안 지역사회의 구조와 특징 239

〈표 5〉 무안 군민들의 조직·집단·결사체 참여 비율(단위 : %)

		계·향우회·종친회	동문회	종교단체	학교·학부모 모임	동호회	시민·봉사단체	농민·노조·직능단체	정부유관단체	정당·정치단체
성별	남성	57.0	59.3	49.5	33.9	55.1	37.8	28.4	18.3	18.2
	여성	51.7	44.8	68.0	35.4	42.7	33.0	20.0	16.6	13.2
연령대	20대	37.1	49.5	49.0	28.1	61.0	35.4	21.9	15.6	13.5
	30대	45.6	55.7	49.1	41.6	52.2	25.4	19.5	14.2	14.2
	40대	63.1	59.1	55.9	57.5	61.7	46.9	28.6	20.2	18.3
	50대	71.6	67.0	65.5	39.8	60.9	51.3	30.1	25.9	23.2
	60대	61.2	44.1	64.1	15.8	29.4	23.2	24.5	12.9	11.9
	70대이상	42.5	32.7	67.3	18.6	23.9	24.8	18.6	14.2	10.6
학력	중졸이하	50.2	33.5	62.0	16.7	26.3	22.2	19.5	11.3	9.8
	고졸이하	62.0	62.3	58.5	43.9	52.2	39.9	28.4	22.4	20.8
	대재이상	51.6	59.4	55.3	42.6	63.9	42.1	24.7	18.9	16.4
생활수준	잘사는편	51.3	55.2	56.7	36.5	50.8	36.6	22.1	17.0	15.0
	못사는편	56.4	49.3	59.6	34.0	41.3	33.9	25.9	17.9	16.1
직업	전문직등	66.4	67.6	60.1	44.8	65.7	45.6	29.1	25.0	17.2
	자영업	60.5	58.2	50.3	38.2	52.6	36.2	20.5	14.6	15.2
	농어민등	50.4	44.7	57.4	26.0	37.4	28.5	28.5	13.1	14.8
	기타	46.7	42.5	63.7	29.3	42.2	30.5	21.2	17.3	15.1

4. 시민운동 단체 및 사회단체 활동에 대한 평가

이상에서 보듯이 무안 지역의 시민사회는 주로 사적 관계나 내부 유대 및 친목 활동 중심으로 조직되어 있음을 알 수 있다. 이러한 양상은 굳이 무안 지역 만의 문제가 아니라 우리나라 지역사회의 보편적 현상이라 할 수 있을 것이다.

한편 이와 같이 공적 이슈를 중심으로 한 시민사회의 자율적 조직화가 미약한 상황에서 시민사회 조직화의 중요한 역할을 맡고 있는 것이 시민단체나 사회단체이다. 특히 앞에서 보았듯이 무안 지역 주민들의 시민·봉사단체 활동에 대한 참여는, 사적 유대 중심의 활동에 비해서 약하지만, 2차적 결사체 중에서는 가장 활발한 것으로 나타난다. 소극적 참여까지를 포함할 경우 응답자 중 35%가 시민·봉사단체 활동에 참여한 경험이 있는 것으로 나타나고 있다. 농민·노조·직능단체나 정당·정치단체에의 참여가 미약한 상황에서 시민·봉사단체는 무안 지역사회를 공적 영역으로 이끄는 중요한 매개체라고 할 수 있을 것이다.

그렇다면 무안지역민들은 시민 운동단체나 사회단체의 활동에 대해 어떤 평가를 내리고 있는가. 이를 살펴보기 위해 "무안 지역 시민운동단체나 사회단체의 활동에 대하여 어떻게 생각하십니까", "무안지역 시민운동단체나 사회단체가 어느 정도 영향력이 있다고 생각하십니까", "무안지역의 시민운동단체나 사회단체에 직접 참여하여 활동할 의향이 있으십니까", "무안지역의 시민운동단체나 사회단체에 성금을 내거나 정기적인 회비를 내주실 의향이 있습니까"라는 질문을 던졌다. 이에 대한 대답을 정리한 것이 <표 6>이다.

<표 6> 시민운동단체 및 사회단체에 대한 평가 및 참여의사(단위 %)

	부정적	중립	긍정적
활동에 대한 평가	24.2	58.9	16.9
영향력에 대한 평가	23.9	55.6	20.4
참여의사	50.5	33.9	15.6
성금·회비 납부 의사	47.6	33.0	19.4

먼저 시민·사회단체의 활동에 대한 평가에서는 부정적 평가가 24.2%임에 비해 긍정적 평가는 16.9%에 불과하였다. 시민단체의 영향력에 대해서도 부정적 평가가 23.9%임에 비해 긍정적 평가는 20.4%에 그치고 있다. 이어서 시민단체 활동에 대한 참여 의사에서도 부정적 의사(50.5%)가 긍정적 의사(15.6%)보다 월등히 높게 나타나고 있으며, 성금 및 회비 납부 의사에서도 부정적 의견(47.6%)이 긍정적 의견(19.4%)에 비해 높게 나타나고 있다.

전체적으로 볼 때, 시민단체·사회단체의 활동 및 영향력에 대해 대체로 부정적으로 평가하고 있음을 알 수 있으며, 또한 직접 참여하거나 성금·회비를 납부하는 것에 대해서도 소극적이라고 할 수 있을 것이다.

그러나 다른 한편으로 볼 때, 군민 중 15.6%가 직접 참여할 의사가 있고, 성금 및 회비를 납부할 의사가 있는 군민의 비율도 19.4%에 이른다는 것은 시민단체 활성화의 기반이 취약하지만은 않은 것을 보여주는 것으로 생각된다.

5. 무안 지역 내 소지역간의 격차

이상에서 살펴본 바에 의하면, 무안 지역의 시민사회는 공적·사회지향적 성격의 모임 보다는 개별적·연고적 성격의 모임 중심으로 조직화되어 있음을 알 수 있다. 향후 무안의 지방자치 및 지역 민주주의의 실현을 위해서는 보다 공적이고 사회지향적인 결사체 활동이 활성화되어야 하며, 또한 지역의 이슈들에 대한 지역 주민들의 보다 많은 참여가 요구된다고 할 수 있을 것이다.

이와 관련하여 한 가지 우려되는 현상이, 무안 내 소지역 간에 지역 이슈에 대한 관심도나 참여도 등에서 뚜렷한 차이가 발견된다는 점이다. 즉 무안읍을 중심으로 한 서북부 지역(무안읍, 해제면, 현경면, 망운면, 운남면)과 남악신도시를 포함하여 목포권에 인접한 동남부 지역(삼향읍, 일로읍, 몽탄면, 청계면) 간에 지역 정체성이나 정주의식, 지역 현안에 대한 참여나 결사체에의 참여 정도 등에서 현저한 격차가 발견되고 있는 것이다.

먼저 <표 7>에서 보듯이, 지역 사회문제에 관한 사회 활동에의 참여 의사 면에서 두 지역 간에는 뚜렷한 격차가 보인다. "앞으로 지역사회 문제와 관련된 사회활동에 참여할 의향이 어느 정도 있으십니까"라는 질문에 대해 서북권의 경우 44.7%가 참여할 의사가 있다고 답한 반면 동남권의 경우에는 28.4%만이 참여할 의사가 있다고 답하고 있다. 또한 "지역사회 문제에 참여함으로써 지역사회가 어느 정도 개선될 수 있다고 생각하십니까"라는 질문에 대해서도 서북권의 경우 60.1%가 개선될 수 있다고 답한 반면, 동남권의 경우에는 46.2% 만이 긍정적으로 답하고 있다. 실제 6.2 지방 선거에 참여했는지 여부를 묻는 질문에 대해서도 서북권 82.9%, 동남권 69.5%로 두 지역간에는 현저한 격차가 나타난다.

〈표 7〉 지역사회 문제에 대한 참여 의사와 효능감(단위 %)

		지역사회문제에 관한 사회활동 참여 의사가 있다	참여로 인해 지역사회가 개선될 수 있다	6.2 지방선거 투표 참여
전체		35.1	51.8	75.0
지역별	서북권	44.7	60.1	82.9
	동남권	28.4	46.2	69.5

이러한 두 지역 간의 격차는 사회활동에 대한 참여 정도에서도 어느 정도 발견된다. <표 8>에서 보듯이 두 지역 간에는 특히 선거활동·정당활동 및 정치인·공무원 접촉 등에서 상당한 격차가 나타나고 있다. 주로 지역 이슈를 둘러싼 공적·정치적 의사결정의 구조에서 동남부 지역민들의 참여 정도가 현저히 낮은 것을 의미한다.

〈표 8〉 사회활동에 대한 참여 정도(단위 %)

		선거운동 정당활동	서명운동	시위참여	정치인·공무원 접촉	기부·모금 활동	시민단체 접촉
전체		18.1	30.2	6.7	14.1	20.5	6.8
지역별	서북권	25.1	28.0	8.5	17.8	19.9	7.8
	동남권	13.1	31.8	5.4	11.5	21.0	6.1

한편 두 지역 간에는 지역 사회 현안에 대한 참여의사나 효능감, 실제 사회적 활동에의 참여 정도에서 뿐만 아니라, 각종 결사체나 조직에의 참여

정도에서도 큰 차이를 보이고 있다. 아래 <표 9>에서 보듯이 계·향우회·종친회, 동문회 등 주로 1차적 결사체 뿐만 아니라, 종교단체, 학교·학부모 모임, 동호회 등과 같은 내부 지향적인 2차적 결사체, 농민·노조·직능단체 와 같은 이익 결사체, 시민·사회단체 등과 같은 공익단체, 정당이나 정부 유관기관과 같은 정치적 성격의 결사체 등에서 동남권 지역이 서북권에 비해 현저히 낮은 참여율을 보이고 있는 것이다. 특히 이러한 격차는 1차적 집단 보다도 2차적 집단(시민·봉사단체, 정당·정치단체, 직능단체 등)에서 더욱 크게 나타나고 있다.

<표 9> 조직·집단·결사체 참여 비율(단위 %)

		계,향우회,종친회	동문회	종교단체	학교학부모	동호회	시민봉사단체	정당정치단체	노조농민직능단체	유관기관
전체		54.1	51.7	58.5	34.5	48.6	35.0	15.4	24.0	17.3
지역별	서북권	62.6	62.2	61.6	42.6	56.1	46.5	20.9	36.1	22.7
	동남권	48.2	44.4	56.2	28.8	43.4	26.9	11.5	15.3	13.4

또한 <표 10>에서 보듯이 동남권 지역은 무안에 대한 정주의식이나 지역민으로서의 정체성 등에서도 서북권에 비해 현저히 낮은 수준을 보이고 있으며, 이에 따라 동남권에 비해 지역사회에서의 소외감을 보다 많이 느끼고 있는 것으로 나타난다.

<표 10> 무안 정주의식 및 정체감(단위 %)

		무안지역 거주 의향	무안 지역민 정체성	지역사회 소외감
전체		81.8	30.6	28.8
지역별	서북권	86.1	44.2	23.8
	동남권	78.8	21.1	32.3

이상과 같은 두 지역 간의 차이의 원인에 대해서는 향후 보다 심층적인 연구가 필요하다고 생각되지만, 일차적으로는 남악신도시가 형성되면서 새로이 무안으로 이주해온 주민 등을 비롯하여 목포 인접 지역의 주민들의 경우 무안 지역사회에 충분히 통합되지 못한 것이 중요한 원인으로 보인다. 두 지역 간의 이러한 격차는 향후 무안 지역사회가 해결해야 할 중요한 과제로 생각된다.

III. 결론

이상의 조사 결과를 통해 살펴 본 무안 지역사회의 한 단면은, 무안 지역사회가 아직까지 전통적인 농촌 사회 또는 공동체 사회의 특징을 많이 가지고 있음을 보여준다.

이러한 무안 지역사회의 특징은 그 나름대로 장점을 지닌다고 생각된다. 1차 집단 중심의 사회는 주민들의 정체감과 공동체 의식에 긍정적으로 작용할 수 있기 때문이다. 즉 그것은, 이질적 주민들로 구성된 대도시에서 느끼는 소외감이나 이익추구 중심의 개인주의가 가져오는 사회적 유대감의 해체, 사회의 기능적 분화에 필연적으로 따르는 사회갈등 등 산업화된 도시사회에서 초래되는 여러 병리적 현상을 막을 수 있는 사회적 기반이 될 수 있기 때문이다. 시민들의 단체·조직 활동에서 동호회, 종교단체 등 내부집단적 결사체가 상당히 활성화되어 있는 것은 이러한 무안지역의 공동체적 장점이 발현된 하나의 모습으로 생각된다.

하지만 사회지향적인 2차적 결사체가 취약하고 기능적 분화에 기초한 결사적 이익집단이나 공적 이슈를 중심으로 한 시민·사회단체 등이 취약한 것은, 지역사회의 공적 의제를 둘러싼 개방적 여론의 형성이나 지역 주민들의 적극적 지역사회 참여를 가능케 해 줄 시민사회적 기반이 그 만큼 취약하다는 증거로서 지방자치의 발전이나 지역사회의 민주화에 불리한 요인이라 할 수 있을 것이다.

특히 주목해야 할 것은 1차 집단적 결사체를 중심으로 하여 지역사회가 조직되어 있다는 것이 무안 지역사회가 결코 동질적임을 의미하는 것은 아니라는 점이다. 우리는 앞에서 무안 지역사회의 공론장이나 사회적 활동에의 참여 정도, 각종 조직 및 결사체에의 참여율 등을 살펴본 결과, 거의 모든 영역에서 대체로 저학력층이나 저소득층, 여성, 농민 등이 현저히 낮은 참여율을 보이고 있음을 알 수 있었다. 이러한 양상은 무안 지역 사회에서 그러한 계층이 그 만큼 소외되어 있고 불리한 위치에 있음을 말해주는 동시에, 무안의 지방자치가 일반 서민들의 참여에 기초한 풀뿌리 민주주의를 실현하기 보다는, 지역사회의 엘리트를 중심으로 하여 전개될 개연성을 높인다고 할 수 있다.

무안 지역에서 사회 계층이나 직업별 차이보다 더 문제가 되는 것은 지역 내 소지역 간의 격차이다. 남악신도시를 포함한 목포시 인근의 동남권 지역 주민들은 지역 사회 현안에 대한 참여의사나 효능감, 실제 사회적 활동에의 참여 정도, 각종 결사체나 조직에의 참여 정도 등에서 서북권에 비해 현저히 낮은 수준을 보이고 있다. 무안에 대한 정주의식이나 지역민으로서의 정체성 등에서도 동남권은 서북권에 비해 현저히 낮은 수준을 보이고 있다. 이러한 두 지역 간의 격차는 향후 무안 발전을 위해 반드시 해결해야 할 중요한 과제로 보인다.

결국 지방 자치나 지역 민주주의의 발전이라는 이 글의 문제의식에 비추어 볼 때, 무안 지역 사회는 공적 영역을 중심으로 보다 활성화되어야 할 것으로 보인다. 지역 사회 의제에 대한 활발한 관심과 참여, 이러한 공적 이슈를 둘러싼 영역에서의 시민사회의 조직화, 다양한 자발적 결사체와 중간 집단 등은 지역정치를 민주화하고 풀뿌리 민주주의를 발전시키는 필수불가결한 기반이기 때문이다.

참고문헌

김병준, 『한국지방자치론』, 법문사, 2005.
무안군, 『군정백서 2006-2010』
박찬표, "지역 시민사회의 구조와 지역민주주의", <한국정당학회보> 6권 2호, 2007.
송호근, "지역사회의 민주화와 삶의 질: 춘천시 사례연구", 「사회과학과 정책연구」 17, 2(1995.10), 1995.
한국산업사회학회, 『사회학』, 한울, 2004.
한림대사회조사연구소·춘천문화방송, 『'99 춘천 리포트』, 나남출판, 1999.

<부록 1> 무안군민 의식조사 설문지

무안군민 의식조사

ID ☐ ☐ ☐

안녕하십니까?
저는 면접조사원 ○○○입니다.
저희『목포대학교 지방자치연구소』는 무안지역의 발전을 위하여 무안군민의식조사를 실시하게 되었습니다.
선생님께서 응답해 주시는 내용은 오직 통계적 자료로만 사용되며 개별적인 응답 내용에 대해서는 절대 비밀이 보장됩니다.
바쁘시더라도 선생님의 평소 생각을 솔직하게 응답해 주시기 바랍니다.
감사합니다.

2010년 11월
목포대학교 지방자치연구소장 하상복 (☎ 450-2261)

※ 먼저 통계처리를 위해 사용될 몇 가지 질문을 드리겠습니다.

S1. 선생님의 연세는? (만   세)

S2. 선생님의 최종학력은?
    1) 초등학교졸업 이하   2) 중졸 이하   3) 고졸 이하   4) 대재 이상

S3. 선생님의 생활정도는 어떻다고 생각하십니까?
    1) 아주 잘 산다   2) 잘사는 편이다   3) 못사는 편이다   4) 아주 어렵다

〈부록1〉

S4. 선생님의 고향은? (전남인 경우 구체적 시군 기록 _____시 군)
　　1) 전남　　2) 서울　　3) 경기　　4) 강원　　5) 충북　　6) 충남
　　7) 전북　　8) 경북　　9) 경남　　10) 제주　　11) 이북　　12) 기타

S5. 선생님의 직업은? 선생님이 가구주(주수입원)가 아닌 경우는 가구주의 직업도 같이 표시해 주십시오.
　　1) 본인 (　　　　　)　　　　2) 가구주 (　　　　　)

※ 다음으로 무안지역 사회와 관련하여 몇 가지 질문을 드리겠습니다.

1. 선생님께서는 무안에 얼마나 거주하셨습니까? (　　　　)년

2. 선생님의 주된 성장지는 어디입니까? (여기에서 주된 성장지란 고등학교까지 가장 오래 산 지역을 의미합니다).
　　1) 무안　　2) 신안　　3) 광주/전남(무안, 신안 이외)
　　4) 전북　　5) 서울　　6) 인천/경기　　7) 충청(대전 포함)
　　8) 경상남북도 (부산 대구 울산 포함)　　9) 제주　　10) 기타

3. 선생님께서는 무안에 계속 거주할 의향을 가지고 계십니까?
　　1) 평생 동안 살 계획이다 (문4로)
　　2) 특별한 일이 없는 한 거주할 것이다 (문4로)
　　3) 가능한 다른 지역으로 이사할 것이다(문 3-1로)
　　4) 반드시 이사할 것이다 (문3-1로)

3-1. 선생님께서 이사를 하신다면 어디로 옮기실 의향을 가지고 계십니까?
　　1) 광주　　2) 광주제외 전라남도　　3) 수도권(서울,인천,경기)
　　4) 해외　　5) 기타 _____

4. 선생님께서는 무안하면 무엇이 가장 먼저 떠오르십니까?
   (_____)

5. 사람들은 종종 "나는 어디 사람이다"라는 말을 합니다. 다음 중 선생님의 평소 생각을 가장 잘 표현하는 말은 어느 것입니까?
   1) 나는 무안 사람이다.
   2) 나는 전라도 사람이다.
   3) 나는 대한민국 국민이다.

6. 선생님은 무안에 거주하고 있다는 것에 대해 얼마나 자랑스럽게 느끼십니까?
   1) 아주 자랑스럽다   2) 다소 자랑스럽다   3) 그저 그렇다
   4) 별로 자랑스럽지 않다   5) 전혀 자랑스럽지 않다

8. 선생님께서는 타지에서 손님이 방문했을 때 무안의 어디로 안내하고 싶으십니까? 순서대로 2곳만 말씀해 주십시오.
   1순위: _____   2순위: _____

9. 선생님께서는 무안사람들의 성격이나 기질을 어떻게 평가하십니까?

9-1 개방적이다	1	2	3	4	5	폐쇄적이다
9-2 긍정적이다	1	2	3	4	5	부정적이다
9-3 사려깊다	1	2	3	4	5	충동적이다
9-4 이기적이다	1	2	3	4	5	이타적이다(타인을 배려)
9-5 책임감이 있다	1	2	3	4	5	무책임하다

10. 선생님께서는 다음과 같은 견해에 대하여 어떻게 생각하십니까?

문		전혀 아니다	다소 아니다	그저 그렇다	다소 그렇다	정말 그렇다
10-1	특정한 연고나 배경을 가진 사람들이 무안 지역사회를 주도하고 있다.	1	2	3	4	5
10-2	지역사회에서 진행되는 일들로부터 소외된 느낌이 든다.	1	2	3	4	5
10-3	무안은 다른 지역으로부터 차별을 많이 받아 왔다.	1	2	3	4	5
10-4	무안사람은 비용은 지불하지 않고 대가만을 바라는 경향이 있다.	1	2	3	4	5
10-5	무안 지역사회의 주요 인간관계는 형님-동생의 관계라 할 수 있다.	1	2	3	4	5

※ 다음으로는 무안 지역사회 발전과 관련하여 몇 가지 질문을 드리겠습니다.

11. 선생님께서 무안지역발전을 위해 제일 중요하다고 생각하신 분야를 한 가지만 고르신다면 무엇이라고 생각하십니까?
   1) 경제   2) 문화·예술   3) 보건·의료·복지   4) 교육
   5) 환경(자연환경, 공해 등)   6) 지역정치
   7) 기타 _____

12. 선생님께서는 지난 1년 동안 무안지역의 경제는 어떠했다고 생각하십니까?
   1) 아주 좋았다   2) 부분적으로 좋았다   3) 보통이다
   4) 부분적으로 좋지 않았다   5) 아주 좋지 않았다

13. 선생님의 개인적인 경제상황은 지난 1년 동안 어떠했습니까?
   1) 아주 좋았다   2) 부분적으로 좋았다   3) 보통이다
   4) 부분적으로 좋지 않았다   5) 아주 좋지 않았다

14. 선생님께서는 앞으로 1년 동안 무안지역의 경제는 어떠하리라 생각하십니까?
   1) 아주 좋아질 것이다   2) 부분적으로 좋아질 것이다
   3) 지금과 마찬가지일 것이다
   4) 부분적으로 나빠질 것이다   5) 아주 나빠질 것이다

15. 그렇다면 개인적인 경제상황은 앞으로 1년 동안 어떠하리라 생각하십니까?
   1) 아주 좋아질 것이다   2) 부분적으로 좋아질 것이다
   3) 지금과 마찬가지일 것이다   4) 부분적으로 나빠질 것이다
   5) 아주 나빠질 것이다

16. 선생님께서는 무안지역의 경제발전을 위해 가장 중요한 일이 무엇이라고 생각하십니까? 중요한 순서대로 2가지만 지적해 주시기 바랍니다.
   1순위_____   2순위_____

※ 다음으로는 무안지역 교육 문제와 관련하여 몇 가지 질문을 드리겠습니다.

17. 선생님 가정에는 학생인 자녀가 있습니까?
   1) 있다면 초등학생 (   )명, 중학생 (   )명, 고등학생(   )명, 대학생(   )명
   2) 없다

18. 최근에 등록금을 학교가 원하는 대로 받고, 자율적으로 학교를 운영할 수 있게 하는 자율형 사립 고등학교가 늘어나고 있습니다. 이에 대해서 어떻게 생각하십니까?
   1) 적극 지지한다   2) 지지하는 편이다   3) 반대한다
   4) 적극 반대한다   5) 잘 모르겠다

19. 지역우수명문고나 기숙형 고등학교 등 일부 학교를 집중적으로 육성하고 있습니다. 이에 대해 어떻게 생각하십니까?
    1) 지역을 위해서는 소수 학교를 적극 육성해야 한다
    2) 일부 지원하되 다른 학교에 비해 지나쳐서는 안 된다
    3) 일부 학교만 지원하면 다른 학교의 여건이 어려워질 우려가 있다
    4) 학교차가 심해지기 때문에 일부에게만 몰아주는 지원정책을 해서는 안 된다
    5) 잘 모르겠다

20. 각 학교가 공모과정을 통하여 일반교사들 중에서 교장을 선발할 수 있습니다. 이 제도에 대해서 어떻게 생각하십니까?
    1) 적극 찬성이다   2) 찬성하는 편이다
    3) 반대하는 편이다   4) 적극 반대한다   5) 잘 모르겠다

21. 최근 국제결혼가정(다문화가정)이 늘고 있습니다. 다문화가정 학생들에 대한 지원이 필요하다고 보십니까?
    1) 아주 필요하다   2) 대체로 필요한 것 같다
    3) 대체로 필요하지 않은 것 같다 4) 전혀 필요하지 않은 것 같다
    5) 잘 모르겠다

22. 국제결혼가정(다문화가정) 학생들로만 구성된 공립형 다문화 대안학교를 생각해 볼 수 있습니다. 이것에 대해서 어떻게 생각하십니까?
    1) 대안학교를 만들 필요가 없다(문23으로)
    2) 대안학교를 만들 필요가 없다 (문22-1로)
    3) 잘 모르겠다(문23으로)

22-1. 그렇다면 어느 때부터 공립형 다문화 대안학교가 필요하다고 생각하십니까?
  1) 초등학교 입학하기 전부터   2) 초등학교 수준까지
  3) 중학교 수준까지   4) 고등학교 수준까지

23. 전라남도 교육감은 선거로 선출하고 있습니다. 지방교육지원청(예, 무안교육지원청)의 교육장도 군민의 선거로 선출해야 한다고 보십니까?
  1) 현재대로 교육감이 임명해야 한다
  2) 주민들의 선거로 선출해야 한다
  3) 잘 모르겠다

※ 다음은 선생님의 일상 및 지역사회 문제 참여와 관련해 몇 가지 질문을 하겠습니다.

24. 선생님께서는 현재 얼마나 행복하다고 생각하십니까? 선생님이 느끼시는 행복의 정도를 0점에서 100점 사이의 점수로 나타내신다면 몇 점을 주시겠습니까? (점)

25. 선생님께서는 삶에서 가장 중요하게 생각하시는 것이 무엇입니까? 중요한 순서대로 두 가지만 말씀해 주시기 바랍니다.
  1순위 : (   ),   2순위 : (   )
  1) 사회적 성공   2) 경제적 풍요   3) 자신의 능력개발
  4) 가정의 행복   5) 건강   6) 정신적인 성숙
  7) 취미생활/여가   8) 지식/학식
  9) 좋은 인간관계   10) 기타 _____

26. 선생님께서는 다음과 같은 문제들을 해결할 일이 있을 때 "아는 사람"을 어느 정도 찾습니까?

	전혀 찾지 않는다.				적극적으로 찾아본다.
1. 행정민원	1	2	3	4	5
2. 병원진료문제	1	2	3	4	5
3. 상거래	1	2	3	4	5
4. 돈이 급하게 필요할 때	1	2	3	4	5

27. 선생님께서 지난 1년간 아래 단체에서 어느 정도 활동하였습니까?

	해당 없음	아주 소극적(1)	2	3	4	아주 적극적(5)
1. 교회, 성당, 사찰 등 종교활동						
2. 동문회 활동						
3. 계, 향우회, 종친회 모임						
4. 시민·봉사단체 활동						
5. 학교와 학부모 모임						
6. 스포츠, 취미 동호회 활동						
7. 농민단체, 노조, 직능단체 활동						
8. 정당/정치단체 활동						
9. 정부·자치단체 유관기관 활동						
10. 기타(_____)						

28. 선생님께서는 평소 (지역)사회문제에 관한 정보를 주로 누구를 통해 얻습니까? 순서대로 두 가지 만 선택해 주십시오.

   1순위:_____   2순위:_____

1) 가족, 친척   2) 동네사람   3) 지인(동향사람, 학교동문, 친구)
4) 직장동료   5) 언론(신문, 방송 등)
6) 기타 (_____)

29. 선생님께서는 평소 (지역)사회에 관한 대화에 어느 정도 참여하십니까?
    1) 매우 적극적으로 참여한다.   2) 참여하는 편이다.
    3) 참여하지 않는 편이다.   4) 전혀 참여하지 않는다.

30. 선생님께서 평소 (지역)사회문제에 관한 판단을 내리실 때 다음 중 가장 영향을 많이 받는 것은 무엇입니까? 순서대로 두 가지만 선택해 주십시오.
    (1순위: _____)   (2순위:_____)
    1) 가족, 친척   2) 동네사람   3) 지인(동향사람, 학교동문, 친구)
    4) 직장동료   6) 종교모임   7) 시민단체
    8) 이익단체 (상공인단체, 노조, 동업조합 등)   9) 언론(신문, 방송 등)

31. 선생님께서는 앞으로 지역사회 문제와 관련한 사회활동에 참여할 의향이 어느 정도 있으십니까 ?
    1) 적극 참여할 의사가 있다.
    2) 참여할 의사가 있다
    3) 참여할 의사가 별로 없다
    4) 적극 참여할 의사가 있다.

32. 선생님께서 지역사회 문제에 참여함으로써 지역사회가 어느 정도 개선될 수 있다고 생각하십니까.
    1) 상당히 개선될 수 있다고 생각한다.
    2) 조금 개선될 수 있다고 생각한다
    3) 별로 개선될 가능성이 없다고 생각한다
    4) 개선될 가능성이 전혀 없다고 생각한다

※ 다음은 선생님께서 평소 무안지역 시민운동단체나 사회단체에 관해 어떻게 생각하고 계시는지 몇 가지 여쭙겠습니다. 평소 생각하시는 대로 말씀해 주시기 바랍니다.

33. 선생님께서는 무안지역 시민운동단체나 사회단체의 활동에 대하여 어떻게 생각하십니까?
    1) 아주 잘하고 있다   2) 잘하는 편이다   3) 보통이다
    4) 못하는 편이다   5) 아주 못한다

34. 선생님께서는 무안지역 시민운동단체나 사회단체가 어느 정도 영향력이 있다고 생각하십니까?
    1) 매우 영향력이 크다.   2) 다소 영향력이 크다.   3) 보통이다.
    4) 영향력이 없는 편이다.   5) 전혀 영향력이 없다.

35. 선생님께서는 무안지역의 시민운동단체나 사회단체에 직접 참여하여 활동할 의향이 있으십니까?
    1) 참여할 의향이 있다   2) 참여할 의사가 없다
    3) 아직 잘 모르겠다

36. 선생님께서는 무안지역의 시민운동단체나 사회단체에 성금을 내거나 정기적인 회비를 내주실 의향이 있습니까?
    1) 의향이 있다   2) 의향이 없다
    3) 아직 잘 모르겠다

※ 다음은 정치문제와 관련하여 몇 가지 여쭙겠습니다. 평소 생각하시는 대로 말씀해 주시기 바랍니다.

37. 선생님께서는 이번 6월 2일에 실시된 지방선거에 참여하셨습니까?
    1) 투표에 참여했다.   2) 투표에 참여하지 않았다.

38. 선생님께서 평소 가장 호감을 느끼는 정당은 어느 정당입니까?
    1) 한나라당   2) 민주당   3) 기타 정당 _____
    4) 없다

39. 선생님께서 평소 가장 싫어하는 정당은 어느 정당입니까?
    1) 한나라당   2) 민주당   3) 기타 정당 _____
    4) 없다

40. 사람들은 사적·공적인 문제를 해결하기 위해 다음과 같은 행동을 합니다. 선생님께서는 지난 1년 동안 다음과 같은 행동에 참여한 적이 있습니까?

	예	아니오		예	아니오
1. 선거운동·정당활동			2. 서명운동		
3. 시위참여			4. 정치인이나 공무원과 접촉		
5. 기부, 모금활동			6. 시민단체 접촉		

41. 선생님께서 민주당을 떠올릴 때 생각나는 긍정적인 측면은 무엇이며, 부정적인 측면은 무엇입니까?

    긍정적인 측면 _____
    부정적인 측면 _____

42. 그렇다면 한나라당을 떠 올릴 때 선생님께 생각나는 긍정적인 측면은 무엇이며, 부정적인 측면은 무엇입니까?

　　　긍정적인 측면 _____
　　　부정적인 측면 _____

※ 오랫동안 수고하셨습니다. 설문에 응해 주셔서 감사합니다.

<부록 2> 무안군민 의식조사 결과표

		무안 거주 의향			
		평생 동안 살 계획이다	특별한 일이 없는 한 거주할 것이다	가능한 다른 지역으로 이사할 것이다	반드시 이사할 것이다
전체		44.9%	36.9%	14.1%	4.0%
거주지역	무안읍등	46.7%	39.4%	9.8%	4.2%
	삼향면등	43.5%	35.3%	17.3%	4.0%
성별	남성	45.5%	33.1%	16.7%	4.7%
	여성	44.0%	40.5%	12.0%	3.5%
연령대	20대	7.6%	39.0%	40.0%	13.3%
	30대	15.1%	55.5%	24.4%	5.0%
	40대	34.4%	49.6%	13.7%	2.3%
	50대	62.4%	32.5%	4.3%	.9%
	60대	69.4%	25.9%	1.9%	2.8%
	70대이상	81.4%	15.9%	1.8%	.9%
학력	중졸이하	70.1%	26.1%	1.9%	1.9%
	고졸이하	48.5%	41.3%	8.7%	1.5%
	대재이상	20.3%	43.2%	28.6%	7.9%
생활수준	잘사는편	41.3%	39.1%	15.3%	4.3%
	못사는편	45.9%	36.3%	13.7%	4.1%
본인직업	전문직등	30.8%	45.9%	19.2%	4.1%
	자영업	45.2%	38.2%	13.4%	3.2%
	농어민등	60.2%	35.8%	2.4%	1.6%
	기타	48.3%	29.7%	16.9%	5.1%
거주기간	~9년	20.6%	47.7%	23.1%	8.5%
	10~29년	18.2%	41.7%	33.3%	6.8%
	30~49년	45.3%	49.6%	5.1%	
	50년이상	84.0%	15.5%		.5%
성장지	무안	59.0%	27.9%	10.7%	2.5%
	광주전남	27.2%	49.1%	17.1%	6.6%
	기타	20.4%	51.9%	22.2%	5.6%

		이사 시 옮길 지역				
		광주	광주제외 전라남도	수도권	해외	기타
전체		27.2%	24.9%	35.3%	2.9%	9.8%
거주지역	무안읍등	36.2%	19.0%	29.3%	5.2%	10.3%
	삼향면등	22.6%	27.8%	38.3%	1.7%	9.6%
성별	남성	22.1%	22.1%	44.2%	2.1%	9.5%
	여성	33.3%	28.2%	24.4%	3.8%	10.3%
연령대	20대	26.5%	7.4%	58.8%	4.4%	2.9%
	30대	33.3%	28.6%	31.0%		7.1%
	40대	20.6%	50.0%	11.8%	2.9%	14.7%
	50대	35.7%	21.4%	7.1%		35.7%
	60대	11.1%	33.3%	22.2%	11.1%	22.2%
	70대이상	33.3%	50.0%	16.7%		
학력	중졸이하	27.3%	45.5%	9.1%		18.2%
	고졸이하	18.4%	36.8%	28.9%		15.8%
	대재이상	29.8%	19.4%	39.5%	4.0%	7.3%
생활수준	잘사는편	25.3%	20.7%	40.2%	2.3%	11.5%
	못사는편	29.8%	27.4%	31.0%	3.6%	8.3%
본인직업	전문직등	40.4%	26.9%	25.0%		7.7%
	자영업	28.6%	34.3%	25.7%		11.4%
	농어민등	12.5%	12.5%	62.5%		12.5%
	기타	18.8%	23.2%	43.5%	4.3%	10.1%
거주기간	~9년	25.3%	26.6%	34.2%	2.5%	11.4%
	10~29년	31.3%	19.4%	41.8%	3.0%	4.5%
	30~49년	18.8%	37.5%	31.3%	6.3%	6.3%
	50년이상	25.0%	37.5%			37.5%
성장지	무안	29.7%	17.6%	41.9%	4.1%	6.8%
	광주전남	31.5%	31.5%	24.7%	2.7%	9.6%
	기타	4.5%	31.8%	45.5%		18.2%

찾아보기

ㄱ

갈등 해결 131
감응도계수 54
강상수계 25
개인생활 문제 147
거점면 소재지 종합개발사업 113
경로당 151
고구마 48
공동체 의식 184
공동체성 166
공론의 장 225
공론장 224
공항도시 82
공항산업 81
공항의 경제적 효과 95
관광객 69
관광거버넌스 77
관광마케팅 65
관광발전전략 71
관광산업 65
관광자원 60
관광자원개발 62
국제결혼가정 욕구 154
군립국악원 171, 189
기숙형 고등학교 206
기숙형 공립고등학교 202, 207
기숙형 공립학교 205, 206

ㄴ

낙지잡이 19

ㄷ

내부지향적 결사체 235
노루목 방조제 27
노인인구 139
녹색농촌체험마을조성사업 109
농촌건강장수마을조성사업 115
농촌마을종합개발사업 111
농촌전통테마마을조성사업 114
농촌지역개발 103
농촌지역개발사업 105
농촌지역개발정책 103

ㄷ

다경포진 22
다문화가정 142, 215
도서종합개발사업 117
도자문화 16

ㄹ

리더십 130

ㅁ

마을 만들기 106
마을사업 106
마을회관 151
마이스터 제도 214
무상급식 160
무안 국제공항 34
무안 기업도시 활성화 31
무안관광 60
무안관광종합개발계획 64

무안국제공항 80
무안군 복지향상 노력여부 147
무안군립국악원관리조례 173
무안읍성 30
무안현 13
문화 복지(cultural welfare) 189
문화관광축제 76
문화민주주의 172, 176
문화예술정책 166
물아혜군 13
민-관 협의체 160

ㅂ

백련 18
복지욕구 150
부가가치유발계수 53
불교문화 16
비전과 가치 공유 129

ㅅ

사회단체 239
사회복지정책 155
사회지향적 결사체 236
산업구조 13
살기좋은지역만들기사업 117
생산유발효과 52
성격문제 152
세계화 7, 163, 164
소도읍육성사업 118
송계어촌마을 125
승달문화예술회관 167
시민단체 239
시민사회 222
시민운동단체 240

ㅇ

아동·청소년인구 139
양돈업 48
양파류 48
어촌종합개발사업 112
어촌체험마을조성사업 110
여성 욕구 154
역량강화 131
연고주의 232
영역자산(territorial asset) 164
영향력 계수 54
옹관문화 15
요보호가정 141
월선리예술인촌 120
이슈 관리 131
2차 집단 236
2차적 결사체 236
2차적 집단 229
인구학적 특성 137
1차 집단 235
1차적 결사체 227
1차적 집단 229
임치진 22
입지계수 47

ㅈ

자연생태우수마을조성사업 115
장애인의 욕구 153
전방연쇄효과라 54
전원마을조성사업 109
전통예술의 대중화 177
정보화 8, 164
정보화마을조성사업 116
정주의식 243
정책 103
정체성과 경쟁력 129

조손가정 142
주민 참여 130
중개물류공항 82
지방자치 222
지방자치시대 164, 165
지방자치제도 59
지방화 7, 163
지속가능한 발전 133
지역개발문제 149
지역공동체 103
지역문화공동체 176
지역사회복지계획 145
지역사회복지협의체 160
지역사회의 문제 149
지역사회자원 144
지역산업연관표 47
지역의 문화예술정책 182
지역적 정체성 174
지역정당체제 223
지역총생산(GRDP) 43
지역축제 165
지역화 7
진학문제 152

차별화된 프로그램 132
축제 165

통합마케팅 73
특성화고등학교 211
특수목적 고등학교 201

팔방미인마을 123
풀뿌리 민주주의 223
품바타령 17

Hawkins-Simon의 조건 48
해상수계 24
해태양식 19
행복마을조성사업 119
황토 18
향토자원 33
후방연쇄효과 54

지은이 소개

강일국　국립목포대학교 교육학과 교수
고두갑　국립목포대학교 경제학과 교수
박찬표　국립목포대학교 정치언론홍보학과 교수
양승주　국립목포대학교 행정학과 교수
이석인　국립목포대학교 전자상거래학과 교수
이종화　국립목포대학교 도시 및 지역개발학과 교수
이진형　국립목포대학교 관광경영학과 교수
진혜경　국립목포대학교 사회복지학과 교수
하상복　국립목포대학교 정치언론홍보학과 교수

(가나다 순)

무안·무안사람들

초판 인쇄 | 2011년 11월 10일
초판 발행 | 2011년 11월 15일

지 은 이 | 강일국·고두갑·박찬표·양승주·이석인·이종화·이진형·진혜경·하상복
발 행 인 | 한정희
발 행 처 | 경인문화사

주　　소 | 서울특별시 마포구 마포동 324-3
전　　화 | 02-718-4831　팩스 02-703-9711
홈페이지 | www.kyunginp.co.kr / 한국학서적.kr
이 메 일 | kyunginp@chol.com
출판등록 | 1973년 11월 8일 제 10-18호

ISBN 978-89-499-0821-2 93300
값 17,000원

ⓒ 2011, Kyung-in Publishing Co, Printed in Korea
* 이 책은 저작권법에 따라 보호받는 저작물이므로 무단전재와 무단복제를 금지합니다
* 파본 및 훼손된 책은 교환해 드립니다